LA RELIGION DU SAMOURAÏ

UNE ÉTUDE DE LA PHILOSOPHIE ZEN
EN CHINE ET AU JAPON

Kaiten **Nukariya**

Discovery Publisher

Titre original: *The Religion of The Samurai*
London Luzac & Co.

Pour l'édition française:
2021, ©Discovery Publisher
Tous droits réservés.

Auteur: Kaiten Nukariya
Traduction: Maud Albrecht, Clélia Lefevre

616 Corporate Way
Valley Cottage, New York
www.discoverypublisher.com
editors@discoverypublisher.com
Fièrement pas sur Facebook ou Twitter

New York • Paris • Dublin • Tokyo • Hong Kong

Table des matières

LA RELIGION DU SAMOURAÏ

UNE ÉTUDE DE LA PHILOSOPHIE ZEN
EN CHINE ET AU JAPON

Kaiten **Nukariya**

INTRODUCTION

L
e bouddhisme est géographiquement divisé en deux écoles[1] : l'école du sud, la plus ancienne et la plus simple, et l'école du nord, la plus récente et la plus développée. L'ancienne, basée sur les textes Pali[2] est connu sous le nom d'hinayana[3] (petit véhicule) ou doctrine inférieure, tandis que la nouvelle, basée sur divers textes sanskrits[4] est connu sous le nom de mahayana (grand véhicule) ou doctrine supérieure. Les principes fondamentaux de l'école du sud sont si bien connus des universitaires occidentaux qu'ils ne désignent par « bouddhisme » uniquement l'école du sud. Mais en ce qui concerne l'école du Nord, l'Occident ne connaît que très peu de choses, car la plupart de ses textes originaux ont été perdus, et les enseignements basés sur ces textes sont écrits en chinois, ou en tibétain, ou en japonais, langues peu familières aux chercheurs non bouddhistes.

Il n'est guère justifié de seulement attribuer au système bouddhiste dans son ensemble l'épithète[5] de « pessimiste » ou « nihiliste », car le bouddhisme, ayant été adopté par des tribus sauvages autant que par des nations civilisées, par des hommes calmes et énervés autant que par des hordes guerrières et robustes

1. L'école du Sud a ses adhérents à Ceylan, en Birmanie, au Siam, à Anan, etc. ; tandis que l'école du Nord se trouve au Népal, en Chine, au Japon, au Tibet, etc.
2. Ils se composent principalement des quatre Nikayas : (1) Digha Nikaya (Dirghagamas, traduit en chinois par Buddhayacas, 412-413 apr. J.-C.) ; (2) Majjhima Nikaya (Madhyamagamas, traduit en chinois par Gautama Sanghadeva, 397-398 ap. 397-398) ; (3) Sanyutta Nikaya (Samyuktagamas, traduit en chinois par Gunabhadra, de l'ancienne dynastie Sung, 420-479) ; (4) Anguttara Nikaya (Ekottaragamas, traduit en chinois par Dharmanandi, 384-385). Parmi ces livres hinayanas, la traduction anglaise de vingt-trois suttas par Rhys Davids existe dans « Sacred Books of Buddhist », vol. Ii.-III. et de sept suttas du même auteur dans « Sacred Books of the East », vol. XI.
3. Les bouddhistes du sud n'appellent jamais leur foi Hinayana, ce nom étant une invention des bouddhistes ultérieurs, qui appellent leur doctrine mahayana en contradiction avec la forme antérieure du bouddhisme. Nous devons remarquer que le mot hinayana apparaît fréquemment dans les livres mahayanas, alors qu'il n'apparaît pas dans les livres hinayanas.
4. Un catalogue du Canon bouddhique, K'-yuen-luh, donne les titres de 897 sutras Mahayana, mais les livres les plus importants souvent cités par les enseignants bouddhistes du Nord ne sont guère plus de vingt. Il existe la traduction anglaise du plus grand Sukhavati-vyuha-sutra, du plus petit Sukhavati-vyuha-sutra, du Vajracchedika-sutra, du plus grand Prajna-paramita-hradya-sutra, du plus petit Prajna-paramita-hrdaya-sutra, par Max Müller, et de l'Amitayur-dhyana-sutra, par J. Takakusu, dans « Sacred Books of the East », vol. XLix. Une traduction anglaise de Saddharma-pundarika-sutra, par Kern, est donnée dans « Sacred Books of the East, » Vol. XXI. Comparez ces livres avec les « Outlines of Mahayana Buddhism » de D. Suzuki.
5. Le hinayanisme est, de manière générale, enclin au pessimisme, mais le mahayanisme a, pour l'essentiel, une vision optimiste de la vie. Le nihilisme est préconisé dans certains sutras du mahayana, mais d'autres mettent en avant l'idéalisme ou le réalisme.

pendant quelque vingt-cinq ans, s'est développé en croyances très divergentes et même diamétralement opposées. Rien qu'au Japon, il s'est séparé en treize sectes principales et quarante-quatre sous sectes[1] toujours en pleine activité bien que dans d'autres pays, ses plus belles années soit derrière. De ce fait, le Japon semble être le pays le plus représentatif du bouddhisme où la majorité des gens se conforme aux principes de l'école du nord. Étudier sa religion, c'est donc pénétrer dans le mahayanisme, qui est encore une terre inexplorée pour les esprits occidentaux, et comprendre sa croyance ne revient pas à déterrer les origines de la foi bouddhiste qui existait vingt siècles plus tôt, mais à toucher le cœur et l'âme du mahayanisme qui animent ses fidèles au moment présent.

Le but de ce livre est de montrer comment la perception de la vie mahayaniste et du reste du monde diffèrent remarquablement de celle hinayaniste, qui est généralement considérée comme le bouddhisme par les Occidentaux, pour montrer comme la religion de Bouddha s'est adaptée à son environnement dans l'est et pour mettre en lumière l'état existant de la vie spirituelle du Japon actuel.

Dans ce but, nous avons choisi, parmi les treize sectes japonaises, la secte zen[2], non seulement en raison de la grande influence qu'elle a exercée sur la nation, mais aussi de la position unique qu'elle occupe parmi les systèmes religieux établis du monde. En premier lieu, elle est aussi ancienne que le bouddhisme lui-même, ou même plus ancienne, car son mode de pratique de la méditation a été transmis sans grande altération par les reclus prébouddhistes de l'Inde ; et elle peut, à ce titre, fournir à l'étudiant en religions comparées un sujet de recherche intéressant.

En second lieu, en dépit de son antiquité historique, les idées défendues par ses partisans sont si nouvelles qu'elles sont en harmonie avec celles des nouveaux bouddhistes[3] ; l'exposé de ces idées peut donc servir d'explication au mouvement actuel mené par de jeunes et compétents réformateurs du bouddhisme japonais.

1. (1) La secte Ten Dai, dont trois sous-sectes ; (2) La secte Shin Gon, dont onze sous-sectes ; (3) La secte Ritsu ; (4) La secte Rin Zai, dont quatorze sous-sectes ; (5) La secte So To ; (6) La secte O Baku ; (7) La secte Jo Do, dont deux sous-sectes ; (8) La secte Shin, dont dix sous-sectes ; (9) La secte Nichi Ren, dont neuf sous-sectes ; (10) La secte Yu Zu Nen Butsu ; (11) La secte Hosso ; (12) La secte Ke Gon ; (13) La secte Ji. Parmi ces treize sectes bouddhistes, Rin Zai, So To et O Baku appartiennent au Zen. Pour plus d'informations, voir « A Short History of the Twelve Japanese Buddhist Sects », par le Dr B. Nanjo.

2. Le mot zen est l'abréviation sinico japonaise du sanskrit Dhyana, ou méditation. Il désigne l'ensemble des enseignements et de la discipline propres à une secte bouddhiste aujourd'hui connue sous le nom de secte zen.

3. Il existe une société formée par des hommes qui ont rompu avec les anciennes croyances du bouddhisme et qui s'appellent les nouveaux bouddhistes. Elle a pour organe « Le nouveau bouddhisme » et est l'une des sociétés religieuses les plus influentes du Japon. Par nouveaux bouddhistes, nous entendons cependant de nombreux jeunes gens instruits qui adhèrent encore aux sectes bouddhistes et qui procèdent à une réforme.

Troisièmement, les dénominations bouddhistes, comme les religions non bouddhistes, mettent l'accent sur l'autorité scripturale ; mais le zen la dénonce au motif que les mots ou les caractères ne peuvent jamais exprimer adéquatement la vérité religieuse, qui ne peut être réalisée que par l'esprit ; par conséquent, il affirme que la vérité religieuse atteinte par Shakya Muni lors de son illumination n'a été transmise ni par la parole ni par les lettres des écritures, mais de l'esprit du maître à celui du disciple par la ligne de transmission jusqu'à nos jours. Il s'agit d'un cas isolé dans toute l'histoire des religions du monde où des religieux déclarent que les Écritures saintes ne sont rien de plus que des déchets de papier[1], comme le font les maîtres zen.

Quatrièmement, les religions bouddhistes et non bouddhistes considèrent, sans exception, leurs fondateurs comme des êtres surhumains, mais les pratiquants du zen considèrent le Bouddha comme leur prédécesseur, dont ils visent avec confiance à atteindre le niveau spirituel. En outre, ils comparent celui qui se maintient dans la position exaltée du Bouddha à un homme lié par une chaîne en or, et s'apitoient sur son état de servitude. Certains d'entre eux vont même jusqu'à déclarer que les Bouddhas et les bodhisattvas sont leurs serviteurs et leurs esclaves[2]. Une telle attitude des religieux ne peut guère être trouvée dans aucune autre religion.

Cinquièmement, bien que les non-bouddhistes aient l'habitude de qualifier le bouddhisme d'idolâtrie, le zen ne peut jamais être qualifié d'idolâtrie dans le sens accepté du terme, car, ayant une grande conception de la déité, il est loin d'être une forme d'idolâtrie ; il a même parfois adopté une attitude iconoclaste, comme l'illustre Tan Hia[3], qui se réchauffait un matin froid en faisant un feu de statues en bois. Ainsi, notre exposé sur ce point montrera l'état réel du bouddhisme existant, et servira à supprimer les préjugés religieux entretenus à son encontre.

Sixièmement, il y a une autre caractéristique du zen, que l'on ne retrouve dans aucune autre religion, à savoir son mode particulier d'expression d'une profonde compréhension religieuse par des actions telles que soulever une brosse à cheveux, ou taper sur une chaise avec un bâton, ou pousser de grands cris, et ainsi de suite. Ceci donnera à l'étudiant en religion une illustration frappante des formes différenciées de religion dans son échelle d'évolution.

Outre ces caractéristiques, le zen se distingue par son entraînement physique et mental. Le fait que la pratique quotidienne de zazen[4] et de l'exercice respi-

---

1. Lin Tsi Luh (Rin-zai-roku).
2. « Shakya et Maitreya, » dit Go So, « sont les serviteurs de l'autre personne. Qui est cette autre personne ? » (Zen-rin-rui-ju, Vol. I., p. 28).
3. Un maître zen chinois, bien connu pour ses particularités, qui mourut en l'an 824. Pour les détails de cette anecdote, voir Zen-rin-rui-ju, Vol. I., P. 39.
4. La méditation assise, dont l'explication complète est donnée au chapitre VIII.

ratoire améliore remarquablement la condition physique est un fait établi. Et l'histoire prouve que la plupart des maîtres zen ont joui d'une longue vie en dépit de leur mode de vie extrêmement simple. Sa discipline mentale, cependant, est de loin plus fructueuse, et maintient l'esprit en équilibre, ne le rendant ni passionné, ni détaché, ni sentimental, ni inintelligent, ni nerveux, ni insensé. Il est bien connu comme remède à toutes sortes de maladies mentales, causées par des troubles nerveux, comme aliment pour le cerveau fatigué, et aussi comme stimulant de la torpeur et de la paresse. C'est la maîtrise de soi, comme c'est la soumission de passions pernicieuses telles que la colère, la jalousie, la haine et autres, et l'éveil d'émotions nobles telles que la sympathie, la pitié, la générosité et autres. C'est un mode d'illumination, car c'est la dissipation de l'illusion et du doute, et en même temps c'est le dépassement de l'égoïsme, la destruction des désirs mesquins, l'élévation de l'idéal moral et la révélation de la sagesse innée.

L'importance historique du zen ne peut guère être exagérée. Après son introduction en Chine au VIe siècle de notre ère, il s'est développé sous les dynasties Sui (598-617) et Tang (618-906), et a joui d'une plus grande popularité que toute autre secte bouddhiste pendant toute la période des Sung (976-1126) et des Sung du Sud (1127-1367). À cette époque, son influence dominante est devenue si irrésistible que le confucianisme, assimilant les enseignements bouddhistes, en particulier ceux du zen, et changeant tout son aspect, a donné naissance à la philosophie dite spéculative[1]. Sous la dynastie Ming (1368-1659), les principales doctrines du zen ont été adoptées par un célèbre érudit confucéen, Wang Yang Ming[2], qui a ainsi fondé une école à travers laquelle le zen a exercé une profonde influence sur les hommes de lettres, les hommes d'État et les soldats chinois et japonais.

En ce qui concerne le Japon, il a d'abord été introduit dans l'île comme la foi première des samouraïs ou de la classe militaire, et a façonné les caractères de nombreux soldats distingués dont les vies ornent les pages de son histoire. Par la suite, il s'est progressivement répandu dans les palais comme dans les chaumières, par le biais de la littérature et de l'art, pour finalement imprégner toutes les fibres de la vie nationale. C'est le zen que le Japon moderne, surtout après la guerre russo-japonaise, a reconnu comme une doctrine idéale pour sa génération montante.

---

1. Voir « Une histoire de la philosophie chinoise », par Ryukichi Endo, et « Une histoire de la philosophie chinoise », par Giichi Nakauchi.
2. Pour la vie de cet érudit et soldat distingué (1472-1529), voir « A Detailed Life of O Yo Mei » par Takejiro Takase, et aussi « O-yo-mei-shutsu-shin-sei-ran-roku ».

CHAPITRE I

L'HISTOIRE DU ZEN EN CHINE

1. Origine du zen en Inde

Le zen d'aujourd'hui comme croyance vivante ne peut être trouvé dans sa forme pure que chez les bouddhistes japonais. On ne peut pas plus le trouver dans le prétendu Évangile de Bouddha que l'on ne peut trouver l'unitarisme dans le Pentateuque, pas plus qu'on ne peut le trouver en Chine et en Inde que l'on ne peut trouver la vie dans des fossiles d'époques révolues. Il ne fait aucun doute que l'on peut remonter jusqu'à Shakya Muni lui-même, voire jusqu'à l'époque prébouddhiste, car les maîtres brahmaniques pratiquaient le dhyana, ou méditation[1], depuis les temps les plus reculés. Mais le zen brah-

---

1. « Si un homme sage tient son corps avec ses trois parties (poitrine, cou et tête) bien droit, et tourne ses sens avec l'esprit vers le cœur, il traversera alors dans la barque de Brahman tous les torrents qui causent la peur.

« Comprimant ses respirations, que celui qui a maîtrisé tous les mouvements expire par le nez avec le souffle doux. Que le sage retienne sans faute son esprit, ce char attelé de chevaux vicieux.

« Qu'il fasse ses exercices dans un lieu plat, pur, exempt de cailloux, de feu et de poussière, agréable par ses sons, ses eaux et ses bosquets, non douloureux pour les yeux, et plein d'abris et d'avant-toits.

« Lorsque l'on pratique le yoga, les formes qui viennent en premier, produisant des apparitions dans le Brahman, sont celles de la fumée brumeuse, du soleil, du feu, du vent, des lucioles, des éclairs et d'une lune de cristal.

« Lorsque, comme la terre, l'eau, la lumière, la chaleur et l'éther, la quintuple qualité du yoga se produit, alors il n'y a plus de maladies, de vieillesse ou de douleurs pour celui qui a obtenu un corps produit par le feu du yoga.

« Les premiers résultats du yoga sont la légèreté, la santé, la stabilité, un bon teint, une prononciation facile, une odeur douce et de légères excrétions » (*Cvet. Upanisad*, II. 8-13).

« Lorsque les cinq instruments de connaissance se tiennent immobiles en même temps que le mental, et que l'intellect ne bouge pas, on appelle cela l'état le plus élevé.

« Ceci, la ferme retenue des sens, est ce qu'on appelle le yoga. Il doit alors être libre de l'insouciance, car le yoga va et vient » (*Katha Upanisad*, II. 10, 11).

« Voici la règle pour l'atteindre (c'est-à-dire la concentration de l'esprit sur l'objet de la méditation) : la retenue du souffle, la retenue des sens, la méditation, l'attention fixe, l'investigation, l'absorption – c'est ce qu'on appelle le yoga sextuple. En observant par ce yoga, il voit le créateur de couleur or, le seigneur, la personne, Brahman, la cause ; alors le sage, laissant derrière lui le bien et le mal, fait que tout (souffle, organes des sens, corps, etc.) soit un dans le plus haut indestructible (dans le pratyagatman ou Brahman) » (*Maitr. Upanisad*, vi. 18).

« Et il en a été ainsi ailleurs : il y a pour lui l'attention fixe supérieure (dharana) – c'est-à-dire que s'il appuie la pointe de la langue sur le palais, et retient la voix, l'esprit et le souffle, il voit Brahman par discrimination (taraka). Et lorsque, après la cessation du mental, il voit son propre Soi, plus petit que petit, et brillant comme le Soi le plus élevé, alors, ayant vu son Soi comme

manique était soigneusement distingué, même par les premiers bouddhistes[1], comme étant le zen hétérodoxe de celui enseigné par le Bouddha. Notre zen trouve son origine dans l'illumination de Shakya Muni, qui eut lieu dans sa trentième année, alors qu'il était assis, absorbé dans une profonde méditation sous l'arbre Bodhi. On dit qu'il s'éveilla alors à la vérité parfaite et déclara : « Tous les êtres animés et inanimés sont illuminés en même temps. » Selon la tradition[2] de cette secte, Shakya Muni transmit sa mystérieuse doctrine d'esprit à esprit à son plus ancien disciple Mahakacyapa lors de l'assemblée tenue sur le mont du Saint Vautour, et ce dernier fut reconnu comme le premier patriarche, qui, à son tour, transmit la doctrine à Ananda, le deuxième patriarche, et ainsi jusqu'à Bodhidharma, le vingt-huitième patriarche[3]. Nous n'avons pas grand-

le Soi, il devient sans Soi, et parce qu'il est sans Soi, il est sans limite, sans cause, absorbé dans la pensée. C'est le mystère le plus élevé, à savoir la libération finale » (*Maitr. Upanisad*, vi. 20). *L'Amrtab. Upanisad*, 18, décrit trois modes d'assise – à savoir, la posture du lotus (Padmasana), l'assise avec les jambes repliées en dessous ; la posture du diagramme mystique (Svastika) ; et la posture de bon augure (Bhadrasana) ; tandis que Yogacikha indique le choix de la posture du lotus, avec l'attention concentrée sur le bout du nez, les mains et les pieds étroitement joints.

1. L'auteur anonyme du *Lankavatara-sutra* distingue le zen hétérodoxe du zen hinayana, le zen hinayana du zen mahayana, et appelle ce dernier le zen sacré du Bouddha. De nombreux bouddhistes croient, non sans raison, que ce sutra est l'exposé de la doctrine du mahayana qu'Acvaghosa réaffirma dans son *Craddhotpada-castra*. Le sutra fut traduit en chinois par Gunabbadra en 443, puis par Bodhiruci en 513 et enfin par Ciksanada en 700-704. Le livre est célèbre pour sa prophétie sur Nagdrajuna, qui (selon la traduction du Dr Nanjo) est la suivante : « Après le Nirvana du Tathagata, il y aura un homme dans le futur, écoute-moi bien, ô Mahatma, un homme qui détiendra ma loi. Dans le grand pays du Sud, il y aura un vénérable Bhiksu, le Bodhisattva Nagarjuna de son nom, qui détruira les vues des Astikas et des Nastikas, qui prêchera aux hommes mon Yana, la loi la plus élevée du mahayana, et atteindra le Pramudita-bhumi. »

2. L'incident est relaté comme suit : lorsque le Bouddha était en assemblée sur le mont du Vautour Sacré, arriva un Brahmaraja qui offrit au maître une fleur d'or, et lui demanda de prêcher le Dharma. Le Bouddha prit la fleur et la tint en l'air dans sa main, la contemplant dans un silence parfait. Personne dans l'assemblée ne pouvait comprendre ce qu'il voulait dire, à l'exception du vénérable Mahakacyapa, qui sourit au maître. Puis le Bouddha dit : « Je possède l'Œil et le Trésor du bon Dharma, le Nirvana, l'Esprit merveilleux, que je remets maintenant à Mahakacyapa ». Le livre dans lequel cet incident est décrit est intitulé *Sutra sur le grand roi brahmane interrogeant le Bouddha pour dissiper un doute*, mais il n'existe aucun texte original ni aucune traduction chinoise dans le Tripitaka. Il est fort probable qu'un érudit zen chinois de la dynastie Sung (960-1126) ait inventé cette tradition, car Wang Ngan Shih (O-an-seki), un puissant ministre de l'empereur Shan Tsung (Shin-so, 1068-1085), aurait vu le livre dans la bibliothèque impériale. Il n'y a cependant aucune preuve, pour autant que nous sachions, de l'existence du Sutra en Chine. Au Japon, il existe, sous la forme d'un manuscrit, deux traductions différentes de ce livre, conservées en vénération secrète par certains maîtres zen, dont le présent auteur a prouvé qu'elles étaient fictives après avoir examiné de près le contenu. Voir l'appendice de son *Zen-gaku-hi-han-ron*.

3. Voici la liste des noms des vingt-huit patriarches : 1. Mahakacyapa, 2. Ananda, 3. Canavasu, 4. Upagupta, 5. Dhrtaka, 6. Micchaka, 7. Vasumitra, 8. Buddhanandi, 9. Buddhamitra, 10. Parcva, 11. Punyayacas, 12. Acvaghosa, 13. Kapimala, 14. Nagarjuna, 15. Kanadeva, 16. Rahulata, 17. Samghanandi, 18. Samghayacas, 19. Kumarata, 20. Jayata, 21. Vasubandhu, 22. Manura, 23. Haklanayacas, 24. Simha, 25. Vacasuta, 26. Punyamitra, 27. Prajnyatara, 28. Bodhidharma. Les vingt-trois premiers patriarches sont exactement les mêmes que ceux donnés dans « Le Sutra sur le Nidana de la transmission du Dharmapitaka », traduit en 472. Le roi Teh Chwen Tang Iuh (Kei-toku-den-to-roku), une célèbre histoire zen de la Chine, donne deux récits élaborés sur la

chose à dire sur la valeur historique de cette tradition, mais il est intéressant de noter que la liste des noms de ces vingt-huit patriarches contient de nombreux érudits éminents du mahayanisme, ou de l'école bouddhique développée plus tard, tels que Acvaghosa[1], Nagarjuna[2], Kanadeva[3] et Vasubhandhu[4].

2. Introduction du zen en Chine par Bodhidharma

Un événement marquant de l'histoire du bouddhisme en Chine eut lieu lorsque Bodhidharma vint du sud de l'Inde dans ce pays vers 520[5]. Il s'agissait de l'introduction, non pas des écritures mortes, comme cela avait été fait à plusieurs reprises avant lui, mais d'une foi vivante, non pas d'une doctrine théorique, mais d'une illumination pratique, non pas des réponses du Bouddha, mais de l'esprit de Shakya Muni ; de sorte que la position de Bodhidharma en tant que représentant du zen était unique. Il n'était cependant pas un missionnaire destiné à être accueilli favorablement par le public. Il semble s'être comporté d'une manière tout à fait opposée à celle avec laquelle un pasteur moderne traite ses ouailles. Nous l'imaginons comme un enseignant religieux

transmission du droit Dharma de maître à disciple à travers ces vingt-huit patriarches, auxquels on peut se fier sans hésitation. Il ne serait pas difficile pour tout érudit sensé de constater que ces déclarations ont été faites pour le même motif que celui de l'auteur anonyme qui donne une courte vie, dans le Dirghagama-sutra, de chacun des six Bouddhas, les prédécesseurs de Shakya Muni, s'il compare soigneusement la liste donnée ci-dessus avec les listes des patriarches de l'école Sarvastivada données par San Yin (So-yu mort en 518) dans son Chuh San Tsung Ki (Shutsu-san zo-ki).

1. L'un des fondateurs du bouddhisme mahayana, qui prospéra au premier siècle de notre ère. Il existe une de ses vies traduite en chinois par Kumarajiva en 401-409. Les plus importantes de ses œuvres sont : *Mahayanacraddhotpada-castra, Mahalankara-sutra-castra, Buddha-caritakavya*.

2. Le fondateur de l'école Madhyamika du bouddhisme mahayana, qui vécut au IIe siècle de notre ère. Sa vie fut traduite en chinois par Kumarajiva en 401-409. Vingt-quatre livres lui sont attribués, dont le *Mahaprajñaparamita-castra*, le *Madhyamika-castra*, le *Prajnyadipa-castra*, le *Dvadacanikaya-castra*, l'*Astadacakaca-castra*, sont bien connus.

3. Parfois appelé Aryadeva, un successeur de Nagarjuna. Une de ses vies a été traduite en chinois par Kumarajiva en 401-409. Voici ses principaux ouvrages : *Cata-castra*, «Castra du Bodhisattva Deva sur la réfutation de quatre écoles hinayanas hérétiques mentionnées dans le *Lankatvatara-sutra*» ; «Castra du Bodhisattva Deva sur l'explication du Nirvana par vingt maîtres Hinayana mentionnés dans le *Lankavatara-sutra*».

4. Un frère cadet d'Asamga, un célèbre mahayaniste du Ve siècle de notre ère. Il y a trente-six œuvres attribuées à Vasubhandhu, dont le *Dacabhumika-castra*, l'*Aparimitayus-sutra-castra*, le *Mahapari-nirvana-sutra-castra*, le *Mahayana-catadharmavidyadvara-castra*, *Vidya-matrasiddhi-tridaca-castra*, *Bodhicittopadana-castra*, *Buddha-gotra-castra*, *Vidyamatrasiddhivincatigatha-castra*, *Madhyantavibhaga-castra*, *Abhidharma-koca-castra*, *Tarka-castra*, etc., sont bien connus.
Un frère cadet d'Asamga, un célèbre mahayaniste du Ve siècle de notre ère. Il y a trente-six œuvres attribuées à Vasubhandhu, dont le *Dacabhumika-castra*, l'*Aparimitayus-sutra-castra*, le *Mahapari-nirvana-sutra-castra*, le *Mahayana-catadharmavidyadvara-castra*, *Vidya-matrasiddhi-tridaca-castra*, *Bodhicittopadana-castra*, *Buddha-gotra-castra*, *Vidyamatrasiddhivincatigatha-castra*, *Madhyantavibhaga-castra*, *Abhidharma-koca-castra*, *Tarka-castra*, etc., sont bien connus.

5. Les historiens bouddhistes ont des opinions divergentes quant à la date d'apparition de Bodhidharma en Chine. Comparez Chwen Fah Chan Tsung Lun (Den bo sho ju ron) et Hwui Yuen (E-gen).

entièrement différent en tout point d'un missionnaire chrétien populaire de notre époque. Ce dernier souriait ou essayait de sourire à tous les visages qu'il rencontrait et parlait socialement, tandis que le premier ne souriait à aucun visage, mais le fixait de ses grands yeux éblouissants qui pénétraient jusqu'au plus profond de l'âme. Le second se tient scrupuleusement propre, se rase, se peigne, se brosse, se polit, s'huile, se parfume, tandis que le premier est totalement indifférent à son habillement, toujours vêtu d'une robe jaune délavé. Le second composait son sermon avec un grand soin, usant de l'art rhétorique, et parlait avec force et élégance ; tandis que le premier restait assis, absolument silencieux comme un ours, et chassait quelqu'un si on l'approchait avec des questions oiseuses.

3. Bodhidharma et l'empereur Wu

À peine Bodhidharma avait-il débarqué à Kwang Cheu, dans le sud de la Chine, qu'il fut invité par l'empereur Wu[1], qui était un bouddhiste enthousiaste et un bon érudit, à se rendre dans sa capitale, Chin Liang. Lorsqu'il fut reçu en audience, Sa Majesté lui demanda : « Nous avons construit des temples, copié des Écritures saintes, ordonné la conversion de moines et de nonnes. Y a-t-il un quelconque mérite, monsieur le Révérend, dans notre conduite ? » L'hôte royal, selon toute probabilité, s'attendait à une réponse lisse et flatteuse de la part de son nouvel invité, vantant ses vertus et lui promettant des récompenses célestes, mais le brahmane aux yeux bleus répondit sans ambages : « Aucun mérite du tout. »

Cette réponse inattendue dut mettre l'empereur dans la honte et le doute à un degré non négligeable, lui qui était simplement informé des doctrines des sectes bouddhistes orthodoxes. « Pourquoi pas, aurait-il pensé en son for intérieur, pourquoi tout cela est futile ? Par quelle autorité déclare-t-il que tout cela est sans mérite ? Quel texte sacré peut-on citer pour justifier son affirmation ? Quel est son point de vue sur les différentes doctrines enseignées par Shakya Muni ? Que considère-t-il comme le premier principe du bouddhisme ? » Ainsi pensant, il s'enquit : « Quel est la vérité sainte, ou le premier principe ? » La réponse ne fut pas moins étonnante : « Ce principe transcende tout. Il n'y a rien de saint. » La créature couronnée ne comprenait pas du tout ce que le maître voulait dire. Il aurait pu penser : « Pourquoi n'y a-t-il rien de saint ? N'y a-t-il pas des hommes saints, des vérités saintes, des chemins saints énoncés dans les écritures ? N'est-il pas lui-même l'un des saints hommes ? » « Alors qui est celui qui nous fait face ? » demanda encore le monarque. « Je ne sais pas, votre

---

1. L'empereur Wu (Bu-Tei) de la dynastie des Liang, dont le règne se déroula de 502 à 549 après Jésus-Christ.

majesté» fut la réponse laconique de Bodhidharma, qui voyait maintenant que sa nouvelle foi dépassait la compréhension de l'empereur.

L'éléphant peut difficilement tenir compagnie aux lapins. L'orthodoxie mesquine ne peut en aucun cas suivre la foulée éléphantesque du zen. Il n'est pas étonnant que Bodhidharma ait quitté non seulement le palais de l'empereur Wu, mais aussi l'État de Liang, pour se rendre dans l'État de Wei du Nord[1]. Il y passa neuf ans au monastère de Shao Lin[2], le plus souvent assis en méditation silencieuse, le visage tourné vers le mur, ce qui lui valut l'appellation de «brahmane regardant le mur». Ce nom en lui-même suggère que l'importance de sa mission n'était pas appréciée par ses contemporains. Mais ni lui ni eux ne sont à blâmer, car l'importance du lion n'est appréciée que par le lion. Un grand personnage n'est pas moins grand à cause de son impopularité parmi ses semblables, tout comme le grand Pang[3] n'est pas moins grand à cause de son impopularité parmi les créatures ailées. Bodhidharma n'était pas populaire au point d'être envié par ses contemporains bouddhistes qui, comme nous l'apprennent ses biographes, tentèrent de l'empoisonner à trois reprises[4], mais sans succès.

4. Bodhidharma et son successeur le Second Patriarche

La Chine n'était cependant pas une terre incultivable[5] pour la semence du

1. La dynastie des Gi du Nord (386-534 apr. J.-C.).

2. Sho-rin-ji, érigé par l'empereur Hiao Ming du Wei du Nord en 497.

3. Dans sa célèbre parabole, Chwang-tsz compare un grand sage au Pang, un oiseau imaginaire de taille énorme, avec ses ailes de quatre-vingt-dix mille miles. Les troglodytes et les moineaux se moquent de cet oiseau à cause de sa taille démesurée.

4. Cela nous rappelle Nan Yoh Hwui Sz (Nan-gaku-e-shi, mort en 577), qui aurait appris le zen auprès de Bodhidharma. Il dit dans sa déclaration de vœu qu'il a été empoisonné trois fois par ceux qui l'enviaient.

5. La traduction des sutras zen de l'Hinayana a ouvert la voie à notre foi. Quatorze sutras zen, dont des livres aussi importants que le *Mahanapanadhyana-sutra*, le *Dhyanacarya-dharmasanyjnya-sutra*, le *Dhyanacarya-saptatrimcadvarga-sutra*, furent traduits par Ngan Shi Kao (An-sei-ko) dès les années 148-170 de notre ère. Le *Cullamargabhumi-sutra* fut traduit par K'Yao (Shi-yo) en l'an 185 ; le *Dharmatara-dhyana-sutra* par Buddhabhadra en l'an 398-421 ; le *Dhyananisthitasamadhi-dharma-parygya-sutra* par Kumarajiva en l'an 402. 402 ; «Une loi abrégée sur l'importance de la méditation» par Kumarajiva en 405 ; *Pancadvara-dhyanasutra-maharthadharma* par Dharmamitra en 424-441. En outre, les livres mahayana étroitement liés à la doctrine du zen n'étaient pas inconnus en Chine avant Bodhidharma. Le *Pratyutpanna-buddhasammukhavasthita-samadhi* fut traduit par K'Leu Cia Chan (Shi-ru-ga-sen) en 164-186 ; le *Vimalakirttinirdeca-sutra*, très utilisé dans le Zen, par Kumarajiva en 384-412. 384-412 ; *Lankavatara-sutra*, qui aurait été désigné par Bodhidharma comme la meilleure explication du Zen, par Gunabhadra en 433 ; *Saddharma-pundarika-sutra*, dans sa forme complète, par Kumarajiva en 406 ; *Avatamsaka-sutra* par Buddhabhadra en 418 ; *Mahaparinirvana-sutra* par Dharmaraksa en 423.

Si nous ne nous trompons pas, Kumarajiva, qui est venu en Chine en 384, a apporté une contribution précieuse à la fondation du zen dans ce pays, non seulement par sa traduction des sutras zen mentionnés ci-dessus, mais aussi par l'éducation de ses disciples, tels que Sang Chao (So-jo,

zen – en fait, il y avait eu de nombreux pratiquants du zen avant Bodhidharma. Tout ce qu'il avait à faire, c'était d'attendre un chercheur sincère dans l'esprit de Shakya Muni. Il attendit donc, et il n'attendit pas en vain, car enfin arriva un savant confucianiste, Shang Kwang (Shin-ko) de son nom, dans le but de trouver la solution finale d'un problème qui le troublait tellement qu'il était devenu insatisfait du confucianisme, car il n'avait pas de régime approprié pour sa faim spirituelle. Shang Kwang était donc loin d'être un de ces visiteurs tièdes qui frappent à la porte de Bodhidharma uniquement par curiosité. Mais le maître silencieux était assez prudent pour tester la sincérité d'un nouveau visiteur avant de l'admettre dans la salle de méditation. Selon une de ses biographies[1], Shang Kwang n'était pas autorisé à entrer dans le temple, et devait rester debout dans la cour couverte d'une épaisse couche de neige. Sa ferme

mort en 414), Sang Shang (So-sho, dont les écrits influencèrent sans aucun doute les enseignants zen ultérieurs. Un personnage plus important dans l'histoire du zen avant le brahmane aux yeux bleus est Buddhabhadra, un maître zen bien connu, qui vint en Chine en 406. On peut dire sans exagérer que sa traduction du *Dharmatara-dhyana-sutra* (qui aurait été prêché par Bodhidharma lui-même lorsqu'il était en Inde) et celle de l'*Avatamsaka-sutra* ont posé la pierre angulaire du zen. Il donna un cours de conférences sur le sutra du zen pour la première fois en Chine en 413 après J.-C., et c'est grâce à son enseignement que de nombreux pratiquants autochtones du zen vinrent le jour, dont Chi Yen (Chi-gon) et Huen Kao (Gen-ko) sont bien connus. À cette époque, le zen devait avoir le vent en poupe en Inde, car presque tous les érudits indiens – du moins ceux que nous connaissons – étaient appelés enseignants du zen – par exemple, Buddhabhadra, Buddhasena, Dharmadhi et quelques autres étaient tous des érudits du zen.
Les érudits bouddhistes chinois n'ont pas fait moins que les enseignants indiens pour l'essor du zen. Le plus éminent d'entre eux est Hwui Yuen (E-on, mort en D. 414), qui pratiqua le zen selon l'enseignement de Buddhabhadra. Il fonda la Société du Lotus Blanc, qui comptait parmi ses membres dix-huit éminents savants de l'époque, dans le but de pratiquer la Méditation et d'adorer le Bouddha Amitabha. N'oublions pas que sous les dynasties occidentales et orientales Tsin (Shin) (265-420 apr. J.-C.), le taoïsme et le bouddhisme connurent une grande prospérité. Et la Chine produisit, d'une part, des taoïstes de type excentrique, tels que les sept sages de la forêt de bambous, tandis qu'elle donna naissance à de nombreux hommes de lettres de type reclus, tels que Tao Yuen Ming (To-yen-mei, mort en 427) et quelques autres. Il y avait aussi des érudits qui étudiaient le bouddhisme en relation avec le taoïsme et le confucianisme, et menaient une vie recluse. Chwen Hih (Hu dai shi), connu sous le nom de Chwen le Grand, appartenait à cette dernière catégorie de savants. On dit qu'il avait l'habitude de porter un chapeau confucianiste, une robe bouddhiste et des chaussures taoïstes. C'est en l'an 534 qu'il présenta un mémorial à l'empereur Wu, dans lequel il expliquait les trois grades du bien. « Le Bien le plus élevé consiste, dit-il, dans la vacuité de l'esprit et le non-attachement. La transcendance en est la cause et le Nirvana en est le résultat. Le bien moyen consiste en la moralité et la bonne administration. Il se traduit par une vie paisible et heureuse au Ciel et sur Terre. Le bien le plus bas consiste en l'amour et la protection des êtres sensibles. » Ainsi son idée du bien, comme le lecteur le verra sans difficulté, est le résultat d'un compromis entre le taoïsme et le bouddhisme. Sin Wang Ming (Sin-o-mei, *Sur l'esprit-roi*), l'un de ses chefs-d'œuvre, ainsi que d'autres poèmes mineurs, sont encore utilisés comme manuel du zen. Ce fait prouve indubitablement que l'élément taoïste a trouvé sa place dans les constituants du zen dès ses débuts en Chine.
1. Le roi Teh Chwen Tang Luh (Kei-toku-den-to-roku), publié par Tao Yuen (Do-gen) en l'an 1004, donne un récit détaillé concernant cet incident tel qu'il est énoncé ici, mais les historiens antérieurs nous racontent une histoire différente concernant la mutilation du bras de Shang Kwang. Comparez Suh Kas San Chwen (Zoku-ko-so-den) et Hwui Yuen (E-gen).

résolution et son désir sincère l'ont cependant poussé à se tenir continuellement au même endroit pendant sept jours et sept nuits, les gouttes de larmes gelées perlant sur sa poitrine. Enfin, il se coupa le bras gauche avec un couteau tranchant et le présenta au maître inflexible pour montrer sa résolution de suivre le maître même au risque de sa vie. Bodhidharma l'admit alors dans l'ordre comme un disciple pleinement qualifié pour être instruit dans la plus haute doctrine du mahayanisme.

La méthode d'enseignement de notre maître était entièrement différente de celle des instructeurs ordinaires. Il n'expliquait aucun problème à l'apprenant, mais l'aidait simplement à s'éclairer en lui posant une question abrupte, mais révélatrice. Shang Kwang, par exemple, dit à Bodhidharma, peut-être avec un soupir : « Je n'ai pas la paix de l'esprit. Puis-je vous demander, monsieur, de le pacifier ? » « Fais sortir ton esprit (qui te trouble tant), répondit le maître, ici, devant moi ! Je le pacifierai. » « Cela m'est impossible, dit le disciple après un temps de réflexion, de chercher mon esprit (qui me trouble tant). » « Alors, s'exclama Bodhidharma, je l'ai pacifié ». Shang Kwang fut alors instantanément illuminé. Cet événement est digne de notre attention, car un tel mode d'instruction fut adopté par tous les maîtres zen après le premier patriarche, si bien qu'il devint l'une de ses caractéristiques.

5. Les disciples de Bodhidharma et la transmission de la loi[1]

Le travail de Bodhidharma pendant neuf ans en Chine aboutit à l'initiation d'un certain nombre de disciples, auxquels il s'adressa quelque temps avant sa mort comme suit : « Maintenant le temps (de mon départ de ce monde) est proche. Dites, les uns et les autres, comment comprenez-vous la Loi ? » Tao fu (Do-fuku) répondit à cela : « La loi ne se trouve pas dans les lettres (des écritures), de mon point de vue, elle n'est pas non plus séparée d'elles, mais cela fonctionne. » Le maître dit : « Alors vous avez obtenu ma peau. » Ensuite, Tsung Chi (So-ji), une nonne, répondit : « Comme Ananda[2] n'a vu le royaume d'Aksobhya[3] qu'une seule fois et non deux, je comprends donc la Loi ». Le maître dit : « Alors vous avez atteint ma chair ». Alors Tao Yuh (Do-iku) répondit : « Les quatre éléments[4] sont irréels dès le premier, et les cinq agrégats[5] n'existent pas non plus réellement. Tout est vide selon ma vision. »

---

1. Pour plus de détails, voir *Chwen Tang Luh* et *Den Ka Roku*, par Kei Zan. En ce qui concerne la vie de Bodhidharma, l'ouvrage du Dr B. Matsumoto intitulé *A Life of Bodhidharma* peut être recommandé au lecteur.
2. Un disciple préféré de Shakya Muni, et le troisième patriarche du zen.
3. Le nom : signifie « Immuable », et représente la fermeté de la pensée.
4. La terre, l'eau, le feu et l'air.
5. (1) Rupa, ou forme ; (2) Vedana, ou perception ; (3) Samjnya, ou conscience ; (4) Karman (ou Samskara), ou action ; (5) Vijnyana, ou connaissance.

Le maître dit : « Alors vous avez acquis mes os. » Enfin, Hwui Ko (E-ka), qui
était le nom bouddhique donné par Bodhidharma, à Shang Kwang, fit une
révérence polie au maître et se tint à sa place sans un mot. « Vous avez atteint
ma moelle ». En disant cela, Bodhidharma remit le Kachaya sacré[1], qu'il avait
apporté de l'Inde à Hwui Ko, comme symbole de la transmission de la Loi,
et le fit deuxième patriarche.

6. Les deuxième et troisième patriarches

Après la mort du Premier patriarche en l'an 528, Hwui Ko fit de son mieux
pour propager la nouvelle foi pendant soixante ans. Un jour, un homme souf-
frant d'une maladie chronique l'appela et lui demanda sérieusement : « Priez,
Révérend Monsieur, soyez mon confesseur et donnez-moi l'absolution, car je
souffre depuis longtemps d'une maladie incurable ». « Apportez votre péché
(si tant est que le péché existe), répondit le deuxième patriarche, ici devant
moi. Je vous accorderai l'absolution. » « Il est impossible, dit l'homme après
une courte réflexion, de chercher mon péché ». « Alors, s'exclama le maître,
je vous ai absous. Désormais, soyez à la hauteur de Bouddha, du Dharma et
du Sangha. »[2] « Je sais, votre révérence, dit l'homme, que vous appartenez au
Sangha ; mais que sont Bouddha et Dharma ? ». « Bouddha est l'esprit lui-
même. L'esprit lui-même est le Dharma. Bouddha est identique à Dharma.
Sangha l'est aussi. » « Alors je comprends, répondit l'homme, qu'il n'existe
pas de péché dans mon corps, ni sans lui, ni nulle part ailleurs. L'esprit est
au-delà et au-dessus du péché. Il n'est autre que le Bouddha et le Dharma. »
Le deuxième patriarche vit alors que l'homme était tout à fait apte à recevoir
l'enseignement de la nouvelle foi et le convertit, lui donnant le nom de Sang
Tsung (So-san). Après deux ans d'instruction et de discipline, il[3] conféra à
Sang Tsung le Kachaya transmis par Bodhidharma et l'autorisa à devenir le
troisième patriarche. C'est par Sang Tsung que la doctrine du zen fut pour la
première fois mise par écrit par la composition de *Sin Ming*[4] (Sin zin-mei, *Sur
la foi et l'esprit*), un exposé métrique de la foi.

---

1. Le manteau clérical, dont on dit qu'il était vert foncé. Elle devint un objet de grande vénération après le Sixième Patriarche, qui abolit le système patriarcal et ne transmit pas le symbole
aux successeurs.
2. Les « Trois Trésors » du Bouddha, de la Loi et de l'Ordre.
3. Le deuxième patriarche est mort en 593 apr. J.-C., soit soixante-cinq ans après le départ du
premier patriarche.
4. De nombreux commentaires ont été écrits sur ce livre, qui est considéré comme l'un des
meilleurs ouvrages sur le zen.

7. Le quatrième patriarche et l'empereur Tai Tsung (Tai-so)

Au troisième patriarche[1] succéda Tao Sin (Do-shin), qui, initié à l'âge de quatorze ans, devint le quatrième patriarche après neuf ans d'études et de discipline. On dit que Tao Sin ne se coucha jamais pendant plus de quarante ans de sa carrière patriarcale[2]. En 643 apr. J.-C., l'empereur Tai Tsung (627-649), connaissant ses vertus, lui envoya un messager spécial, lui demandant de rendre visite à Sa Majesté au palais. Mais il déclina l'invitation par un mémorial, disant qu'il était trop âgé et trop infirme pour rendre visite à l'auguste personnage. L'empereur, désireux de voir le patriarche réputé, le fit venir trois fois, mais en vain. Le monarque enragé ordonna alors au messager de décapiter le moine inflexible et d'apporter la tête devant le trône, au cas où il désobéirait à l'ordre pour la quatrième fois. Lorsque Tao Sin fut informé de l'ordre de l'empereur, il tendit le cou, prêt à être décapité. L'empereur, apprenant par le messager ce qui s'était passé, admira d'autant plus l'imperturbable patriarche, et lui accorda de riches cadeaux. Cet exemple fut suivi par les maîtres zen ultérieurs, qui ne condescendirent pas à s'agenouiller devant le pouvoir temporel, et l'une des caractéristiques des moines zen fut de ne jamais approcher les souverains et les hommes d'État pour la gloire et le profit mondains, qu'ils mettaient au rebut.

8. Les cinquième et sixième patriarches

Tao Sin transmit la Loi à Hung Jan (Ko-nin), qui, éduqué dès son enfance, se distingua comme abbé du monastère Hwang Mei à Ki Cheu. Le cinquième patriarche, selon son biographe, rassembla autour de lui sept cents élèves, venus de tous les horizons. Parmi ces sept cents élèves, le vénérable Shang Sin (Jin-shu) était le plus remarquable pour son savoir et ses vertus, et il aurait pu devenir le successeur légitime de Hung Jan, si le Kachaya de Bodhidharma n'avait pas été emporté par un pauvre fils de fermier de Sin Cheu. Hwui Nang, le sixième patriarche, semble être né maître zen. La lumière spirituelle du Bouddha jaillit pour la première fois dans son esprit lorsqu'il entendit un moine réciter un sutra. En interrogeant le moine, il apprit que le livre était le *Vajracchedika-prajnya-paramita-sutra*[3], et que Hung Jan, l'abbé du monastère de Hwang Mei, avait l'habitude de faire réciter ce livre à ses disciples pour qu'il les aide dans leur discipline spirituelle. Il décida alors de pratiquer le zen et rendit visite à Hung Jan au monastère. «Qui êtes-vous, demanda le cinquième patriarche, et d'où venez-vous?» «Je suis un fils de fermier, répon-

1. Il est mort en 606, après avoir travaillé treize ans comme professeur.
2. Il est mort en 651, c'est-à-dire quarante-cinq ans après la mort du troisième patriarche.
3. Le livre fut traduit en chinois par Kumarajiva en l'an 384. 417; également par Bodhiruci en l'an 509, et par Paramartha en l'an 592; puis par Hiuen Tsang en l'an 648. De nombreux commentaires ont été écrits à son sujet par les principaux auteurs bouddhistes de Chine et du Japon.

dit l'homme, de Sin Cheu, au sud de Ta Yu Ling. » « Qu'est-ce qui t'a amené ici ? » Demanda encore le maître. « Je n'ai pas d'autre but que d'atteindre l'état de Bouddha », répondit l'homme. « Ô, vous, peuple du sud, s'exclama le patriarche, vous n'êtes pas doté de la nature du Bouddha ». « Il peut y avoir une certaine différence entre le peuple du Sud et celui du Nord, objecta l'homme, mais comment pourriez-vous distinguer l'un de l'autre quant à la nature du Bouddha ? » Le maître reconnut un génie chez cet homme, mais il n'admit pas le nouveau venu prometteur dans l'ordre, si bien que Hwui Nang dut rester au monastère pendant huit mois comme peseur de riz afin de se qualifier pour être un enseignant zen.

9. L'accomplissement spirituel du sixième patriarche

Quelque temps avant sa mort (en 675 après J.-C.), le Cinquième Patriarche annonça à tous les disciples que l'Esprit de Shakya Muni est difficile à réaliser, qu'ils devaient exprimer leur propre opinion à ce sujet, à condition que celui qui pourrait prouver sa juste réalisation soit doté du Kachaya et crée le Sixième Patriarche. Alors le vénérable Sung Siu, le chef des sept cents disciples, qui était considéré par ses frères comme l'homme ayant droit à cet honneur, composa les vers suivants :

« Le corps est l'arbre de la bodhi[1].

L'esprit est comme un miroir brillant sur son support.

Époussetez-le et essuyez-le de temps en temps, de peur qu'il ne soit terni par la poussière et la saleté. »

Tous ceux qui lurent ces lignes pensèrent que l'auteur était digne de la récompense attendue, et le cinquième patriarche aussi, appréciant la signification de ces vers, dit : « Si les hommes de l'avenir pratiquaient le zen selon ce point de vue, ils acquerraient un excellent résultat. » Hwui Nang, le peseur de riz, les ayant entendus, remarqua cependant secrètement qu'ils étaient beaux, mais qu'ils n'exprimaient guère l'esprit de Shakya Muni, et écrivit ses propres vers, qui étaient les suivants :

« Il n'y a pas d'arbre de bodhi[2] ni de support de miroir. Rien n'existe de-

---

1. L'idée exprimée par ces lignes est suffisamment claire. Le corps est comparé à l'arbre bodhi, sous lequel Shakya Muni a atteint son illumination suprême ; car ce n'est pas dans un autre corps dans l'existence future, mais dans ce corps même que l'on doit être illuminé.
L'esprit est pur et brillant dans sa nature comme un miroir, mais la saleté et la poussière des passions et des bas désirs le polluent et l'assombrissent souvent. Par conséquent, il faut l'épousseter et l'essuyer de temps en temps afin de le garder brillant.
2. Ces versets furent souvent mal interprétés comme l'expression d'une vision nihiliste, mais le sens réel est tout sauf nihiliste. L'esprit est pur et brillant dans son essence. Il est toujours libre de passions et de désirs mesquins, tout comme le soleil est toujours brillant, malgré les nuages et la brume qui le recouvrent. Par conséquent, il faut avoir un aperçu de cette nature essentielle

puis le début.

Qu'est-ce qui peut être obscurci par la poussière et la saleté ? »

Peut-être que personne n'a jamais imaginé qu'un homme aussi insignifiant que le peseur de riz pourrait surpasser le vénérable érudit en matière de perspicacité religieuse, mais le cinquième patriarche vit immédiatement une âme éclairée s'exprimer dans ces lignes ; il décida donc de donner le Kachaya à l'écrivain, en qui il avait trouvé un grand chef spirituel pour les générations futures. Mais il le fit secrètement à minuit, de peur que certains disciples, par envie, ne fassent violence à Hwui Nang. Il fut d'ailleurs assez prudent pour conseiller à son successeur de quitter immédiatement le monastère et de retourner dans le sud, afin que ce dernier puisse dissimuler son illumination jusqu'à ce qu'un temps vienne pour ses activités missionnaires.

10. Le vol du sixième patriarche

Le lendemain matin, la nouvelle de ce qui s'était passé pendant la nuit se répandit de bouche en bouche, et certains des frères enragés tentèrent de poursuivre le digne fugitif. Le premier d'entre eux, Hwui Ming (E-myo), rattrapa le Sixième Patriarche à un col de montagne non loin du Monastère. Alors Hwui Nang, déposant le Kachaya sur un rocher au bord de la route, s'adressa au poursuivant : « Ceci est un simple symbole de l'autorité patriarcale, et ce n'est pas une chose à obtenir par la force. Emporte-le avec toi, si tu le désires ». Sur ce, Hwui Ming, qui commençait à avoir honte de son acte vilain, essaya de soulever le Kachaya, mais en vain, car il était, comme il le sentait, aussi lourd que le rocher lui-même. Finalement, il dit au sixième patriarche : « Je suis venu ici, mon frère, non pas pour l'amour de cette robe, mais pour l'amour de la Loi. Accède à mon désir sincère d'être éclairé. » « Si tu es venu pour la Loi, répondit Hwui Nang, tu dois mettre fin à toutes tes luttes et tes désirs. Ne pense ni au bien ni au mal (rends ton esprit pur de toute pensée oiseuse), puis vois comment est, Hwui Ming, ta physionomie (mentale) originelle ! » Étant ainsi interrogé, Ming trouva en un instant la Lumière divine du Bouddha en lui et devint un disciple du Sixième Patriarche.

11. Le développement de l'école zen du sud et du nord

Après la mort du cinquième patriarche, le vénérable Shang Siu, bien que n'étant pas le successeur légitime de son maître, ne resta pas inactif dans la propagation de la foi, et rassembla autour de lui un certain nombre d'admi-

de l'esprit et réaliser que l'on n'a pas de désirs mesquins et de passions dès le départ, et aussi qu'il n'y a pas d'arbre de bodhi ni de miroir de l'illumination sans lui, mais qu'ils sont en lui.

rateurs enthousiastes. C'est ainsi que fut fondée l'école du nord du zen, en opposition à l'école du sud dirigée par le sixième patriarche. L'impératrice Tseh Tien Wa Heu[1], la véritable souveraine de la Chine à cette époque, était une admiratrice de Shang Siu et patronna son école, qui ne connut cependant aucun développement.

Pendant ce temps, le Sixième Patriarche, qui s'était rendu dans le sud, arriva au Monastère Fah Sing de Kwang Cheu, où Yin Tsung (In-shu), l'abbé, donnait des conférences sur les sutras du *mahayana* à un certain nombre de moines étudiants. Vers le soir, il entendit par hasard deux moines du monastère discuter du drapeau flottant dans l'air. L'un d'eux dit : « C'est le vent qui bouge en réalité, mais pas le drapeau. » « Non », objecta l'autre, « c'est le drapeau qui bouge dans la réalité, mais pas le vent ». Ainsi, chacun d'entre eux insistait sur sa propre vision unilatérale et n'arrivait pas à une conclusion appropriée. Alors le Sixième Patriarche se présenta et leur dit : « Ce n'est ni le vent ni le drapeau, mais votre esprit qui bouge en réalité ». Yin Tsung, ayant entendu ces paroles de l'étranger, fut grandement étonné, et pensa que ce dernier devait être un personnage extraordinaire. Et lorsqu'il découvrit que l'homme était le Sixième Patriarche du zen, lui et tous ses disciples décidèrent de suivre le zen sous la direction du maître. Par conséquent, Hwui Nang, toujours vêtu comme un laïc, changea de vêtements et commença sa carrière de patriarche dans ce monastère. C'est le point de départ du grand développement du zen en Chine.

12. Les activités missionnaires du sixième patriarche

Comme nous l'avons vu plus haut, le sixième patriarche était un grand génie, et on peut à juste titre le qualifier de professeur zen né. C'était un homme sans érudition, un pauvre fermier qui n'avait servi sous le cinquième patriarche que pendant huit mois en tant que peseur de riz, mais il savait trouver un nouveau sens aux termes bouddhiques et montrer comment les appliquer à la vie pratique. En une occasion, par exemple, Fah Tah (Ho-tatsu), un moine qui avait lu le *Saddharma-pundarika-sutra*[2] trois mille fois, lui rendit visite pour être instruit dans le zen. « Même si vous lisez le sutra dix mille fois », dit le sixième patriarche, qui ne put jamais lire le texte, « cela ne vous servira à rien, si vous ne pouvez pas saisir l'esprit du sutra ». « J'ai simplement récité le livre, confessa le moine, tel qu'il est écrit en caractères. Comment un homme aussi ennuyeux que moi pourrait-il en saisir l'esprit ? » « Alors, récitez-le une fois,

---

1. L'empereur Chung Tsung (Chu-so, 684-704) était un souverain nominal, et l'impératrice était la véritable souveraine de 684 à 705.
2. L'un des plus célèbres sutras du *mahayana*, traduit par Dharmaraksa (286 apr. J.-C.) et par Kumarajiva (406 apr. J.-C.). Le lecteur doit constater que l'auteur énonce la doctrine essentielle dès le deuxième chapitre. Voir *Livres sacrés de l'Orient*, vol. XXI, p. 30-59.

répondit le maître, et je vous expliquerai son esprit. » Sur ce, Fah Tah commença à réciter le sutra, et lorsqu'il l'eut lu jusqu'à la fin du deuxième chapitre, le maître l'arrêta en disant : « Tu peux t'arrêter là. Je sais maintenant que ce sutra a été prêché pour montrer le soi-disant plus grand objectif de l'apparition de Shakya Muni sur terre. Ce grand objectif était de faire en sorte que tous les êtres sensibles soient illuminés comme lui-même. » C'est ainsi que le sixième patriarche a saisi l'essentiel des sutras du *mahayana* et s'en est librement servi pour expliquer les questions pratiques sur le zen.

13. Les disciples sous le sixième patriarche

Quelque temps après, le sixième patriarche s'installa au monastère Pao Lin, plus connu sous le nom de Tsao Ki Shan (So-kei-zan), à Shao Cheu, qui devint un grand centre du zen dans les États du sud. Sous son enseignement, de nombreux maîtres zen éminents se qualifièrent comme chefs des trois mondes. Il ne donna pas le symbole patriarcal, le Kachaya, à ses successeurs, de peur que cela ne provoque des querelles inutiles entre les frères, comme il en a fait l'expérience lui-même. Il ne donna sa sanction qu'à ses disciples qui avaient atteint l'illumination, et leur permit d'enseigner le zen de la manière la plus adaptée à leur propre personnalité. Par exemple, Huen Kioh (Gen-kaku), un érudit de la doctrine Tien Tai[1], bien connu comme le Maître de Yung Kia[2] (Yo-ka), reçut une sanction pour son accomplissement spirituel après avoir échangé quelques mots avec le maître lors de leur première entrevue, et fut immédiatement reconnu comme un enseignant du Zen. Lorsqu'il atteignit le zénith de sa renommée, l'impératrice Tseh Tien lui offrit un bol de cristal ainsi que de riches cadeaux. C'est en l'an 705 que l'empereur Chung Tsung l'invita en vain à se rendre au palais, car ce dernier suivait l'exemple du quatrième patriarche.

Après la mort[3] du sixième patriarche (713), le zen du sud fut divisé en deux

---

1. Le Maître de Tien Tai (Ten-dai, 538-597 apr. J.-C.), fondateur de la secte bouddhiste du même nom, était un grand érudit original. Sa doctrine et ses critiques sur le *Tripitaka* ont grandement influencé l'ensemble du bouddhisme après lui. Sa doctrine est brièvement exposée dans le deuxième chapitre.

2. Son *Ching Tao* Ko (Sho-do-ka), une belle exposition métrique du zen, est toujours lu par la plupart des étudiants du zen.

3. Il existe un recueil de ses sermons, *Luh Tan Fah Pao Tan King (Roku-so-ho-bo-dan-kyo)*. Il est rempli de déclarations audacieuses sur le zen dans sa forme la plus pure et est entièrement exempt des mots ambigus et énigmatiques qui encombrent les livres zen ultérieurs. En conséquence, il est largement lu par les érudits non bouddhistes en Chine et au Japon.
Hwui Chung (E-chu), un célèbre disciple du sixième patriarche, et Do-gen, le fondateur de la secte Soto au Japon, nient tous deux l'autorité de ce livre et déclarent qu'il est trompeur, en raison des erreurs et des préjugés des compilateurs. Néanmoins, nous croyons qu'il s'agit d'une collection de sections authentiques données par le Sixième Patriarche, bien qu'il y ait quelques erreurs dans ses récits historiques.

écoles, l'une représentée par Tsing Yuen (Sei-gen), l'autre par Nan Yoh (Nan-gaku.) Les cinq branches[1] du zen se développèrent rapidement à partir de ces deux écoles principales, et la foi fit de splendides progrès. Après Tsing Yuen et Nan Yoh, l'un des jeunes disciples du sixième patriarche, Hwui Chung (E-chu), occupa pendant seize ans un poste honorable de conseiller spirituel auprès de l'empereur Suh Tsung (756-762) et de l'empereur Tai Tsung (763-779). Ces deux empereurs étaient des admirateurs enthousiastes du zen et ordonnèrent à plusieurs reprises que le Kachaya de Bodhidharma fût apporté au palais depuis le monastère de Pao Lin afin qu'ils puissent lui rendre un hommage approprié. Quelque cent trente ans après le sixième patriarche, le zen avait acquis une telle influence parmi les classes supérieures qu'à l'époque de l'empereur Suen Tsung (847-859), l'empereur et son Premier ministre, Pei Hiu, étaient connus pour leur pratique du zen. On peut dire que le zen connut son âge d'or, depuis le règne de l'empereur Suh Tsung, de la dynastie Tang, jusqu'au règne de l'empereur Hiao Tsung (1163-1189), qui fut le plus grand protecteur du bouddhisme dans la dynastie Sung du Sud. C'est à cette époque qu'appartiennent presque tous les plus grands érudits zen[2] de Chine.

1. (1) La secte Tsao Tung (So-to), fondée par Tsing Yuen (mort en 740) et ses successeurs. 740) et ses successeurs ; (2) la secte Lin Tsi (Rin-Zai), fondée par Nan Yoh (mort en 744) et ses successeurs ; (3) la secte Wei Yan (Yi-gyo), fondée par Wei Shan (Yi-san, mort en 853) et son disciple Yen Shan (Kyo-zan, mort en 890) ; (4) la secte Yun Man (Un-mon), fondée par Yun Man (mort en 949) ; (5) la secte Pao Yen (Ho-gen), fondée par Pao Yen (mort en 958).

2. Pendant la dynastie Tang (618-906 apr. 618-906), la Chine produit, outre le sixième patriarche et ses disciples éminents, de grands maîtres zen tels que Ma Tsu (Ba-so, mort en 788), qui est probablement à l'origine de l'activité zen ; Shih Teu (Seki-to, mort en 790), l'auteur réputé de *Tsan Tung Ki (San-do-kai)*, un écrit métrique sur le zen ; Poh Chang (Hyaku-jo, mort en 814), qui fut le premier à établir des règles pour le monastère zen ; Wei Shan (Yi-san) ; Yang Shan (Kyo-zan), les fondateurs de la secte Wei Yang ; Hwang Pah (O-baku, mort en 850), l'un des fondateurs de la secte Lin Tsi, et l'auteur de *Chwen Sin Pao Yao, (Den-sin-ho-yo)*, l'un des meilleurs ouvrages sur le zen ; Lin Tsi (Rin-zai, mort en 866), le véritable fondateur de la secte Lin Tsi ; Tung Shan (To-zan, mort en 869), le véritable fondateur de la secte Tsao Tung ; Tsao Shan (So-zan, mort en 901), un célèbre disciple de Tung Shan ; Teh Shan (Toku-san, mort en 865), qui avait l'habitude de frapper tout questionneur avec son bâton ; Chang Sha (Cho-sha, mort en 823) ; Chao Cheu (Jo-shu, mort en 897) ; Nan Tsuen (Nan-sen, mort en 834) ; Wu Yeh (Mu-go, mort en 823) ; dont on dit qu'il répondait à tous ceux qui le questionnaient : « Va-t'en avec tes pensées oiseuses » ; Yun Yen (Un-gan, mort en 829) ; Yoh Shan (Yaku-san, mort en 834) ; Ta Mei (Tai-bai, mort en 839), un célèbre reclus ; Ta Tsz (Dai-ji, mort en 862) ; Kwei Fung (Kei-ho, mort en 841), l'auteur de *L'origine de l'homme* et de nombreux autres ouvrages ; et Yun Ku (Un-go, mort en 902).

A la période des Cinq Dynasties (907-959) appartiennent des maîtres tels que Sueh Fung (Set-po, mort en 908), Huen Sha (Kei-ho, mort en 841), auteur de *L'origine de l'homme* et de nombreux autres ouvrages. 908) ; Huen Sha (Gen-sha, mort en 908) ; Yun Man (Un-mon, mort en 949), le fondateur de la secte Yun Man ; Shen Yueh (Zen-getsu, mort en 912), un poète zen renommé ; Pu Tai (Ho-tei, mort en 916), connu pour ses particularités ; Chang King (Cho-kei, mort en 932) ; Nan Yuen (Nan-in, mort en 952) ; Pao Yen (Ho-gen, mort en 958), le fondateur de la secte Pao Yen. Sous la dynastie Sung (960-1126 apr. 960-1126) apparaissent des maîtres tels que Yang Ki (Yo-gi, mort en 1049), fondateur de l'école zen Yang Ki ; Sueh Teu (Set-cho, mort en 1052), connu pour ses œuvres poétiques ; Hwang Lung (O ryu, mort en 1069), fondateur de l'école zen Hwang Lung ; Hwang Lin (Ko-rin, mort en 987) ; Tsz Ming (Ji-myo, mort

C'est à cette époque qu'appartiennent presque tous les éminents hommes de lettres[1], hommes d'État, guerriers et artistes qui étaient connus comme pratiquants du zen. C'est à cette époque que l'on trouve la production de presque tous les livres zen[2], doctrinaux et historiques.

en 1040) ; Teu Tsy (To-shi, mort en 1083) ; Fu Yun (Fu-yo, mort en 1118) ; Wu Tsu (Go-so, mort en 1104) ; Yung Ming (Yo-myo, mort en 975), l'auteur de Tsung King Luh (Shu-kyo-roku) ; Ki Sung (Kai-su, mort en 1071), un grand historien et auteur zen. Sous la dynastie des Sung du Sud (1127-1279 apr. 1127-1279) fleurirent des maîtres tels que Yuen Wu (En-go, mort en 1135), l'auteur de Pik Yen Tsih (Heki-gan-shu) ; Chan Hieh (Shin-ketsu, fleuri en 1151) ; Hung Chi (Wan-shi, mort en 1157), célèbre pour ses œuvres poétiques ; Ta Hwui (Dai-e, mort en 1163), disciple remarquable de Yuen Wu ; Wan Sung (Ban-sho), florissant en 1193-1197, l'auteur de *Tsung Yun Luh (Sho-yo-roku)* ; Ju Tsing (Nyo-jo), mort en 1228, le professeur de Do-gen, ou le fondateur de la secte So-to au Japon.

1. Parmi les grands noms des croyants zen, les suivants sont les plus importants : Pang Yun (Ho-on, florissant en 785-804), dont toute la famille était compétente dans le zen ; Tsui Kiun (Sai-gun, florissant en 806-824) ; Luh Kang (Rik-ko), un disciple laïc de Nan Tsun ; Poh Loh Tien (Haku-raku-ten, mort en 847), l'un des plus grands hommes de lettres chinois ; Pei Hiu (Hai-kyu, mort en 827-856), Premier ministre sous l'empereur Suen Tsung, disciple laïc de Hwang Pah ; Li Ngao (Ri-ko, mort vers 806), auteur et érudit qui pratiqua le zen sous Yoh Shan ; Yu Chuh (U-teki, mort en 785-804), gouverneur local, ami de Pang Yun ; Yang Yih (Yo-oku, mort en 976), l'un des plus grands écrivains de son époque ; Fan Chung Ngan (Han-chu an, fleuri en 1008-1052), un homme d'État et un érudit compétent ; Fu Pih (Fu shitsu, fleuri en 1041-1083), un ministre sous l'empereur Jan Tsung ; Chang Shang Ying (Cho-sho-yei, 1086-1122), un érudit bouddhiste et un homme d'État ; Hwang Ting Kien (Ko-tei-ken, 1064-1094), un grand poète ; Su Shih (So-shoku, mort en 1101), grand homme de lettres, connu sous le nom de So-to-ba ; Su Cheh (So-tetsu, mort en 1112), frère cadet de So-to-ba, érudit et ministre sous l'empereur Cheh Tsung ; Chang Kiu Ching (Cho-Kyu-sei, mort vers 1131), érudit et disciple laïc de Ta Hwui ; Yang Kieh (Yo-ketsu, mort en 1078-1086), érudit et homme d'État.

2. Parmi les livres zen doctrinaux, outre *Sin Ming* du troisième patriarche et *Fah Pao Tan King* du sixième patriarche, les suivants sont d'une grande importance :
    (1) *Ching Tao Ko (Sho-do-ka)*, par Huen Kioh (Gen-kaku).
    (2) *Tsan Tung Ki (San-do-kai)*, par Shih Ten (Seki-to).
    (3) *Pao King San Mei (Ho-kyo-san-mai)*, par Tung Shan (To-zan).
    (4) *Chwen Sin Pao Yao (Den-sin-ho-yo)*, par Hwang Pah (O-baku).
    (5) *Pih Yen Tsih (Heki-gan-shu)*, par Yuen Wu (En-go).
    (6) *Lin Tsi Luh (Rin-zai-roku)*, par Lin Tsi (Rin-zai).
    (7) *Tsung Yun Luh (Sho-yo-roku)*, par Wan Sung (Ban-sho).
Parmi les livres zen historiques, les suivants sont importants :
    (1) *King teh Chwen Tan-Luh (Kei-toku-den-to-roku)*, publié en 1004 par Tao Yuen (Do-gen).
    (2) *Kwan Tang Luh (Ko-to roku)*, publié en 1036 par Li Tsun Suh (Ri-jun-kyoku).
    (3) *Suh Tang Luh (Zoku-O-roku)*, publié en 1101 par Wei Poh (I-haku).
    (4) *Lien Tang Luh (Ren-O-roku)*, publié en 1183 par Hwui Wang (Mai-o).
    (5) *Ching Tsung Ki (Sho-ju-ki)*, publié en 1058 par Ki Sung (Kwai-su).
    (6) *Pu Tang Luh (Fu-O-roku)*, publié en 1201 par Ching Sheu (Sho-ju).
    (7) *Hwui Yuen (E-gen)*, publié en 1252 par Ta Chwen (Dai-sen).
    (8) *Sin Tang Luh (Sin-W-roku)*, publié en 1280-1294 par Sui (Zui).
    (9) *Suh Chwen Tang Luh (Zoku-den-to-roku)*, par Wang Siu (Bun-shu).
    (10) *Hwui Yuen Suh Lioh (E-gen-zoku-ryaku)*, par Tsing Chu (Jo-chu).
    (11) *Ki Tang Luh (Kei-to-roku)*, par Yung Kioh (Yo-kaku).

14. Trois éléments importants du zen

Pour comprendre comment le zen se développa pendant les quelque quatre cents ans qui suivirent le Sixième Patriarche, nous devons savoir qu'il y a trois éléments importants dans le zen. Le premier est techniquement appelé le nombre zen – la méthode de pratique de la méditation en s'asseyant les jambes croisées, dont nous parlerons plus tard[1]. Cette méthode fut entièrement développée par les maîtres indiens avant l'introduction du zen en Chine par Bodhidharma, et subit donc peu de changements au cours de cette période. La seconde est la doctrine zen, qui consiste principalement en des idées idéalistes et panthéistes du bouddhisme mahayana, mais qui englobe sans aucun doute certains principes du taoïsme. Par conséquent, le zen n'est pas une foi indienne pure, mais plutôt d'origine chinoise. La troisième est l'activité zen, ou le mode d'expression du zen en action, qui est totalement absent de toute autre foi. C'est au nom de l'activité zen que Hwang Pah donna trois gifles à l'empereur Suen Tsung, que Lin Tsi poussa si souvent de grands cris de Hoh (Katsu), que Nan Tsuen tua un chat d'un seul coup de couteau en présence de ses disciples et que Teh Shan frappa si souvent les interrogateurs avec son bâton[2]. Les enseignants chinois faisaient preuve d'activité zen en se servant de divers objets tels que le bâton, la brosse à cheveux longs[3], le miroir, le chapelet, la tasse, la cruche, le drapeau, la lune, la faucille, la charrue, l'arc et les flèches, la balle, la cloche, le tambour, le chat, le chien, le canard, le ver de terre ; en bref, tout ce qui convenait à l'occasion et à l'objectif. Ainsi, l'activité zen était de pure origine chinoise, et elle se développa après le Sixième Patriarche. Pour cette raison, la période antérieure au sixième patriarche[4] peut être appelée l'âge de la doctrine zen, tandis que celle postérieure au même maître, l'âge de l'activité zen.

15. Déclin du Zen

La prospérité florissante du zen était terminée vers la fin de la dynastie Sung du Sud (1127-1279), lorsqu'il commença à se faner, non pas mordu par le gel

1. Voir chapitre VII.
2. Un long bâton officiel (Shu-jo) comme la crosse portée par l'abbé du monastère.
3. Une brosse décorative (Hos-su) souvent portée par les enseignants zen.
4. La gifle fut essayée pour la première fois par le Sixième Patriarche, qui frappa un de ses disciples, connu sous le nom de Ho Tseh (Ka-taku), et les maîtres ultérieurs y ont eu recours très fréquemment. Le soulèvement du pinceau fut essayé pour la première fois par Tsing Yuen lors d'un entretien avec son disciple le plus âgé, Shih Ten, et il devint une mode parmi les autres maîtres. Le cri fort de Hoh fut utilisé pour la première fois par Ma Tsu, le successeur de Nan Yoh. De cette façon, l'origine de l'activité zen peut facilement être retracée jusqu'au sixième patriarche et à ses disciples directs. Après la dynastie Sung, les maîtres zen chinois semblent avoir accordé une importance excessive à l'activité et négligé l'étude sérieuse de la doctrine. Cela entraîna la dégénérescence sévèrement reprochée par certains des maîtres zen japonais.

de l'oppression extérieure, mais affaibli par la pourriture intérieure. Dès la dynastie Sung (960-1126), le culte du Bouddha Amitabha[1] se fraya furtivement un chemin parmi les croyants zen, qui ne pouvaient pas réaliser pleinement l'esprit de Shakya Muni, et pour satisfaire ces personnes, certains maîtres zen[2] tentèrent de fusionner les deux croyances.

Cette tendance, qui s'accentua avec le temps, aboutit à la période d'amalgame qui couvrit les dynasties Yuen (1280-1367) et Ming (1368-1659), lorsque la prière pour Amitabha était dans toutes les bouches des moines zen assis en méditation. Les mécènes du zen ne manquaient pas dans la dynastie Yuen, car on sait qu'un monarque aussi belliqueux que l'empereur Shi Tsu (Sei-so) (1280-1294) pratiqua le zen sous l'enseignement de Miao Kao, et que son successeur Ching Tsung (1295-1307) a fait confiance à Yih Shan[3], un maître zen réputé à l'époque. De plus, Lin Ping Chung (Rin-hei-cha, mort en 1274), un puissant ministre sous Shi Tsu, qui fit beaucoup pour l'établissement du système administratif de cette dynastie, avait été un moine zen et ne man-

1. La foi est basée sur le *Grand Sukhavati-vyuha*, le *Petit Sukhavati-vyuha* et l'*Amitayus-dhyana-sutra*. Elle fut enseignée en Inde par Acvaghosa, Nagariuna et Vasubandhu. En Chine, Hwui Yuen (E-on, mort en 416), Tan Lwan (Don-ran, mort en 542), Tao Choh (Do-shaku) et Shen Tao (Zen-do) (qui vécurent tous deux vers 600-650), ont principalement enseigné cette doctrine. Elle fit un progrès extraordinaire au Japon et se différencia en plusieurs sectes, dont le Jodo Shu et le Shin Shu sont les plus fortes.

2. Il ne fait aucun doute que Poh Loh Tien (Haku-raku-ten) pratiquait le zen, mais croyait en même temps en Amitabha; de même, Su Shih (So-shoku), un praticien zen très connu, adorait le même Bouddha, Yang Kieh (Yo-keteu), qui portait une image d'Amitabha partout où il allait et l'adorait, semble avoir pensé qu'il n'y avait rien d'incompatible entre le zen et sa foi. Le plus important des maîtres zen de la dynastie Sung qui ont tenté l'amalgame est Yung Ming (Yo-myo, mort en 975), qui a réconcilié le zen avec le culte d'Amitabha dans ses *Wan Shen Tung Kwei Tsih (Man-zen-do-ki-shu)* et *Si Ngan Yan Shan Fu (Sei-an-yo-sin-fu)*. Il fut suivi par Tsing Tsz (Jo-ji) et Chan Hieh (Shin-ketsu, vécu vers 1151), dont le premier écrivit *Kwei Yuen Chih Chi (Ki-gen-jiki-shi)*, et le second Tsing Tu Sin Yao (Jo-do-sin-yo), afin d'approfondir cette tendance. Sous la dynastie Yuen, Chung Fung (Chu-ho, mort en 1323) encouragea l'adoration d'Amitabha, ainsi que la pratique du zen, dans sa composition poétique (*Kwan-shu-jo-go*). Sous la dynastie Ming, Yun Si (Un-sei, mort en 1615), auteur de *Shen Kwan Tseh Tsin (Zen-kwan-saku shin)* et d'autres nombreux ouvrages, rédigeant un commentaire sur le *Sukhavati-vyuha-sutra*, porte l'amalgame à son apogée. Ku Shan (Ku-zan, mort en 1657), historien et auteur zen, et son éminent disciple Wei Lin (E-rin), sont connus comme les amalgamateurs. Yun Ming déclara que ceux qui pratiquent le zen, mais n'ont pas la foi en Amitabha, s'égarent dans neuf cas sur dix; que ceux qui ne pratiquent pas le zen, mais croient en Amitabha, sont sauvés, tout un chacun; que ceux qui pratiquent le zen, et ont la foi en Amitabha, sont comme le tigre pourvu d'ailes; et que pour ceux qui n'ont pas la foi en Amitabha ni ne pratiquent le zen, il existe le plancher de fer et les piliers de cuivre en enfer. Ku Shan a dit que certains pratiquent le zen afin d'atteindre l'illumination, tandis que d'autres prient Amitabha pour leur salut; que s'ils étaient sincères et diligents, les deux obtiendraient la béatitude finale. Wei Lin observa également: « En théorie, j'embrasse le zen, et en pratique, je vénère Amitabha ». E-chu, l'auteur de *Zen-to-nenbutsu (Sur le zen et le culte d'Amitabha)*, souligne que l'un des disciples directs du sixième patriarche favorisait la foi d'Amitabha, mais il n'existe aucune preuve digne de foi, à notre connaissance, qui prouve l'existence de l'amalgame dans la dynastie Tang.

3. L'empereur l'envoya au Japon en 1299 avec un ordre secret, mais il ne fit rien de politique, et resta comme enseignant zen jusqu'à sa mort.

qua jamais de soutenir sa foi. Et sous la dynastie Ming, le premier empereur Tai Tsu (1368-1398), qui avait été moine zen, protégea la secte avec enthousiasme, et son exemple fut suivi par Tai Tsung (1403-1424), dont le conseiller spirituel et politique était Tao Yen, un moine zen de renom. Ainsi, le zen exerça une influence inégalée par toute autre foi à travers les âges. Cependant, la vie et l'énergie du zen disparurent lors de cette ignoble fusion, et même de grands érudits comme Chung Fung[1], Yung Si[2], Yung Kioh[3], n'échappèrent pas à l'influence écrasante de l'époque. Cependant, ce n'est pas rendre justice à la tendance à l'amalgame à cette époque que de lui reprocher ses résultats odieux, car il est hors de doute qu'elle apporta des fruits sains à la littérature et à la philosophie chinoises. Qui peut nier que cette tendance amena la philosophie spéculative[4] de la dynastie Sung à son apogée par l'amalgame du confucianisme avec le bouddhisme, en particulier avec le zen, pour lui permettre d'exercer une influence durable sur la société, et que cette tendance produit également Wang Yang Ming[5], l'un des plus grands généraux et savants que le monde ait jamais vus, dont la philosophie de la conscience[6] occupe toujours une position unique dans l'histoire de la pensée humaine ? Qui peut nier en outre que la philosophie de Wang est zen dans la terminologie confucéenne ?

---

1. Un maître zen très renommé de la dynastie Yuen, que l'empereur Jan Tsung invita à visiter le palais, mais en vain.
2. Un auteur remarqué pour son érudition et ses vertus, qui était plutôt un adorateur d'Amitabha qu'un moine zen.
3. Auteur de livres volumineux, dont le *Tung Shang Ku Cheh* (*To-jo-ko-tetsu*) est bien connu.
4. Cette philosophie bien connue fut enseignée pour la première fois par Cheu Men Shuh (Shu-mo-shiku, mort en 1073) dans sa forme définitive. On dit qu'il fut éclairé par l'enseignement de Hwui Tang, un maître zen contemporain. Chang Ming Tao (Tei-mei-do, mort en 1085) et Chang I Chwen (Tei-i-sen, mort en 1107), deux frères, lui succédèrent et développèrent la philosophie dans une large mesure. Et elle fut complétée par Chu Tsz (Shu-shi, mort en 1200), célèbre commentateur des classiques confucéens. Il convient de noter que ces érudits pratiquaient la méditation tout comme les moines zen. Voir *Histoire de la philosophie chinoise* (pp. 215-269), par G. Nakauchi, et *Histoire du développement de la pensée chinoise*, par R. Endo.
5. Il est né en 1472, et est mort en 1529. Sa doctrine exerça une influence très féconde sur beaucoup de grands esprits japonais, et a sans doute beaucoup contribué au progrès du Nouveau Japon.
6. Voir *Den-shu-roku* et *O-ya-mei-zen-sho*.

CHAPITRE II

L'HISTOIRE DU ZEN AU JAPON

1. L'établissement de l'école du zen Rin Zai[1] au Japon

L'introduction du zen dans l'empire insulaire date du début du VIIᵉ siècle[2], mais c'est en 1191 qu'il fut établi par Ei-sai, un homme de nature audacieuse et énergique. Il traversa la mer vers la Chine à l'âge de vingt-huit ans en 1168 après une étude approfondie du *Tripitaka* complet[3] pendant huit ans au monastère Hi-yei[4] qui était, à l'époque, le centre du bouddhisme japonais. Après avoir visité les lieux saints et les grands monastères, il rentra au Japon, rapportant plus de trente livres différents sur la doctrine de la secte Ten-Dai[5], ce qui au lieu de le refroidir, amplifia son désir de voyage d'aventure à l'étranger. Il retraversa donc la mer en 1187 avec l'intention d'aller cette fois

1. L'école Lin Tsi fut créée par Nan Yoh, un disciple éminent du sixième patriarche, et complétée par Lin Tsi ou Rin Zai.

2. Le Zen fut introduit au Japon par Do-sho (629-700) dès 653-656, à l'époque où le Cinquième Patriarche venait d'entrer dans sa carrière patriarcale. Do-sho se rendit en Chine en 653 et rencontra Huen Tsang, le célèbre et grand érudit, qui lui enseigna la doctrine du Dharma-laksana. C'est Huen Tsang qui conseilla à Do-sho d'étudier le zen auprès de Hwui Man (E-man). Après son retour, il construisit une salle de méditation pour pratiquer le zen au monastère de Gan-go, à Nara. C'est ainsi que le zen fut d'abord transplanté au Japon par Do-sho, mais il ne prit pas racine dans le sol à cette époque.
Ensuite, un maître zen chinois, I Kung (Gi-ku), vint au Japon vers 810, et sous son enseignement, l'impératrice Danrin, une bouddhiste très enthousiaste, fut éclairée. Elle érigea un monastère appelé Dan-rin-ji et en nomma l'abbé I Kung afin de propager la foi. Mais comme cela ne servit à rien, I Kung retourna en Chine quelques années plus tard.
Troisièmement, en 1171, Kaku-a se rendit en Chine, où il étudia le zen sous la direction de Fuh Hai (Buk-kai), qui appartenait à l'école Yang Ki (Yo-gi), et revint chez lui après trois ans. Interrogé par l'empereur Taka-kura (1169-1180) sur la doctrine du zen, il ne prononça aucun mot, mais prit une flûte et en joua. Mais sa première note était trop aiguë pour être captée par l'oreille ordinaire, et s'en alla sans produire aucun écho à la cour ni dans la société en général.

3. Les trois divisions du canon bouddhique, à savoir :
    (1) *Sutra-pitaka*, ou une collection de livres doctrinaux.
    (2) *Vinaya-pitaka*, ou une collection d'ouvrages sur la discipline.
    (3) *Abhidharma-pitaka*, ou une collection d'ouvrages philosophiques et informatifs.

4. Le grand monastère érigé en 788 par Sai-cho (767-822), le fondateur de la secte japonaise Ten Dai, connue sous le nom de Den Gyo Dai Shi.

5. La secte fut nommée d'après son fondateur en Chine, Chi I (538-597), qui vivait dans le monastère de Tien Tai Shan (Ten-dai-san), et était appelé le Grand Maître de Tien Tai. En 804, Den-gyo se rendit en Chine par ordre impérial, et reçut la transmission de la doctrine de Tao Sui (Do-sui), un patriarche de la secte. Après son retour, il érigea un monastère sur le mont Hi-yei, qui devint le centre du savoir bouddhique.

en pèlerinage en Inde. Personne ne peut dire ce qu'il serait advenu si les autorités chinoises ne lui avaient pas interdit de traverser la frontière. Il orienta donc son attention sur l'étude du zen, et après cinq ans de discipline, réussi à obtenir sa sanction pour sa réalisation spirituelle par Hu Ngan (Kio-an), un maître reconnu de l'école de Rin Zai à l'époque abbé du monastère de Tien Tung Shan (Ten-do-san). Sa propagande active du zen débuta rapidement après son retour en 1191 avec de splendides succès au temple[1] nouvellement bâti dans la province de Chiku-zen. En 1202, Yori-iye, le shogun ou le réel gouverneur de l'état à cette époque, érigea le monastère de Ken-nin-ji dans la ville de Kyo-to, et l'invita à se rendre dans la métropole. En conséquence, il s'installa au temple et enseigna le zen et ses caractéristiques. Ceci provoqua l'envie et le courroux des enseignants de Ten Dai et de Shin Gon[2] qui présentèrent des mémoires à la cour impériale pour protester contre sa propagande de la nouvelle foi. Prenant avantage de ces protestations, Ei-sai écrivit un livre intitulé *Ko-zen-go-koku-ron (La protection de l'État par la propagation du zen)*, et ne se contenta pas d'expliquer ses positions, mais exposa l'ignorance[3] des protestateurs. C'est ainsi que ses mérites furent enfin appréciés par l'empereur Tsuchi-mikado (1199-1210), et qu'il fut promu au So Jo, le plus haut rang de la prêtrise bouddhiste, avec le don d'une robe pourpre en 1206. Quelque temps plus tard, il se rendit dans la ville de Kamakura, le centre politique, sur l'invitation de Sane-tomo, le Shogun et établit les fondations du soi-disant zen Kamakura, qui prospère encore aujourd'hui.

2. L'introduction de l'école du zen So-To[4]

Bien que l'école Rin Zai ait été, comme mentionné plus haut, établie par Ei-sai, il n'était pas lui-même un enseignant zen pur, étant un érudit Ten Dai ainsi qu'un praticien expérimenté du mantra. Le premier établissement du zen dans sa forme la plus pure fut effectué par Do-gen, maintenant connu sous le nom de Jo Yo Dai Shi. Comme Ei-sai, il fut admis au monastère Hi-yei assez

---

1. Il erigea le monastère de Sho-fuku-ji en 1995 qui prospère encore aujourd'hui.
2. La secte Shin Gon ou Mantra est basée sur le Mahavairocanabhi-sambodhi-sutra, le Vajracekhara-sutra et d'autres Mantra-sutras. Elle a été établie en Chine par Vajrabodhi et son disciple Amoahavajra, venus d'Inde en 720. Ku kai (774-835), bien connu sous le nom de Ko Bo Dai Shi, se rendit en Chine en 804, et reçut la transmission de la doctrine de Hwui Kwo (Kei-ka), un disciple d'Amoghavajra. En 806, il revint et propagea la foi dans presque tout le pays. Pour plus de détails, voir *A Short History of the Twelve Japanese Buddhist Sects* (chap. VIII.), par le Dr Nanjo.
3. Sai-cho, le fondateur de la secte japonaise Ten Dai, a d'abord appris la doctrine de l'école du Nord du Zen sous Gyo-hyo (mort en 797), puis il a poursuivi l'étude de la même foi sous Siao Jan en Chine. Par conséquent, s'opposer à la propagation du zen revient, pour les prêtres Ten Dai, à s'opposer au fondateur de leur propre secte.
4. Cette école fut créée par Tsing-Yuen (Sei-gen), un éminent disciple du sixième patriarche, et complétée par Tsing Shan (To-zan).

tôt et se dévoua à l'étude des canons. Au fur et à mesure que ses connaissances scripturaires augmentaient, il était troublé par des doutes et des craintes inexprimables, comme il est habituel chez les grands enseignants religieux. En conséquence, il consulta un jour son oncle, Ko-in, un érudit Ten Dai distingué, à propos de ses doutes. Ce dernier, étant incapable de le satisfaire, lui recommanda Ei-sai, le fondateur de la nouvelle foi. Mais comme Ei-san mourut rapidement après, il eut le sentiment de n'avoir plus aucun enseignant compétent et traversa la mer pour la Chine à l'âge de vingt-quatre ans en 1223. Il y fut admis au monastère de Tien Tung Shan (Ten-do-san), et se vit assigner le plus bas siège dans le hall sur la simple raison qu'il était étranger. Il protesta fortement contre cet affront. Dans le bouddhisme, dit-il, tous son frères, et sans différence de nationalité. Le seul critère de rang est l'ancienneté, et il réclamait donc d'occuper son propre rang. Mais personne ne prêta l'oreille aux protestations du pauvre nouveau venu, il fit donc appel par deux fois à l'empereur chinois Ning Tsung (1195-1224), et par ordre impérial il obtint son objectif. Après quatre ans d'études et de discipline, il fut éclairé et reconnu comme successeur par son maître Ju Tsing (Nyo-jo, mort en 1228), qui appartenait à l'école Tsao Tung (So To). Il rentra chez lui en 1227, emportant avec lui trois livres zen[1] importants. Pendant trois ans, il fit ce que Bodhidharma, le brahmane du mur, avait fait sept cents ans avant lui, en se retirant dans un ermitage à Fuka-kusa, pas très loin de Kyo-to.

Tout comme Bodhidharma, qui dénonçait toute gloire et tout gain mondains, son attitude envers le monde était diamétralement opposée à celle d'Ei-sai. Comme nous l'avons vu plus haut, Ei-sai ne fuit jamais, mais rechercha plutôt la société des puissants et des riches, et atteint son but par tous les moyens. Mais pour le Sage de Fuka-kusa, comme on appelait Do-gen à l'époque, le faste et le pouvoir étaient la chose la plus répugnante du monde. Si l'on en juge par ses poèmes, il semble avoir passé ces années principalement en méditation, s'attardant tantôt sur le caractère éphémère de la vie, tantôt sur la paix éternelle du Nirvana, tantôt sur les vanités et les misères du monde, écoutant tantôt les voix de la nature parmi les collines, tantôt contemplant le ruisseau qui, comme il le pensait, emportait dans le monde son image reflétée sur lui.

---

1. (1) *Pao King San Mei (Ho-kyo-san-mai, « Samadhi du précieux miroir »)*, exposé métrique du zen, par Tung Shan (To-zan, 806-869), l'un des fondateurs de l'école So To. (2) *Wu Wei Hien Hueh (Go-i-ken-ketsu. « Explication des cinq catégories »)*, par Tung Shan et son disciple Tsao Shan (So-zan). Ce livre nous montre comment le zen était systématiquement enseigné par les auteurs. (3) *Pih Yen Tsih (Heki-gan-shu, « Recueil et traitement critique des dialogues »)*, par Yuen Wu.

3. Les caractéristiques de Do-gen, le fondateur de la secte japonaise So To

Entre-temps, les chercheurs d'une nouvelle vérité commencèrent à frapper à sa porte, et son ermitage fut transformé en un monastère, connu aujourd'hui sous le nom de Temple de Ko-sho-ji[1]. C'est à cette époque que de nombreux intellectuels bouddhistes et des hommes de qualité se rassemblèrent autour de lui, mais plus il devenait populaire, plus l'endroit lui paraissait dégoûtant. Son désir le plus cher était de vivre dans la solitude des montagnes, loin des êtres humains où seuls le chant des oiseaux et l'eau qui coule ne pourraient perturber sa méditation. Il accepta donc l'invitation d'un seigneur féodal et se rendit dans la province d'Echi-zen où son monastère idéal fut construit, aujourd'hui connu sous le nom de Ei-hei-ji[2].

En 1247, à la demande de Toki-yori, le général régent (1247-1263), il se rendit à Kamakura où il resta une demi-année avant de retourner à Ei-hei-ji. Après quelque temps, Toki-yori rédigea un certificat de propriété pour Ei-hei-ji d'une grande portion de terres et le donna à Gen-myo, un disciple de Do-gen, en gage de gratitude pour le maître. Le messager transportant le certificat fut si heureux de la donation qu'il l'exhiba à tous ses frères et la présenta devant le maître, qui lui fit de sévères reproches en disant : « Ô, honte à toi, misérable ! Tu es souillé par le désir des richesses de ce monde jusqu'au plus profond de ton âme, tout comme une nouille est souillée d'huile. Tu ne pourras pas t'en purifier pour l'éternité. Je crains que tu ne fasses honte à la juste Loi. » Sur ce fait, Gen-myo se vu retirer sa robe sainte et excommunier. De plus, le maître ordonna que le siège « pollué » de la salle de méditation, où Gen-myo avait l'habitude de s'asseoir, soit enlevé et que la terre « polluée » sous le siège soit creusée sur deux mètres de profondeur.

En 1250, l'ancien empereur Go-sa-ga (1243-1246 envoya un messager spécial par deux fois au monastère de Ei-hei pour faire honneur au maître par le don d'une robe violette, mais il refusa. Quand la marque de distinction fut offerte pour la troisième fois, il accepta et exprima ses remerciements par les vers suivants :

> « Bien que dans la vallée de Ei-hei les eaux peu profondes sautent. Pourtant, trois fois il est venu, la faveur impériale profonde. Le singe peut sourire et la grue rire du vieux moine en pourpre comme d'un fou. »

1. C'est dans ce monastère (construit en 1236) que le zen fut enseigné pour la première fois en tant que secte indépendante, et que la salle de méditation fut ouverte pour la première fois au Japon. Do-gen vécut au monastère pendant onze ans et écrivit certains des livres les plus importants. *Za-zen-gi (Méthode de pratique de la méditation croisée)* fut écrit peu après son retour de Chine, suivi de *Ben-do-wa* et d'autres essais, qui sont inclus dans son grand ouvrage intitulé *Sho-bo-gen-zo (L'œil et le trésor de la loi juste)*.

2. Le monastère fut bâti en 1244 par Yoshi-shige (Hatano), le seigneur féodal qui invita Do-gen. Il vécut à Ei-hei-ji jusqu'à sa mort, qui eut lieu en 1253. Il est toujours florissant en tant que temple principal de la secte So To.

Il ne fut jamais vu portant la robe violette, il était toujours vêtu de noir ce qui correspondait mieux à sa vie recluse.

4. L'état social du Japon quand le zen fut établi par Ei-sai et Do-gen

Il nous faut maintenant observer les conditions de l'introduction du zen au Japon par Ei-sai et Do-gen. La noblesse qui avait longtemps gouverné l'île n'était plus noble. Énervés par leur luxe, efféminés par leur facilité, rendus insipides par leur débauche, ils étaient entièrement impuissants. Tout ce qu'ils possédaient se résumait en fait à un rang et un droit de naissance héréditaire. Au contraire, méprisés comme des ignorants, raillés comme des parvenus, méprisés comme des vulgaires, les samouraïs ou la classe militaire avaient tout entre leurs mains. C'était l'époque où Yori-tomo[1] (1148-1199) conquit l'empire et établit le gouvernement Samouraï à Kamakura. C'était à l'époque où les empereurs étaient détrônés ou exilés selon la volonté des samouraïs. C'était à l'époque où les moines bouddhistes[2] prirent fréquemment les armes pour affirmer leur volonté. C'était à l'époque où l'indépendance japonaise fut mise en danger par Kublai, la terreur du monde. C'était l'époque où la nation tout entière avait l'esprit martial. C'est sans doute que les doctrines philosophiques bouddhistes étaient trop compliquées et d'une nature trop différente pour les samouraïs grossiers et simples. Mais ils purent trouver dans le zen quelque chose de convivial à leur nature, quelque chose qui toucha leur corde sensible, car le zen était en quelque sorte la doctrine de la chevalerie.

5. La ressemblance entre le moine zen et le samouraï

Mettons en lumière les similarités entre le zen et la chevalerie japonaise. D'abord, les samouraïs et les moines zen doivent se plier à une discipline stricte et supporter des privations sans se plaindre. Même un si éminent maître que Ei-sai, par exemple, vivait sans se plaindre dans des circonstances de manque telles qu'un jour[3], ses disciples et lui n'eurent rien à manger pendant plusieurs jours. Heureusement, un croyant leur demanda de réciter les Écritures et leur remit deux rouleaux de soie. Les jeunes moines affamés, qui avaient déjà l'eau à la bouche à l'idée d'un dîner tant attendu, furent déçus lorsque la soie fut donnée à un pauvre homme, qui fit appel à Ei-sai pour obtenir de l'aide. Le

---

1. Le gouvernement samouraï fut établi pour la première fois par Yoritomo, de la famille Minamoto, en 1186, et le Japon resta sous le contrôle de la classe militaire jusqu'en 1867, date à laquelle le pouvoir politique fut finalement restitué à la maison impériale.

2. Il s'agissait de moines dégénérés (que l'on appelait moines-soldats), appartenant à de grands monastères tels que En-ryaku-ji (Hi-yei), Ko-fuku-ji (à Nara), Mi-dera, etc.

3. Cet incident est raconté par Do-gen dans son *Zui-mon-ki*.

jeûne continua pendant toute une semaine, quand un autre pauvre arriva et demanda à Ei-sai de lui donner quelque chose. À ce moment-là, n'ayant rien pour montrer sa marque substantielle de sympathie envers les pauvres, Ei-sai arracha la gloire dorée de l'image de Bouddha Bhecajya et la donna. Les jeunes moines, mordus à la fois par la faim et par la colère devant cet acte outrageant pour l'objet du culte, interrogèrent Ei-sai en guise de reproche : « Est-il juste, monsieur, pour nous, bouddhistes, de démolir l'image d'un Bouddha ? » « Eh bien, répondit promptement Ei-sai, Bouddha donnerait même sa propre vie pour le bien des gens qui souffrent. Comment pourrait-il être réticent à donner son auréole ? » Cette anecdote nous montre clairement que le sacrifice de soi est de première importance dans la discipline zen.

6. L'honnête pauvreté des moines zen et des samouraïs

Deuxièmement, la soi-disant honnête pauvreté est une caractéristique à la foi des moines zen et des samouraïs. S'enrichir par des moyens ignobles est contraire aux règles de la chevalerie japonaise ou Bushido. Le samouraï préférera jeûner que vivre par quelques expédients indignes de sa dignité. Il existe beaucoup d'exemples dans l'histoire japonaise, de samouraïs qui sont morts de faim bien qu'ayant une centaine de pièces d'or soigneusement mises à l'abri pour faire face aux dépenses en cas d'urgence ; d'où le proverbe : « Le faucon ne se nourrirait pas d'un épi de maïs, même s'il devait mourir de faim. » De la même manière, nous ne connaissons aucun cas de moine zen qui s'est enrichi par des moyens ignobles. Ils préféraient de tout leur cœur faire face à la pauvreté. Fu-gai, l'un des maîtres zen les plus éminents juste avant la Restauration, soutenait de nombreux moines étudiants dans son monastère. Ils étaient souvent trop nombreux pour être pris en charge par ses maigres moyens. Cela troublait beaucoup son disciple, dont le devoir était de veiller à l'approvisionnement en nourriture, car il n'y avait pas d'autre moyen de répondre à la demande croissante que de fournir des produits plus mauvais. En conséquence, un jour, le disciple conseilla à Fu-gai de ne plus admettre de nouveaux étudiants au monastère. Le maître, ne répondant pas, tira la langue et dit : « Regarde maintenant dans ma bouche, et dis-moi s'il y a une langue dedans. » Le disciple perplexe répondit par l'affirmative. « Alors, ne te tracasse pas pour cela. S'il y a une langue, je peux goûter n'importe quel aliment. » La pauvreté honnête peut, sans exagération, être appelée l'une des caractéristiques des samouraïs et des moines zen ; d'où un proverbe : « Le moine zen n'a pas d'argent, le Monto riche[1] ne sait rien. »

---

1. Le prêtre appartenant aux Shin Shu, qui sont généralement riches.

7. La masculinité du moine zen et du samouraï

Troisièmement, les moines zen comme les samouraïs se distinguent par leur masculinité et leur dignité dans leurs manières, parfois jusqu'à la grossièreté. Cela est dû en partie à la dure discipline qu'ils subirent, et en partie au mode d'instruction. L'histoire suivante[1], traduite par M. D. Suzuki, un de mes amis, illustre bien notre propos :

« Lorsque Rin-zai[2] s'appliquait assidûment à la discipline zen sous la direction d'Obak (Huang Po en chinois, mort en 850), le moine en chef reconnut son génie. Un jour, le moine lui demanda depuis combien de temps il était au monastère, ce à quoi Rin-zai répondit : "Trois ans". L'aîné dit : "Avez-vous déjà approché le maître et demandé son instruction dans le bouddhisme ?" Rin-zai répondit : "Je ne l'ai jamais fait, car je ne savais pas quoi demander". "Pourquoi, vous pourriez aller voir le maître et lui demander quelle est l'essence du bouddhisme ?".

« Rin-zai, selon ce conseil, s'approcha d'Obak et répéta la question, mais avant qu'il ne termine, le maître lui donna une gifle.

Lorsque Rin-zai revint, l'aîné lui demanda comment s'était déroulé l'entretien. Rin-zai répondit : "Avant que je puisse terminer ma question, le maître m'a giflé, mais je n'en saisis pas le sens". L'aîné lui dit : "Retourne le voir et pose la même question". Lorsqu'il le fit, il reçut la même réponse du maître. On incita Rin-zai à essayer une troisième fois, mais le résultat ne s'améliora pas.

« Enfin, il alla voir l'aîné et lui dit : "En obéissant à votre aimable suggestion, j'ai répété ma question trois fois, et j'ai été giflé trois fois. Je regrette profondément que, du fait de ma stupidité, je ne sois pas capable de comprendre le sens caché de tout cela. Je vais quitter cet endroit et aller ailleurs." L'ancien dit : "Si tu veux partir, ne manque pas d'aller voir le maître pour lui dire adieu".

« Immédiatement après, l'ancien vit le maître et dit : "Ce jeune novice, qui s'est enquis trois fois du bouddhisme, est un garçon remarquable. Lorsqu'il viendra prendre congé de vous, ayez l'amabilité de le diriger correctement. Après un dur entraînement, il se révélera être un grand maître, et, tel un arbre immense, il donnera un abri rafraîchissant au monde."

« Lorsque Rin-zai vint voir le maître, celui-ci lui conseilla de ne pas aller ailleurs, mais chez Dai-gu (Tai-yu) de Kaoan, car il serait capable de l'instruire dans la foi.

« Rin-zai se rendit chez Dai-gu, qui lui demanda d'où il venait. Ayant appris qu'il venait d'Obak, Dai-gu lui demanda quelle instruction il avait reçu du maître. Rin-zai répondit : "Je l'ai interrogé trois fois sur l'essence du boudd-

1. Dans *The Journal of the Pali Text Society*, 1906-1907.
2. Lin Tsi, le fondateur de l'école Lin Tsi.

hisme, et il m'a giflé trois fois. Mais je ne suis toujours pas capable de voir si j'ai commis une faute ou pas." Dai-gu dit : "Obak avait le cœur tendre, même comme un abruti, et vous n'êtes pas du tout justifié de venir ici et de me demander si vous aviez quelque chose à vous reprocher".

« Après avoir été ainsi réprimandé, le sens de toute l'affaire apparut soudainement à l'esprit de Rin-zai, et il s'exclama : "Il n'y a pas grand-chose, après tout, dans le bouddhisme d'Obak". Sur quoi Dai-gu le saisit et dit : "Cette créature fantomatique et bonne à rien ! Il y a quelques minutes, vous veniez me voir et me demandiez en vous plaignant ce qui n'allait pas chez vous, et maintenant vous déclarez hardiment qu'il n'y a pas grand-chose dans le bouddhisme d'Obak. Quelle est la raison de tout cela ? Parle vite ! Parlez vite !" En réponse à cela, Rin-zai frappa doucement trois fois son poing sur les côtes de Dai-gu. Ce dernier le relâcha alors en disant : "Ton maître est Obak, et je n'aurai plus rien à faire avec toi".

« Rin-zai prit congé de Dai-gu et revint vers Obak, qui, en le voyant arriver, s'exclama : "Imbécile ! À quoi te sert-il d'aller et venir ainsi tout le temps ?" Rin-zai répondit : "Tout cela est dû à votre gentillesse."

« Lorsque, après les salutations d'usage, Rin-zai se trouva aux côtés d'Obak, ce dernier lui demanda d'où il était venu cette fois. Rin-zai répondit : "En obéissant à vos aimables instructions, j'étais avec Dai-gu. C'est de là que je suis venu". Et il raconta, étant demandé de plus amples informations, tout ce qui s'était passé là-bas.

« Obak dit : "Dès que ce type se montrera ici, je devrai lui donner une bonne raclée". "Tu n'as pas besoin d'attendre qu'il vienne, donne-lui une bonne raclée tout de suite", lui répondit Rin-zai en donnant une tape dans le dos de son maître.

« Obak dit : "Comment ce fou ose-t-il venir en ma présence et jouer avec les moustaches d'un tigre ?". Rin-zai éclata alors en un Ho[1], et Obak dit : "Préposé, venez et emportez ce fou dans sa cellule". »

8. Le courage et la sérénité d'esprit du moine zen et du samouraï

Quatrièmement, notre Samouraï a affronté la mort, comme on le sait, avec un courage sans faille. Il ne reculait jamais, mais se battait jusqu'au dernier contre son ennemi. Être traité de lâche était pour lui un déshonneur pire que la mort elle-même. Un incident concernant Tsu Yuen (So-gen), qui vint au Japon en 1280, invité par Toki-mune[2] (Ho-jo), le général régent, illustre bien

1. Un cri fort, fréquemment utilisé par les enseignants zen, après Rin-zai. Sa prononciation chinoise est « Hoh », et se prononce « Katsu » en japonais, mais le « tsu » n'est pas audible.
2. Un homme d'État et un soldat audacieux, qui fut le véritable souverain du Japon de 1264

à quel point les moines zen ressemblaient à nos samouraïs. L'événement s'est produit alors qu'il se trouvait en Chine, où l'armée envahissante de Yuen semait la terreur dans tout le pays. Certains des barbares, qui avaient franchi la frontière de l'État de Wan, firent irruption dans le monastère de Tsu Yuen, et menacèrent de le décapiter. Alors calmement assis, prêt à affronter son destin, il composa les vers suivants :

> « Le ciel et la terre ne m'offrent aucun abri, je suis heureux, irréels sont le corps et l'âme. Accueille ton arme, ô guerrier de Yuen ! Ton fidèle acier, qui lance des éclairs, coupe le vent du printemps, je le sens. »

Cela nous rappelle Sang Chao[1] (So-jo), qui, au bord de la mort par l'épée du vagabond, exprima ses sentiments dans les lignes suivantes :

> « Dans le corps il n'existe pas d'âme.
>
> L'esprit n'est pas réel du tout.
>
> Essaie maintenant sur moi ton acier étincelant,
>
> Comme s'il coupait le vent du printemps, je le sens. »

Les barbares, émus par cette calme résolution et l'air digne de Tsu Yuen, supposèrent à juste titre qu'il n'était pas un personnage ordinaire, et quittèrent le monastère, sans lui faire de mal.

9. Le zen et le général régent de la période Ho-jo

Il n'est donc pas étonnant que les représentants de la classe des samouraïs, les généraux régents, en particulier des souverains compétents tels que Toki-yori, Toki-mune et d'autres, réputés pour leur bonne administration, de la période Ho-jo (1205-1332) aient grandement favorisé le zen. Ils ne se contentaient pas de patronner la foi, en construisant de grands temples[2] et en invitant les meilleurs professeurs zen chinois[3], mais vivaient également comme des moines

à 1283.

1. Cet homme n'était pas un pur maître zen, étant un disciple de Kumarajiva, le fondateur de la secte San Ron. Il s'agit d'une preuve des plus remarquables que le zen, en particulier l'école Rin Zan, fut influencé par Kumarajiva et ses disciples. Pour les détails de l'anecdote, voir *E-gen*.

2. To-fuku-ji, le temple principal d'un sous-secteur du Rin Zai portant le même nom, fut construit en 1243. Ken-cho-ji, le temple principal d'un sous-secteur du Rin Zai portant le même nom fut construit en 1253. En-gaku ji, le temple principal d'un sous-secteur du Rin Zai portant le même nom fut construit en 1282. Nan-zen-ji, le temple principal d'un sous-secteur du Rin Zai portant le même nom fut érigé en 1326.

3. Tao Lung (Do-ryu), connu sous le nom de Dai-kaku Zen-ji, invité par Tokiyori, vint au Japon en 1246. Il devint le fondateur de Ken-cho-ji-ha, une sous-section du Rin Zai, et mourut en 1278. Parmi ses disciples, Yaku-o était le plus célèbre, et le disciple de Yaku-o, Jaku-shitsu, devint le fondateur de Yo-genji-ha, une autre sous-section du Rin Zai. Tsu Yuen (So-gen), connu sous le nom de Buk-ko-koku-shi, invité par Toki-mune, traversa la mer en 1280, devint le fondateur de En-gaku-ji-ha (une sous-section du Rin Zai), et mourut en 1286. Tsing Choh (Sei-setsu), invité par Taka-toki, arriva en 1327 et mourut en 1339. Chu Tsun (So-shun) vint en 1331, et mourut en 1336. Fan Sien (Bon-sen) vint avec Chu Tsun et mourut en 1348. Ce sont les principaux

zen, la tête rasée, portant une robe sacrée et pratiquant la méditation jambes croisées. Toki-yori (1247-1263), par exemple, qui entra dans la vie monastique alors qu'il était encore le véritable gouverneur du pays, menait une vie aussi simple, comme le montrent ses vers, qui sont les suivants :

« Plus haut que sa rive, le ruisseau coule ; plus verte que la mousse, l'herbe minuscule pousse. Personne n'appelle à mon humble maison sur le rocher, mais la porte s'ouvre d'elle-même aux coups du vent. »

Toky-yori atteint l'illumination par l'instruction de Do-gen et Do-ryu, et rendit son dernier soupir calmement, assis les jambes croisées, en exprimant ses sentiments dans les lignes suivantes :

« Pendant trente-sept ans, le miroir du karma s'est tenu haut ; Maintenant je le brise en morceaux, le chemin du Grand est alors proche. »

Son successeur, Toki-mune (1264-1283), homme d'État et soldat audacieux, n'en était pas moins un fervent adepte du zen. Par deux fois, il décapita les émissaires envoyés par le grand conquérant chinois Kublai, qui exigeait que le Japon se rende ou soit foulé aux pieds. Et lorsque la nouvelle alarmante de l'approche de la terre par l'Armada chinoise lui parvint, il aurait appelé son tuteur, Tsu Yuen, pour recevoir les dernières instructions. « Maintenant, révérend monsieur, dit-il, un péril imminent menace le pays. » « Comment vas-tu l'affronter ? » demanda le maître. Toki-mune s'élança alors dans un Ka toni-truant de toutes ses forces pour montrer son esprit imperturbable à l'approche de l'ennemi. « Oh, le rugissement du lion ! » Dit Tsu Yuen. « Tu es un vrai lion. Va et ne te retourne jamais. » Ainsi encouragé par le maître, le général régent envoya l'armée de défense, et sauva avec succès l'État de la gueule de la destruction, remportant une splendide victoire sur les envahisseurs, qui périrent presque tous dans les mers occidentales.

10. Le zen après la chute de la régence Ho-jo

Vers la fin de la période Ho-jo[1] et après la chute de la régence en 1333, des

professeurs chinois de l'époque.

1. Bien que le zen fut d'abord favorisé par la régence Ho-jo et qu'il prospéra principalement à Kama-kura, il commença rapidement à exercer son influence sur les nobles et les empereurs à Kyo-to. Ceci était essentiellement dû à l'activité d'En-ni, connu sous le nom de Sho-Ichi-Koku-Shi (1202-1280), qui acquit d'abord le Zen auprès de Gyo-yu, un disciple d'Ei-sai, puis se rendit en Chine, où il fut éclairé sous l'instruction de Wu Chun, du monastère du roi Shan. Après son retour, Michi-iye (Fuji-wara), un puissant noble, lui érigea To-fuku-ji en 1243, et il devint le fondateur d'une sous-section du Rin Zai, nommée d'après ce monastère. L'empereur Go-saga (1243-1246), un de ses admirateurs, reçut de lui les préceptes moraux. Un de ses disciples, To-zan, devint le conseiller spirituel de l'empereur Fushi-mi (1288-1298), et un autre disciple, Mu kwan, fut créé abbé du monastère de Nan-zen-ji par l'empereur Kame-yama (1260-1274), en tant que fondateur d'une sous-section du Rin Zai du même nom. Un autre maître qui exerça une influence durable sur la Cour est Nan-po, connu sous le nom de Dai-O-Koku-Shi (1235-

batailles sanguinaires eurent lieu entre les impérialistes et les rebelles. Ces premiers, loyaux et courageux, étant surpassés par ces derniers, périrent les uns après les autres sur le champ de bataille au nom de l'empereur Go-dai-go (1319-1338), dont la vie mouvementée se termina dans l'anxiété et le désespoir. C'est à cette époque que le Japon donna naissance à Masa-shige (Kusu-noki), un fin général et tacticien des impérialistes qui ne fit pas que se sacrifier lui-même et son frère au nom de l'empereur, mais son fils et son successeur moururent de la même manière, attaquant l'ennemi dont le nombre était bien supérieur. La loyauté, la sagesse, la bravoure et la prudence de Masa-shige ne sont pas seulement uniques dans l'histoire du Japon, mais peut-être dans l'histoire de l'homme. Le récit tragique de sa séparation avec son fils bien-aimé et la bravoure dont il a fait preuve lors de sa dernière bataille ne manquent jamais d'inspirer l'héroïsme aux Japonais. Il est le meilleur spécimen de la classe des samouraïs. Selon un vieux document[1], ce Masa-shige était un pratiquant du zen, et juste avant sa dernière bataille, il a fait appel à Chu Tsun (So-shun) pour recevoir l'instruction finale. « Que dois-je faire quand la mort prend la place de la vie ? » demanda Masa-shige. Le maître répondit :

« Soyez audacieux, coupez immédiatement les deux liens. L'épée dégainée brille contre les cieux. »

Devenant ainsi, pour ainsi dire, une discipline indispensable pour les samouraïs, le zen ne prit jamais fin avec la période Ho-jo, mais devint plus prospère qu'auparavant sous le règne[2] de l'empereur Go-dai-go, l'un des plus ardents défenseurs de la foi.

Les shoguns de la période Ashi-kaga (1338-1573) n'étaient pas moins dévoués

1308), qui fut nommé abbé du monastère de Man-ju-ji à Kyo-to par l'empereur Fushi-mi. L'un de ses disciples, Tsu-o, fut le conseiller spirituel de l'empereur Hana-zono (1308-1318) et de l'empereur Go-dai-go. Et un autre disciple, Myo-cho, connu sous le nom de Dai-To-Koku-Shi (1282-1337), fut également admiré par les deux empereurs, et créé abbé du Dai-toku-ji, en tant que fondateur d'une sous-section du Rin Zai portant le même nom. C'est pour le disciple de Myo-cho, Kan-zan (1277-1360), que l'empereur Hana-zono transforma son palais détaché en un monastère, nommé Myo-shin-ji, temple principal d'une sous-section du Rin Zai du même nom.
1. L'événement est longuement détaillé dans une vie de So-shun, mais certains historiens le soupçonnent d'être fictif. Cela attend une recherche plus approfondie.
2. Comme nous l'avons déjà mentionné, Do-gen, le fondateur de la secte japonaise So To, évitait la société des riches et des puissants, et menait une vie retirée. En conséquence, sa secte ne fit pas de progrès rapides jusqu'au quatrième patriarche de sa lignée, Kei-zan (1268-1325) qui, étant d'un esprit énergique, répandit sa foi avec une activité remarquable, construisant de nombreux grands monastères, dont Yo-ko-ji, dans la province de No-to, So-ji-ji (près de Yokohama), l'un des temples principaux de la secte, sont bien connus. L'un de ses disciples, Mei Ho (1277-1350), propagea la foi dans les provinces du nord, tandis qu'un autre disciple, Ga-san (1275-1365), de plus grand caractère, éleva plus de trente disciples distingués, dont Tai-gen, Tsu-gen, Mu-tan, Dai-tetsu et Jip-po, sont les plus connus. Tai-gen (mort en 1370) et ses grands successeurs propagèrent la foi dans les provinces moyennes, tandis que Tsu-gen (1332-1391) et ses successeurs répandirent la secte dans les provinces du nord-est et du sud-ouest. Il est donc intéressant de noter que la plupart des maîtres Rin Zai ont limité leurs activités à Kamakura et Kyo-to, tandis que les maîtres So To répandirent la foi dans tout le pays.

à la foi que les empereurs qui succédèrent à l'empereur Go-dai-go. Et même Taka-uji (1338-1357), le célèbre fondateur du Shogunat, construisit un monastère et invita So-seki[1], plus connu sous le nom de Mu-So-Koku-Shi, qui fut respecté comme tuteur par les trois empereurs successifs après Go-dai-go. L'exemple de Taka-uji fut suivi par tous les shoguns successifs, et l'exemple du shogun fut suivi par les seigneurs féodaux et leurs vassaux. Cela entraîna la propagation du zen dans tout le pays. Nous pouvons facilement imaginer la prospérité du zen à cette époque à partir des splendides monastères[2] construits à cette époque, tels que le temple du Hall d'or et le temple du Hall d'argent qui ornent toujours la belle ville de Kyo-to.

11. Le zen à l'Âge sombre

La seconde moitié de la période Ashikaga fut l'âge des armes et des bains de sang. Le soleil brillait chaque jour sur les armures reluisantes des soldats en marche. Tous les vents soufflaient sur les restes sans vie des courageux. Partout résonnait le vacarme des batailles. Parmi ces seigneurs féodaux en guerre, deux champions émergèrent. Chacun d'eux se distingua comme soldat vétéran et tacticien. Chacun d'eux était reconnu comme praticien expérimenté du zen. L'un d'eux était Haru-nobu[3] (Take-da, mort en 1573), plus connu sous son nom bouddhiste, Shin-gen. L'autre était Teru-tora[4] (Uye-ugi, mort en 1578), plus connu sous son nom bouddhiste, Ken-shin. Le personnage de Shin-gen peut être imaginé par le fait qu'il ne bâtit jamais de château, de citadelle ni de forteresse pour se protéger de l'ennemi, mais comptait sur ses vassaux loyaux et son peuple. Celui de Kin-shen peut, quant à lui, être imaginé à partir du fait qu'il fournissait son ennemi, Shin-gen, en sel lorsque celui-ci en manquait à cause du lâche stratagème d'un seigneur rival. Les batailles héroïques entre ses deux grands généraux sont les perles de l'histoire japonaise. La légende veut que lorsque l'armée de Shin-gen était mise en déroute par les attaques féroces des troupes de Kin-shen et qu'un seul soldat monté sur une énorme monture

---

1. So-seki (1276-1351) fut peut-être le plus grand maître zen de cette période. Parmi les nombreux monastères construits pour lui, E-rin-ji, dans la province de Kae, et Ten-ryu-ji, le temple principal d'une sous-section du Rin Zai du même nom, sont importants. Parmi plus de soixante-dix de ses disciples éminents, Gi-do (1365-1388), l'auteur de Ku-ge-shu, Shun-oku (1331-1338), le fondateur du monastère de So-koku-ji, temple principal d'une sous-section du Rin Zai du même nom, et Zek-kai (1337-1405), auteur de Sho-ken-shu, sont les plus connus.

2. Myo-shin-ji fut construit en 1337 par l'empereur Hana-zono ; Ten-ryu-ji fut érigé par Taka-uji, le premier Shogun de la période, en 1344 ; So-koku-ji par Yosh-imitsu, le troisième Shogun, en 1385 ; Kin-Kaku-ji, ou Temple du Hall d'or, par le même Shogun, en 1397 ; Gin-kaku-ji, ou Temple du Hall d'argent, par Yoshi-masa, le huitième Shogun, en 1480.

3. Shin-gen pratiquait le zen sous l'instruction de Kwai-sen, qui fut brûlé à mort par Nobu-naga (O-da) en 1582. Voir *Hon-cho-ko-so-den*.

4. Ken-shin apprit le zen auprès de Shu-ken, un maître So Ta. Voir *To-jo-ren-to-roku*.

se dirigea aussi rapidement qu'un vent violent vers le quartier général de Shin-gen, un coup de la lourde épée fut porté sur le front de Shin-gen, avec une question exprimée dans les termes techniques du zen : « Que feras-tu dans un tel état, à un tel moment ? » N'ayant pas le temps de brandir son épée, Shin-gen le para avec son éventail de guerre, répondant simultanément avec des mots zen : « Un flocon de neige sur la fournaise rougeoyante ! »

Si ses assistants n'étaient pas venus à la rescousse, la vie de Shin-gen aurait pu s'éteindre comme « un flocon de neige sur la fournaise rougeoyante ». Par la suite, on sut que le cavalier était Ken-shin lui-même. Cette tradition nous montre comment le zen était pratiquement vécu par les samouraïs de l'âge sombre.

Bien que les prêtres des autres sectes bouddhistes aient eu leur part dans ces affaires sanglantes, comme il était naturel à une telle époque, les moines zen se tenaient à l'écart et cultivaient simplement leur littérature. Par conséquent, lorsque tous les peuples devinrent complètement ignorants à la fin de l'âge des ténèbres, les moines zen furent les seuls hommes de lettres. Personne ne peut nier le mérite qu'ils eurent de préserver le savoir et de préparer sa renaissance à l'époque suivante[1].

12. Le zen sous le shogunat de Toku-gana

La paix fut enfin rétablie par Iye-yasu, le fondateur du shogunat Toku-gana (1603-1867). Pendant cette période, le shogunat donna son aval au bouddhisme d'une part, en le reconnaissant comme religion d'État, en accordant de riches propriétés aux grands monastères, en faisant prendre rang aux prêtres sur les gens du peuple, en ordonnant à chaque propriétaire de maison de construire un autel bouddhique dans sa maison ; tandis que, d'autre part, il a tout fait pour extirper le christianisme, introduit dans la période précédente (1544). Tout cela paralysa l'esprit missionnaire des bouddhistes, et mit toutes les sectes en sommeil. Quant au zen[2], il avait encore la faveur des seigneurs féodaux et

---

1. Après l'introduction du zen au Japon, de nombreux livres importants ont été écrits, et les suivants sont les principaux ouvrages doctrinaux : *Ko-zen-go-koku-ron*, par Ei-sai ; *Sho bo-gen-zo* ; *Gaku-do-yo-zin-shu* ; *Fu-kwan-za-zen-gi* ; *Ei-hei-ko-roku*, par Dô-gen ; *Za-zen-yo-zin-ki* ; et *Den-ko-roku*, par Kei-zan.

2. La secte So To ne manquait pas d'enseignants compétents, car elle pouvait s'enorgueillir de son Ten-kei (1648-1699), dont la perspicacité religieuse était inégalée par tout autre maître de l'époque ; de son Shi getsu, qui était un commentateur de divers livres zen, et qui mourut en 1764 ; Men-zan (1683-1769), dont les travaux infatigables sur l'exposition du So To zen sont d'une valeur inestimable, et Getsu shu (1618-1696) et Man-zan (1635-1714), à qui l'on attribue la réforme de la foi. De même, la secte Rin Zai, dans son Gu-do (1579-1661), dans son Isshi (1608-1646), dans son Taku-an (1573-1645), le précepteur préféré du troisième Shogun, Iye-mitsu ; Haku-in (1667-1751), le plus grand des maîtres Rin Zai de l'époque, à la personnalité et au travail extraordinaires duquel est due la renaissance de la secte, et To-rei (1721-1792), un disciple érudit de Haku-in. Parmi les livres zen importants écrits par ces maîtres, *Ro-ji-tan-kin*,

de leurs vassaux, et presque tous les seigneurs provinciaux embrassèrent la foi.

C'est vers le milieu de cette période que les quarante-sept vassaux d'Ako manifestèrent l'esprit du samouraï par leur persévérance, leur abnégation et leur loyauté, en se vengeant de l'ennemi de leur seigneur défunt. Le chef de ces hommes, dont les histoires tragiques ne peuvent être racontées ou entendues sans larmes, était Yoshi-o (O-ishi, mort en 1702), un adepte du zen[1], et sa tombe dans le cimetière du temple de Sen-gaku-ji, à Tokyo, est visitée chaque jour par des centaines d'admirateurs.

La plupart des épéistes professionnels formant une classe à cette époque pratiquaient le zen. Mune-nori[2] (Ya-gyu), par exemple, établit sa réputation en combinant le zen et l'art de l'escrime. L'histoire suivante de Boku-den (Tsuka-hara), un grand épéiste, illustre parfaitement cette tendance :

« À un moment, Boku-den prit un ferry pour traverser la Yabase dans la province d'Omi. Parmi les passagers se trouvait un samouraï, grand et carré, apparemment un escrimeur expérimenté. Il se comporta grossièrement envers ses compagnons de voyage, et parla tellement de sa propre dextérité dans cet art que Boku-den, provoqué par ses fanfaronnades, rompit le silence. "Vous semblez, mon ami, pratiquer cet art pour conquérir l'ennemi, mais moi je le fais pour ne pas être conquis", dit Boku-den. "Ô moine, demanda l'homme, car Boku-den était vêtu comme un moine zen, à quelle école de sabre appartenez-vous ?" "Eh bien, la mienne est l'école 'Conquérir l'ennemi sans se battre'". "Ne dis pas de mensonges, vieux moine. Mon épée ne sert pas à tuer, mais à sauver", dit Boku-den en utilisant des expressions zen, "mon art se transmet d'esprit à esprit. Maintenant, viens, moine, défia l'homme, voyons, à cet instant, qui est le vainqueur, toi ou moi". Le gantelet fut ramassé sans hésitation.

« "Mais nous ne devons pas nous battre, dit Boku-den, dans le bac, de peur que les passagers ne soient blessés. Vous voyez là-bas une petite île. C'est là que nous déciderons du combat." L'homme accepta cette proposition, et le bateau fut tiré vers cette île. À peine le bateau atteignit le rivage que l'homme sauta sur la terre ferme et cria : "Viens, moine, vite, vite !". Mais Boku-den, se levant lentement, dit : "Ne vous hâtez pas de perdre la tête. C'est une règle de mon école de se préparer lentement au combat, en gardant l'âme dans l'abdomen". En disant cela, il arracha la rame au batelier et ramena la barque à une certaine distance, laissant l'homme seul, qui, trépignant follement sur le sol, s'écria : "Oh, tu t'enfuis, moine, espèce de lâche." "Écoute bien, dit Boku-den, voici l'art secret de l'école de la conquête de l'ennemi sans combat. Prends garde de ne pas l'oublier et de ne le répéter à personne." Ainsi, se débarrassant

de Ten-kei ; *Men-zan-ko-roku*, de Men-zan ; *Ya-sen-kwan-wa*, *Soku-ko-roku*, *Kwai-an-koku-go*, *Kei-so-doku-zui*, de Haku-in ; *Shu-mon-mu-jin-to-ron*, de To-rei, sont bien connus.

1. Voir *Zen Shu*, numéro 151.

2. Il est connu sous le nom de Ta-jima, qui pratiqua le zen sous Taku-an.

du bagarreur, Boku-den et ses compagnons de voyage débarquèrent en toute sécurité sur la rive opposée[1]. »

L'école zen d'O Baku fut introduite par Yin Yuen (In-gen) qui traversa la mer en 1654, accompagné de nombreux disciples compétents[2]. Le shogunat lui donna un terrain à Uji, près de Kyo-to, et en 1659 il y construisit un monastère remarquable par son architecture de style chinois, connu aujourd'hui sous le nom de O-baku-san. Les professeurs de la même école[3] vinrent l'un après l'autre de Chine, et le zen[4] qui leur était propre prospéra peu de temps après.

C'est également à cette époque que le zen acquit une grande influence sur la littérature populaire caractérisée par la forme la plus courte de la composition poétique. Cela se fit grâce au génie de Ba-sho[5], grand homme de lettres, reclus et voyageur, qui, comme ses écrits nous le montrent, fit de grands progrès dans l'étude du zen. Il fut également utilisé par les professeurs d'éthique populaire[6], qui contribuèrent grandement à l'éducation des classes inférieures. C'est ainsi que le zen et son goût particulier trouvèrent peu à peu leur place dans les arts de la paix, tels que la littérature, les beaux-arts, la cérémonie du thé, la cuisine, le jardinage, l'architecture, pour finalement imprégner chaque fibre de la vie japonaise.

---

1. *Shi-seki-shu-ran.*

2. In-gen (1654-1673) vint avec Ta-Mei (Dai-bi, mort en 1673), Hwui Lin (E-rin, mort en 1681), Tuh Chan (Doku-tan, mort en 1706), et d'autres. Pour la vie d'In-gen : voir *Zoku-ko-shu-den* et *Kaku-shu-ko-yo.*

3. Tsih Fei (Soku-hi mort en 1671), Muh Ngan (Moku-an mort en 1684), Kao Tsuen (Ko-sen mort en 1695), l'auteur de *Fu-so-zen-rin-so-bo-den, To-koku-ko-so-den*, et *Sen-un-shu*, sont les plus connus.

4. Il s'agit d'un sous-secteur de l'école Rin Zai, comme le montre le tableau suivant :
L'école d'O Baku est l'amalgame du zen et du culte d'Amitabha, et diffère des deux autres écoles. Les statistiques de 1911 donnent les chiffres suivants :

Nombre de temples	L'école So To	14.255	L'école Rin Zai	6.128	L'école O Baku	546
Nombre d'enseignants	L'école So To	9.576	L'école Rin Zai	4.523	L'école O Baku	349

TABLEAU DE LA TRANSMISSION DU ZEN DE LA CHINE AU JAPON

5. Mort en 1694, il apprit le zen sous la direction d'un maître zen contemporain (Buccho), et on dit qu'il a été illuminé avant sa réforme de la littérature populaire.

6. Cet enseignement était appelé Shin-gaku, ou « apprentissage de l'esprit ». Il fut d'abord enseigné par Bai-gan (Ishi-da), et constitue la réconciliation du shintoïsme et du bouddhisme avec le confucianisme.
Bai-gan et ses successeurs pratiquèrent la méditation et furent éclairés à leur manière. Do-ni (Naka-zawa, mort en 1803) utilisa le zen plus que tout autre enseignant.

1. Bodhidharma.
|
2. Hwui Ko (E-ka).
|
3. San Tsang (So-san).
|
4. Tao Sin (Do-shin).
|
5. Hung Jan (Ko nin).

LA SECTE DU NORD   **LA SECTE DU SUD**
6. Shang Siu (Jin-shu).   6. Hwui Nang (E-no).

L'ÉCOLE DE RIN ZAI   **L'ÉCOLE SO TO**
7. Nan Yoh (Nan-gaku).   7. Tsing Yuen (Sei-gen).

                                                        8. Shih Teu (Seki-to).

10. Gi-ku.   11. Lin Tsi (Rin

                                                        11. Tung Shan (To-zan).

21. Yuen Wu (En-   25. Hti Ngan (Kyo-an).

                            26. Ei-sai.   23. Ju Tsing (Nyo-jo).

22. Fuh Hai (Bukkai).   24. Do-gen.

23. Ju Tsing (Nyo-jo).   **L'ÉCOLE O BAKU**
                                42. In-gen.

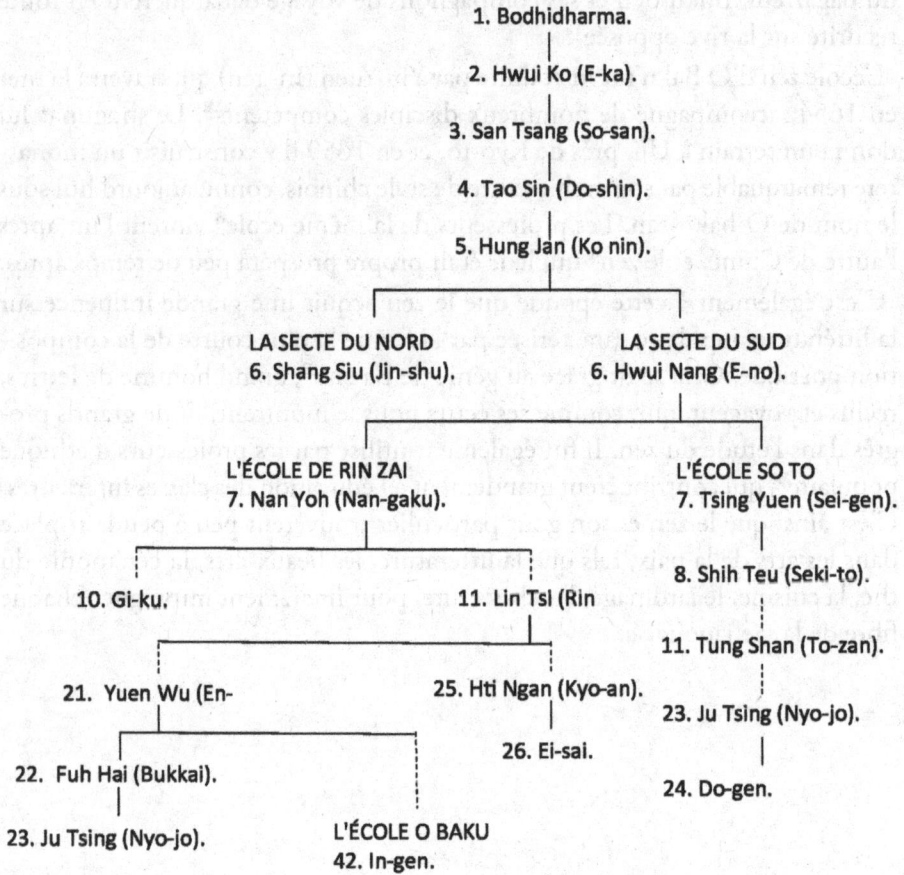

13. Le zen après la restauration

Après la restauration du Mei-ji (1867), la popularité du zen commença
à décliner et resta inactive pendant une trentaine d'années, mais depuis la
guerre russo-japonaise, il connut une renaissance. Aujourd'hui, il est considéré comme une foi idéale, tant pour une nation pleine d'espoir et d'énergie
que pour une personne qui doit se frayer un chemin dans les luttes de la vie.
Le bushido, ou code de la chevalerie devrait être observé non seulement par
le soldat sur le champ de bataille, mais par chaque citoyen dans la lutte pour
l'existence. Si une personne est une personne et non une bête, alors elle doit
être un samouraï – courageux, généreux, droit, fidèle et viril, plein de respect
et de confiance en soi, et en même temps plein d'esprit de sacrifice. Nous
pouvons trouver une incarnation du bushido dans le défunt général Nogi, le
héros de Port Arthur, qui, après le sacrifice de ses deux fils pour le pays lors

de la guerre russo-japonaise, sacrifia sa vie et celle de sa femme pour le bien de l'empereur défunt. Il ne mourut pas en vain, comme certains pourraient le penser, car sa simplicité, sa droiture, sa loyauté, sa bravoure, sa maîtrise de soi et son abnégation, toutes combinées dans son dernier acte, inspireront sûrement à la génération montante l'esprit du samouraï pour donner naissance à des centaines de Nogis. Voyons maintenant dans les chapitres suivants ce que nous enseigne le zen si étroitement lié au bushido.

CHAPITRE III

L'UNIVERS EST LA TRANSCRIPTION[1] DU ZEN

1. L'Écriture n'est pas plus qu'un vieux papier

L e zen était basé sur le plan spirituel le plus élevé atteint par Shakya Muni lui-même. Il ne pouvait être réalisé que par celui qui avait atteint le même niveau. Le décrire entièrement au moyen de mots était au-delà du pouvoir de Gotama lui-même. C'est pour cette raison que l'auteur du *Lankavatara-sutra* insista sur le fait que Shakya Muni n'avait prononcé aucun mot au cours de sa longue carrière de quarante-neuf ans en tant que maître

---

1. Le zen n'est pas basé sur un sutra particulier, qu'il soit du mahayana ou de l'hinayana. Il existe deux *Tripitakas* (ou les trois recueils d'écritures bouddhistes) – à savoir, le *Mahayana-tripitaka* et le *Hinayana-tripitaka*. Les premiers constituent la base du mahayana, ou bouddhisme supérieur et réformé, plein de raisonnements métaphysiques profonds, tandis que les seconds forment celle de l'hinayana, ou bouddhisme inférieur et primitif, qui est un enseignement simple et éthique. Ces deux Tripitakas sont les suivants:

LE MAHAYANA-TRIPITAKA

Le Sutra Pitaka. – *Le Saddharma-pundarika-sutra, Samdhi-nirmocana-sutra, Avatamsaka-sutra, Prajnyaparamita-sutra, Amitayus-sutra, Mahaparinirvana-sutra, etc.*
Le Vinaya Pitaka. – *Brahmajala-sutra, Bodhisattva-caryanirdeca, etc.*
Abhidharma Pitaka. – *Mahaprajnyaparamita-sutra, Mahayana-craddhotpada-castra, Madhyamaka-castra, Yogacarya bhumi-castra,* etc…

LE HINAYANA-TRIPITAKA

Le Sutra Pitaka. – *Dirghagama, Ekottaragama, Madhyamagama, Samyuktagama, etc.*
Le Vinaya Pitaka. – *Dharmagupta-vinaya, Mahasamghika-vinaya, Sarvastivada-vinaya, etc.*
L'Abhidharma Pitaka. – *Dharma-skandha pada, Samgiti-paryaya-pada, Jnyanaprasthana-castra, Abhidharma-kosa-castra,* etc…

Le terme « Tripitaka », cependant, n'était pas connu à l'époque de Shakya Muni, et presque toutes les archives bouddhistes du nord s'accordent pour affirmer que le Tripitaka a été répété et installé l'année même de la mort du Muni. Mahavansa dit aussi : « Le livre appelé *Abhidharma-pitaka,* qui a été prêché à dieu, et a été arrangé en bon ordre par 500 prêtres Budhu, a été compilé. » Mais nous croyons que l'enseignement de Shakya Muni était connu des premiers bouddhistes, non pas comme Tripitaka, mais comme Vinaya et Dharma, et même à l'époque du roi Açoka (qui monta sur le trône vers 269 av. J.-C.), il n'était pas appelé Tripitaka, mais Dharma, comme nous le trouvons dans ses préceptes. Les Mahayanistes affirment à l'unanimité que la compilation du Tripitaka a eu lieu au premier conseil de Rajagrha, mais ils divergent d'opinion quant à la question de savoir qui a répété l'*Abhidharma* ; néanmoins, ils sont d'accord sur les autres aspects, comme vous le voyez dans ce qui suit:
Le *Sutra Pitaka,* compilé par Ananda; le *Vinaya Pitaka,* compilé par Upali; l'*Abhidharma Pitaka,* compilé par Ananda – selon Nagarjuna (*Mahaprajnyaparamita-castra*).

religieux, et que celui du *Mahaprajnyaparamita-sutra*[1] exprima également la même opinion. L'Écriture n'est ni plus ni moins que le doigt qui pointe vers la lune de la bouddhéité. Lorsque nous reconnaissons la lune et jouissons de sa beauté bénigne, le doigt n'est d'aucune utilité. De même que le doigt n'a aucun éclat, de même l'Écriture n'a aucune sainteté. L'Écriture est une monnaie religieuse représentant la richesse spirituelle. Peu importe que l'argent soit de l'or, des coquillages ou des vaches. C'est un simple substitut. Ce qu'elle représente est d'une importance capitale. Nous sommes loin de ton couteau de pierre! Ne regarde pas le pieu contre lequel un lièvre en fuite s'est un jour frappé la tête et est mort. N'attends pas un autre lièvre. Un autre ne viendra peut-être jamais. Ne coupe pas le côté du bateau dans lequel tu as laissé tomber ton épée pour marquer l'endroit où il a coulé. Le bateau est sans cesse en mouvement. Le canon est la fenêtre à travers laquelle nous observons le grand paysage de la nature spirituelle. Pour être en communion directe avec elle, nous devons sortir par la fenêtre. Ce n'est qu'une simple mouche égarée qui bourdonne toujours en son sein, luttant pour en sortir. Ceux qui passent la plus grande partie de leur vie à étudier les Écritures, à argumenter et à expliquer avec des raisonnements à couper le souffle, et qui n'atteignent aucun niveau supérieur de spiritualité, sont des mouches religieuses qui ne sont bonnes qu'à bourdonner sur des détails techniques absurdes. C'est pour cette raison que Rin-zai déclara:[2] « Les douze divisions du canon bouddhiste ne sont rien de mieux que de vieux papier. »

2. Pas besoin de l'autorité scripturale pour le zen

Le *Sutra Pitaka*, compilé par Ananda; le *Vinaya Pitaka*, compilé par Upali; l'*Abhidharma Pitaka*, compilé par Kacyapa selon Huen Tsang (*Ta-tan-si-yu-ki*).
Le *Sutra Pitaka*, compilé par Ananda; le *Vinaya Pitaka*, compilé par Upali; l'*Abhidharma Pitaka*, compilé par Purna – selon Paramartha (*A Commentary on the History of the Hinayana Schools*). La divergence mentionnée ci-dessus trahit clairement l'incertitude de leurs affirmations, et nous donne des raisons de discréditer la compilation de l'*Abhidharma Pitaka* lors du premier concile. En outre, à en juger par le *Dharma-gupta-vinaya* et d'autres documents, qui stipulent que Purna n'a pas pris part au premier conseil, et qu'il avait des opinions différentes de celles de Kacyapa quant à l'application des règles de discipline, il devrait y avoir quelques erreurs dans l'affirmation de Paramartha.
De ces trois collections d'écrits sacrés, les deux premières, ou Sutra et Vinaya, du mahayana, ainsi que de l'Himayana, sont considérées comme les enseignements directs de Shakya Muni lui-même, car toutes les instructions sont mises dans la bouche du maître ou sanctionnées par lui. Les Mahayanistes, cependant, comparent la doctrine hinayana à un lieu de repos sur la route pour un voyageur, tandis que la doctrine mahayana est sa destination. Toutes les dénominations du bouddhisme, à l'exception du zen, sont fondées sur l'autorité de certains écrits sacrés particuliers. La secte Ten Dai, par exemple, se fonde sur le *Saddharma-pundarika-sutra*; la secte Jo Do sur le grand *Sukhavati-vyuha*, le petit *Sukhavati-vyuha* et l'*Amitayus-dhyana-sutra*; la secte Ke Gon sur l'*Avatamsaka-sutra*; la secte Hosso sur le *Samdhi-nirmocana-sutra*.
1. Mahaprajnyaparamita-sutra, vol. 425.
2. Rin-zai-roku.

Certains érudits occidentaux identifiaient à tort le bouddhisme à la foi primitive du hinayanisme, et étaient enclins à qualifier le mahayanisme, comme une foi dégénérée développée ultérieurement. Si la foi primitive était appelée la foi véritable, comme le pensaient ces savants, et la foi développée ultérieurement la foi dégénérée, alors l'enfant devrait être appelé l'homme véritable et les adultes les dégénérés ; de même, la société primitive devrait être la véritable société, et la civilisation moderne la société dégénérée. De même, les premiers écrits de l'Ancien Testament devraient être véritables et les quatre évangiles, dégénérés. Sans aucun doute, le zen appartient au mahayanisme, mais cela n'impliquait pas qu'il dépende de l'autorité scripturale de cette école, car il ne se préoccupait pas du canon, qu'il soit hinayana ou mahayana, ou qu'il ait été prononcé directement par Shakya Muni ou écrit par des bouddhistes ultérieurs. Le zen était complètement libre des entraves des vieux dogmes, des croyances mortes, et des conventions du passé stéréotypées, qui freinèrent le développement d'une foi religieuse et empêchèrent la découverte d'une nouvelle vérité. Le zen n'avait pas besoin d'inquisition. Il ne contraignit pas et n'aurait jamais contraint le compromis d'un Galilée ou d'un Descartes. L'excommunication d'un Spinoza ou l'immolation par le feu d'un Bruno ne seraient pas possibles pour le zen.

À une certaine occasion, Yoh Shan (Yaku-san), qui n'avait pas prêché la doctrine pendant un long moment, fut prié de faire un sermon par son maître assistant, disant : « Votre révérence voudrait-elle prêcher le dharma à vos élèves, qui ont une longue soif de votre instruction miséricordieuse ? » « Alors, sonnez la cloche », répondit Yoh Shan. La cloche sonna, et tous les moines se rassemblèrent dans la salle, impatients d'entendre le sermon. Yoh Shan monta en chaire et descendit immédiatement sans dire un mot. « Vous, révérend monsieur, demanda l'assistant, avez promis de prononcer un sermon il y a peu de temps. Pourquoi ne prêchez-vous pas ? » « Les sutras sont enseignés par les maîtres de sutras, » dit le maître ; « les castras sont enseignés par les maîtres de castras. Il n'est pas étonnant que je ne dise rien. »[1] Ce petit épisode vous montrera que le zen n'est pas une doctrine fixe incarnée dans un sutra ou un castra, mais une conviction ou une réalisation en nous. Pour citer un autre exemple, un officier offrit à Tung Shan (To-zan) de nombreuses aumônes, et le pria de réciter le canon sacré. Tung Shan, se levant de sa chaise, fit une révérence respectueuse à l'officier, qui fit de même au maître. Alors Tung Shan fit le tour de la chaise, emmenant l'officier avec lui, et, s'inclinant à nouveau devant l'officier, il demanda « Voyez-vous ce que je veux dire ? » « Non, monsieur », répondit l'autre. « J'ai récité le canon sacré, pourquoi ne le voyez-vous pas ? »[2] Ainsi, le zen ne

1. Zen-rin-rui-shu et E-gen.
2. Zen-rin-rui-sha et To-zan-roku.

considère pas les Écritures en noir et blanc comme son canon, car il prend les jours et les lendemains de cette vie actuelle comme ses pages inspirées.

3. L'explication habituelle du canon

Un éminent érudit bouddhiste chinois, bien connu sous le nom de Ten Dai Dai Shi (538-597), classa l'ensemble des prêches de Shakya Muni dans un ordre chronologique, conformément à sa propre théorie religieuse, et observa qu'il y avait cinq périodes dans la carrière du Bouddha en tant que maître religieux. Il essaya d'expliquer toutes les divergences et les contradictions dont les livres sacrés sont encombrés, en organisant les sutras selon une ligne de développement. Son explication était si minutieuse et claire, et ses raisonnements métaphysiques si aigus et captivants, que son opinion fut universellement acceptée comme une vérité historique, non seulement par les Chinois, mais aussi par les mahayanistes japonais. Nous exposerons brièvement ici ce que l'on appelle les cinq périodes.

Shakya Muni atteignit le statut de Bouddha dans sa trentième année, et resta assis sans bouger pendant sept jours sous l'arbre Bodhi, absorbé dans une profonde méditation, profitant de la première félicité de son illumination. Au cours de la deuxième semaine, il prêcha son dharma à la multitude innombrable de bodhisattvas,[1] d'êtres célestes et de déités dans les neuf assemblées tenues en sept lieux différents. C'est l'origine d'un célèbre livre mahayana intitulé *Buddhavatamsaka-mahavaipulya-sutra*. Dans ce livre, le Bouddha exposait sa loi profonde telle qu'elle fut découverte par son esprit hautement éclairé, sans tenir compte des états mentaux de ses auditeurs. Par conséquent, les auditeurs ordinaires (ou les disciples immédiats du Bouddha) ne pouvaient pas comprendre la doctrine, et s'étaient assis, stupéfaits, comme s'ils étaient « sourds et muets », tandis que les grands bodhisattvas comprenaient et réalisaient parfaitement la doctrine. C'est ce qu'on appelle la première période, qui ne dura que deux ou trois[2] semaines.

Là-dessus, Shakya Muni, ayant découvert que les porteurs ordinaires étaient

---

1. Le bodhisattva est un personnage imaginaire, ou un saint idéal, supérieur à l'Arhat, ou le plus haut saint du hinayanisme. Le terme « Bodhisattva » a d'abord été appliqué au Bouddha avant son illumination, puis a été adopté par les mahayanistes pour désigner les adeptes du mahayanisme par opposition aux Cravaka ou auditeurs du hinayanisme.

2. Bodhiruci dit que les prédictions des cinq premières assemblées ont été faites au cours de la première semaine, et que les autres ont été prononcées au cours de la deuxième semaine. Nagarjuna dit que le Bouddha n'a pas prononcé un mot pendant cinquante-sept jours après son illumination. Il est dit dans le *Saddharma-pundarika-sutra* qu'après trois semaines le Bouddha a prêché à Varanasi, et rien n'est dit concernant l'*Avatamsaka-sutra*. Bien qu'il existe diverses opinions sur le premier sermon du Bouddha et sa date, toutes les traditions s'accordent sur le fait qu'il a passé un certain temps en méditation, puis a prononcé son premier sermon devant les cinq ascètes de Varanasi.

trop ignorants pour croire en la doctrine du mahayana et apprécier la grandeur de la bouddhéité, il jugea nécessaire de modifier son enseignement afin de l'adapter à la capacité des gens ordinaires. Il se rendit donc à Varanasi (ou Bénarès) et prêcha sa doctrine modifiée, à savoir le hinayanisme. Les instructions données à cette époque nous furent transmises sous la forme de quatre Agamas,[1] ou des quatre Nikayas. C'est ce qu'on appelle la deuxième période, qui dura environ douze ans. C'est au début de cette période que le Bouddha convertit les cinq ascètes,[2] qui devinrent ses disciples. La plupart des Çravakas ou des adeptes du hinayanisme se convertirent durant cette période. Ils formèrent leur cœur conformément à la loi modifiée, apprirent les quatre nobles vérités[3] et travaillèrent à leur propre salut.

Le Bouddha ayant alors trouvé ses disciples adhérant fermement à l'hinayanisme sans savoir qu'il s'agissait d'une doctrine modifiée et imparfaite, il dut les conduire à une doctrine supérieure et parfaite afin de les conduire à l'état de Bouddha. C'est dans cette optique que Shakya Muni prêcha le *Vimalakirtti-nirdeca-sutra*[4], le *Lankavatara-sutra* et d'autres sutras, dans lesquels il comparait le hinayanisme au mahayanisme et décrivait ce dernier en termes élogieux comme une loi profonde et parfaite, tandis qu'il décrivait le premier comme superficiel et imparfait. Il montra ainsi à ses disciples l'infériorité du hinayanisme et leur fit désirer le mahayanisme. On dit que c'est la troisième période qui dura environ huit ans.

Les disciples du Bouddha comprenaient maintenant que le mahayanisme était de loin supérieur au hinayanisme, mais ils pensaient que la doctrine supérieure était réservée aux bodhisattvas et dépassait leur compréhension. C'est pourquoi ils adhéraient encore à la doctrine modifiée, bien qu'ils ne décrivissent plus le mahayanisme, qu'ils n'avaient pas l'intention de pratiquer. Sur ce, Shakya Muni prêcha les *Prajnyaparamita-sutras*[5] dans les seize assemblées tenues dans quatre lieux différents, et leur enseigna le mahayanisme en détail afin de les amener à le croire et à le pratiquer. Ainsi, ils prirent conscience qu'il n'y avait

1. (1) Anguttara, (2) Majjhima, (3) Digha, (4) Samyutta.
2. Kondanynya, Vappa, Baddiya, Mahanana, Assaji.
3. La première est la vérité sacrée de la souffrance ; la deuxième est la vérité de l'origine de la souffrance, c'est-à-dire la convoitise et le désir ; la troisième est la vérité sacrée de l'extinction de la souffrance ; la quatrième est la vérité sacrée de la voie qui mène à l'extinction de la souffrance. Il existe huit nobles voies qui mènent à l'extinction de la souffrance, à savoir la foi juste, la résolution juste, la parole juste, l'action juste, la vie juste, l'effort juste, la pensée juste et la méditation juste.
4. Il s'agit de l'un des livres mahayanas les plus connus. On dit qu'il est le meilleur spécimen des sutras appartenant à cette période. C'est dans ce sutra que la plupart des éminents disciples de Shakya, connus sous le nom d'adeptes du hinayanisme, s'étonnent de la profonde sagesse, de la parole éloquente et du pouvoir surnaturel de Vimalakirtti, un bodhisattva, et confessent l'infériorité de leur foi. L'auteur introduit fréquemment des épisodes afin de condamner l'hinayanisme, en faisant appel à des miracles de sa propre invention.
5. La doctrine de Nagarjuna dépend principalement de ces sutras.

pas de démarcation définie entre le mahayanisme et le hinayanisme, et qu'ils pouvaient devenir mahayanistes. C'est la quatrième période qui dura environ vingt-deux ans.

Le Bouddha, âgé de soixante-douze ans, pensa qu'il était grand temps de prêcher la doctrine qu'il chérissait depuis longtemps, à savoir que tous les êtres sensibles pouvaient atteindre l'illumination suprême. Il prêcha donc le *Saddharma-pundarika-sutra*, dans lequel il prédisait quand et où ses disciples deviendraient des Bouddhas. Son plus grand objectif était d'amener tous les êtres sensibles à être éclairés et de leur permettre de jouir de la bénédiction du nirvana. C'est pour cela qu'il avait enduré de grandes douleurs et de grandes épreuves au cours de ses existences précédentes. C'est pour cela qu'il avait quitté sa demeure céleste pour apparaître sur terre. C'est pour cela qu'il avait prêché de temps en temps au cours de sa longue carrière de quarante-sept ans. Ayant ainsi atteint son grand objectif, Shakya Muni devait maintenant se préparer à son départ définitif, et prêcha le *Mahaparinirvana-sutra* afin de montrer que toutes les choses animées et inanimées étaient dotées de la même nature que la sienne. Après cette dernière instruction, il passa à l'éternité. C'est ce qu'on appelle la cinquième période, qui dura environ huit ans.

Ces cinq périodes mentionnées ci-dessus ne peuvent guère être qualifiées d'historiques au sens propre du terme, mais elles sont ingénieusement inventées par Ten Dai Dai Shi pour placer les Écritures bouddhistes dans l'ordre du développement doctrinal, et placer le *Saddharma-pundarika* au plus haut rang parmi les livres du mahayana. Son raisonnement, bien que dogmatique et anti-historique à un degré non négligeable, ne serait pas sans valeur pour notre lecteur, qui veut connaître la phase générale du canon bouddhiste, composé de milliers de fascicules.

4. Sutras utilisés par les maîtres zen

Ten Dai ne réussit pas à expliquer les divergences et les contradictions dont le canon était rempli, et se contredit souvent lui-même en ignorant des faits historiques[1]. Pour ne rien dire de la forte opposition soulevée par les érudits

1. Exposons notre propre opinion sur le sujet en question. Le fondement du hinayanisme consiste dans les quatre Nikayas, ou quatre Agamas, les livres les plus importants de cette école. Outre les quatre Agamas, il existe dans le Tripitaka chinois de nombreux livres traduits par divers auteurs, dont certains sont des extraits d'Agamas, et d'autres des vies du Bouddha, tandis que d'autres sont des sutras entièrement différents, apparemment de date ultérieure. À en juger par ces sources, il nous semble que la plupart des enseignements originaux de Shakya Muni sont incorporés dans les quatre Agamas. Mais on ne sait toujours pas s'ils sont énoncés dans les Agamas qui existent aujourd'hui tels qu'ils étaient, car les prédictions du Bouddha ont été répétées immédiatement après sa mort, lors du premier conseil tenu à Rajagrha, mais n'ont pas été consignés par écrit. Elles ont été transmises par la tradition pendant une centaine d'années. Puis les moines de Vaisali commirent les soi-disant dix indulgences, enfreignant les

règles de l'Ordre, et soutinrent que Shakya Muni ne les avait pas condamnées dans ses prêches. Cependant, comme il n'y avait pas de sutras écrits pour réfuter leur affirmation, les anciens, tels que Yaca, Revata et d'autres, qui s'opposaient aux indulgences, durent convoquer le second conseil de 700 moines, au cours duquel ils réussirent à faire condamner les indulgences, et répétèrent l'instruction du Bouddha pour la seconde fois. Même dans ce conseil de Vaisali, nous ne trouvons pas le fait que les prédictions du maître aient été mises par écrit. Les décisions des 700 anciens ne furent pas acceptées par le parti de l'opposition, qui tint un conseil séparé, et établit ses propres règles et sa propre doctrine. Ainsi, la même doctrine que celle du maître commença à être énoncée et crue différemment. Ceci étant le premier schisme ouvert, une perturbation après l'autre eut lieu au sein de l'ordre bouddhiste. Il existait de nombreuses écoles bouddhistes différentes à l'époque où le roi Açoka monta sur le trône (vers 269 av. J.-C.), et le patronage du roi attira dans l'ordre un grand nombre d'ascètes païens qui, bien qu'ils se vêtaient de robes jaunes, conservèrent néanmoins leurs opinions religieuses dans leur couleur originale. Cela a naturellement conduit l'Église à des troubles continuels et à la corruption morale. La dix-huitième année du règne d'Açoka, le roi convoqua le conseil de 1000 moines à Pataliputra (Patna), et fixa la doctrine orthodoxe, afin de préserver le Dharma des croyances hérétiques. Nous pensons qu'à cette époque, certaines des prédictions du Bouddha furent mises par écrit, car les missionnaires envoyés par le roi l'année suivant le concile semblaient être partis avec des sutras écrits. En outre, certains des noms des passages du Dharma étaient donnés dans l'édit de Bharbra du roi, qui était adressé aux moines de Magadha. Nous ne supposons pas, cependant, que tous les sutras aient été écrits en une seule fois à cette époque; mais qu'ils aient été copiés de mémoire, l'un après l'autre, à différentes époques, car certains sutras furent déposés à Ceylan 160 ans après le Concile de Patna.

Dans le livre d'introduction de l'*Ekottaragama* (Anguttara Nikaya), qui existe maintenant dans le Tripitaka chinois, nous remarquons les points suivants: (1) il est écrit dans un style très différent de celui de l'Agama original, mais similaire à celui des livres supplémentaires des sutras du mahayana; (2) il indique la compilation du Tripitaka par Ananda après la mort du maître; (3) il fait référence aux bouddhas passés, au futur bouddha Maitreya et aux innombrables bodhisattvas; (4) il fait l'éloge de la doctrine profonde du mahayanisme. Nous en déduisons que l'Agama fut mis sous sa forme actuelle après l'apparition de l'école mahayana, et transmis par les érudits du Mahasanghika, qui avaient beaucoup de sympathie pour le mahayanisme.

De même, le premier livre de Dirghagama (Digha Nikaya), qui décrit la lignée des bouddhas apparus avant Shakya Muni, adopta toute la légende de la vie de Gotama comme un mode commun à tous les bouddhas apparus sur terre; tandis que le second livre raconta la mort de Gotama et la distribution de ses reliques, et fit référence à Pataliputra, la nouvelle capitale d'Açoka. Cela nous montre que l'Agama actuel n'est pas antérieur au IIIᵉ siècle avant J.-C. Le *Samyuktagama* (Samyutta Nikaya) donna également un récit détaillé de la conversion d'Açoka et de son père Bindusara. De ces preuves, nous pouvons déduire sans risque que les sutras de l'hinayana furent mis sous leur forme actuelle à différentes époques entre le IIIᵉ siècle av. J.-C. et le premier siècle de notre ère. En ce qui concerne les sutras du mahayana, nous n'avons guère de doute sur le fait qu'ils furent les écrits des réformateurs bouddhistes ultérieurs, même s'ils furent mis dans la bouche de Shakya Muni. Ils étaient entièrement différents des sutras du hinayanisme et ne pouvaient être considérés comme les prédictions d'une seule et même personne. Le lecteur doit noter les points suivants:

Quatre conseils furent tenus pour la répétition du Tripitaka: le premier à Rajagrha, l'année de la mort de Shakya Muni; le second à Vaisali, quelque 100 ans après le Bouddha; le troisième à l'époque du roi Açoka, environ 235 ans après le maître; le quatrième à l'époque du roi Kanishka, au premier siècle de notre ère. Mais tous ces conseils furent tenus pour compiler les sutras de l'hinayana, et on ne sait rien de la répétition des livres du mahayana. Certains pensent que le premier conseil se tint dans la grotte de Sattapanni, près de Rajagrha, où 500 moines répétèrent le Hinayana Tripitaka, tandis qu'à l'extérieur de la grotte, un plus grand nombre de moines, qui n'étaient pas admis dans la grotte, répétèrent le mahayana Tripitaka. Cette opinion n'est toutefois fondée sur aucune source fiable.

Les bouddhistes indiens orthodoxes d'autrefois déclaraient que les sutras du mahayana étaient la fabrication d'hérétiques ou du malin, et non les enseignements du Bouddha. En réponse à cela, les mahayanistes durent prouver que les sutras du mahayana avaient été compilés par les disciples directs du maître ; mais même Nagarjuna ne put défendre la compilation des livres douteux, et dit (dans le *Mahaprajnyaparamita-castra*) qu'ils avaient été compilés par Ananda et Manjucri, avec des myriades de Bodhisattvas, à l'extérieur de la chaîne de montagnes de fer qui entoure la terre. Asanga prouva également (dans le *Mahayanalankara-sutra-castra*) avec peu de succès que le mahayanisme était l'enseignement direct du Bouddha. Certains pouvaient citer le *Bodhisattva-garbhastha-sutra* en faveur du mahayana, mais cela ne servit à rien, car le sutra lui-même était l'œuvre d'une date ultérieure.

Bien que presque tous les sutras du mahayana, à l'exception de l'*Avatamsaka-sutra*, traitent du hinayanisme comme de la doctrine imparfaite enseignée dans la première partie de la carrière du maître, les sutras de l'hinayana relatent non seulement toute la vie de Gotama, mais aussi les événements survenus après sa mort. Cela montre que les sutras du mahayana ont été composés après l'établissement du bouddhisme primitif.

Les récits donnés dans les sutras de l'hinayana en référence à Shakya Muni semblent être basés sur des faits historiques, mais ceux des livres du mahayana sont pleins de merveilles et de miracles extravagants loin des faits.

Les sutras de l'hinayana conservent les traces de leur classification et de leur compilation, comme nous le voyons dans l'*Ekottaragama*, tandis que les livres du mahayana semblent avoir été composés les uns après les autres, par différents auteurs, à différentes époques, car chacun d'entre eux s'efforce de surpasser les autres, se déclarant comme le sutra de la plus haute doctrine, comme nous le voyons dans le *Saddharma-pundarika*, le *Samdhinirmocana*, le *Suvarnaprabhasottamaraja*, etc.

Les dialogues dans les sutras de l'hinayana sont en général ceux entre le Bouddha et ses disciples, tandis que, dans les livres du mahayana, des êtres imaginaires appelés Bodhisattvas prennent la place des disciples. De plus, dans certains livres, aucun moine n'est mentionné.

La plupart des sutras du mahayana déclarent qu'ils possèdent eux-mêmes des pouvoirs mystiques qui protègent le lecteur ou le propriétaire contre des maux tels que les épidémies, la famine, la guerre, etc.

Les sutras du mahayana vantent non seulement les mérites de la lecture, mais aussi de la copie des sutras. Cela démontre infailliblement qu'ils n'ont pas été transmis de mémoire, comme les sutras de l'hinayana, mais écrits par leurs auteurs respectifs.

Les sutras de l'hinayana étaient écrits dans un style simple en pali, tandis que les livres du mahayana, à la phraséologie brillante, étaient écrits en sanskrit.

Le Bouddha dans les sutras de l'hinayana n'est guère plus qu'un être humain, tandis que le Bouddha ou Tathagata dans le mahayana est un être surhumain ou une Grande Déité.

Les préceptes moraux de l'hinayana étaient énoncés par le maître à chaque fois que ses disciples se comportaient de manière indécente, tandis que ceux des livres du mahayana étaient énoncés d'un seul coup par Tathagata.

Certains sutras du mahayana semblent être l'exagération ou la modification de ce qui était énoncé dans les livres de l'hinayana, comme nous le voyons dans le *Mahaparinirvana-sutra*.

Si nous considérons que le Hinayana et le mahayana furent prononcés par une seule et même personne, nous ne pouvons pas comprendre pourquoi il y a tant de déclarations contradictoires, comme nous le voyons dans ce qui suit : (a) Contradictions historiques – par exemple, les sutras de l'hinayana sont considérés comme le premier sermon du Bouddha par l'auteur du *Saddharma-pundarika*, alors que l'*Avatamsaka* se déclare lui-même comme le premier sermon. Nagarjuna soutient que les Prajnya sutras sont les premiers. (b) Contradictions quant à la personne du maître – par exemple, les Agamas disent que le corps du Bouddha était marqué de trente-deux particularités, alors que les livres du mahayana énumèrent quatre-vingt-dix-sept particularités, voire d'innombrables marques. (c) Contradictions doctrinales – par exemple, les sutras de l'hinayana mettent en avant une vision pessimiste et nihiliste de la vie, alors que les livres du mahayana, en règle générale, expriment une vision optimiste et idéaliste.

Les sutras de l'hinayana ne disent rien des livres du mahayana, alors que ces derniers comparent toujours leur doctrine à celle des premiers, et en parlent avec mépris. Il est clair que le nom « Hinayana » a été inventé par les mahayanistes, car il n'existe aucun sutra qui se nomme lui-même « Hinayana ». Il est donc évident que lorsque les livres hinayanas prirent la forme actuelle, il n'y avait pas de sutras mahayanas.

Les auteurs des sutras du mahayana auraient dû s'attendre à l'opposition des hinayanistes, car il n'est pas rare qu'ils disent que certains ne croient pas au mahayanisme et s'y opposent comme n'étant pas l'enseignement du Bouddha, mais celui du malin. Ils disent aussi que celui qui s'aventurerait à dire que les livres du mahayana sont fictifs devrait finir en enfer. Par exemple, l'auteur du *Mahaparinirvana-sutra* dit : « Les méchants bhiksus diraient que tous les sutras du *Mahayana Vaipulya* ne sont pas prononcés par le Bouddha, mais par le Malin. »

Il y a des preuves qui montrent que la doctrine mahayana a été développée à partir de la doctrine hinayana. (a) La grande conception du Tathagata des mahayanistes est le développement naturel de celle des hinayanistes progressistes, qui appartenaient à l'école Mahasamghika, qui a été formée environ cent ans après le maître. Ces hinayanistes soutenaient que le Bouddha avait un pouvoir infini, une vie sans fin et un corps d'une grandeur illimitée. L'auteur du *Mahaparinirvana-sutra* affirme également que le Bouddha est immortel, son Dharma-kaya est infini et éternel. Les auteurs du *Mahayana-mulagata-hrdayabhumi-dhyana-sutra* et du *Suvarnaprabha-sottamaraja-sutra* énumèrent les trois corps du Bouddha, tandis que l'auteur du *Lankavatara-sutra* décrit les quatre corps, et celui de *l'Avatamsaka-sutra* les dix corps du Tathagata. (b) Selon les sutras hinayanas, il n'y a que quatre étapes de la sainteté, mais l'école Mahasamghika en augmente le nombre et donne dix étapes. Certains sutras mahayanas énumèrent également les dix étapes du Bodhisattva, tandis que d'autres en donnent quarante et une ou cinquante-deux. (c) Les sutras hinayanas nomment six bouddhas passés et un futur bouddha Maitreya, tandis que les sutras mahayanas nomment trente-cinq, cinquante-trois ou trois mille bouddhas. (d) Les sutras de l'hinayana donnent les noms de six Vijnyanas, tandis que ceux du mahayana en donnent sept, huit ou neuf.

Pendant quelques siècles après le Bouddha, nous n'entendons parler que de l'hinayanisme, mais pas du mahayanisme, car il n'y a pas de maître mahayana.

Dans certains sutras du mahayana (*Mahavairocanabhisambodhi-sutra*, par exemple), Tathagata Vairocana prend la place de Gotama, et rien n'est dit de ce dernier.

Le contenu des sutras du mahayana prouve souvent qu'ils ont été composés ou réécrits, ou que certains ajouts ont été faits, longtemps après le Bouddha. Par exemple, le *Mahamaya-sutra* dit qu'Acvaghosa réfuterait les doctrines hérétiques 600 ans après le maître, et que Nagarjuna défendrait le Dharma 700 ans après Gotama, tandis que le *Lankavatara-sutra* prophétise que Nagarjuna apparaîtrait dans le sud de l'Inde.

L'auteur de *San-ron-gen-gi* nous dit que Mahadeva, un chef de file de l'école Mahasamghika, a utilisé les sutras du mahayana, ainsi que le Tripitaka 116 orthodoxe, après le Bouddha. Il est cependant douteux qu'ils aient existé à une date aussi précoce.

Le *Mahaprajnyaparamita-castra*, attribué à Nagarjuna, fait référence à de nombreux livres mahayana, dont le *Saddharma-pundarika*, le *Vimalakirtti-nirdeca*, le *Sukhavati-vyuha*, le *Mahaprajnyaparamita*, le *Pratyutpanna-buddhasammukhavasthita-samadhi*, etc. Il cite dans son *Dacabhumivibhasa-castra*, Mahaparinirvana, Dacabhumi, etc.

Sthiramati, dont on dit qu'il est antérieur à Nagarjuna et postérieur à Acvaghosa, tente de prouver que le mahayanisme a été directement enseigné par le maître dans son *Mahayanavataraka-castra*. Et le *Mahayanottaratantra-castra*, qui lui est attribué par certains érudits, fait référence à Avatamsaka, Vajracchedikka-prajnyaparamita, Saddharmapundarika, Crimala-devi-simhananda, etc.

Chi-leu-cia-chin, qui est venu en Chine en l'an 147 ou 164, traduisit une partie des livres du mahayana connus sous le nom de *Maharatnakuta-sutra* et *Mahavaipulya-mahasannipata-sutra.* An-shi-kao, qui est venu en Chine en 148 après J.-C., traduisit des livres mahayanas tels que *Sukhavati-vyaha*, *Candra-dipa-samadhi*, etc.

Le biographe de Matanga, qui est venu en Chine en 67 apr. J.-C., dit qu'il fut informé à la fois du mahayanisme et du hinayanisme et qu'il donna des interprétations à un livre mahayana remarquable, intitulé *Suvarnaprabhasa*.

Le *Sandhinirmocana-sutra* est supposé être une œuvre d'Asanga non sans raison, car la doctrine d'Asanga est identique à celle du sutra, et le sutra lui-même est contenu dans la dernière partie du *Yogacaryabhumi-castra*. L'auteur divise l'ensemble des prédictions du maître en trois périodes afin de placer la doctrine idéaliste au plus haut rang des écoles du Mahayana.

japonais,[1] une telle supposition pouvait rencontrer une supposition de nature entièrement opposée, et les difficultés ne pouvaient jamais être surmontées. Par conséquent, pour les maîtres zen, ces hypothèses et ces raisonnements n'étaient que des arguties indignes de leur attention.

Croire aveuglément aux Écritures était une chose, et être pieux en était une autre. Combien de fois les vues puériles de la création et de Dieu dans les Écritures avaient-elles caché la lumière des vérités scientifiques ; combien de fois les croyants aveugles avaient-ils entravé le progrès de la civilisation ; combien de fois les hommes religieux nous avaient-ils empêchés de réaliser une nouvelle vérité, simplement parce qu'elle allait à l'encontre de l'ancien folklore de la Bible. Rien n'était plus absurde que l'effroi constant dans lequel étaient maintenus des religieux, déclarant adorer Dieu en vérité et en esprit, à la découverte scientifique de nouveaux faits incompatibles avec le folklore. Rien n'était plus irréligieux que de persécuter les chercheurs de vérité afin d'entretenir les absurdités et les superstitions des siècles passés. Rien n'était plus inhumain que de commettre une « cruauté dévote » sous le masque de l'amour de Dieu et des hommes. N'était-ce pas le malheur, non seulement du christianisme, mais de l'humanité entière, que la Bible soit encombrée d'histoires légendaires, de récits de miracles et d'une cosmologie grossière, qui entraient de temps à autre en conflit avec la science ?

Les Écritures bouddhistes étaient également surchargées de superstitions indiennes et d'une cosmologie grossière, qui passaient sous le nom de bouddhisme. En conséquence, les érudits bouddhistes ne confondirent pas souvent la doctrine du Bouddha avec ces absurdités et pensèrent qu'il était impie de les abandonner. Kaiseki[2], par exemple, ne parvenait pas à distinguer le bouddhisme de l'astronomie indienne, ce qui était tout à fait indéfendable devant les faits. Il mit sa raison à rude épreuve pour démontrer la théorie indienne et réfuter en même temps la théorie copernicienne. Un jour, il fit appel à Yeki-do[3], un maître zen contemporain, et expliqua la construction des trois mondes telle qu'elle était décrite dans les Écritures, disant que le bouddhisme n'aboutirait à rien si la théorie des trois mondes était renversée par la théorie copernicienne. Alors Yeki-do s'exclama : « Le bouddhisme vise à détruire les trois mondes et à établir le saint royaume de Bouddha dans tout l'univers. Pourquoi gaspil-

---

Nous avons toutes les raisons de croire que les sutras du mahayana commencèrent à apparaître (les sutras du Prajnya étant peut-être les premiers) au début du premier siècle de notre ère, que la plupart des livres importants apparurent avant Nagarjuna, et que certains des sutras du Mantra furent composés jusqu'à l'époque de Vajrabodhi, qui vint en Chine en 719.

1. Le plus important d'entre eux était Chuki Tominaga (1744), dont la vie est peu connue. On dit qu'il était un marchand anonyme d'Osaka. Son Shutsu-jo-ko-go est le premier grand ouvrage de critique supérieure sur les Écritures bouddhistes.

2. Un savant bouddhiste japonais, mort en 1882.

3. Un célèbre maître zen, l'abbé du monastère de So-ji-ji, qui mourut en 1879.

lez-vous votre énergie dans la construction des trois mondes ? »[1] De cette façon, le zen ne se préoccupe pas des éléments non essentiels des Écritures, dont il ne dépend jamais pour son autorité. Do-gen, le fondateur de la secte japonaise So To condamna sévèrement (dans son *Sho-bo-gen-zo*) les notions d'impureté des femmes inculquées dans les Écritures. Il attaqua ouvertement les moines chinois qui jurèrent de ne voir aucune femme, et ridiculisa ceux qui établirent des règles interdisant aux femmes d'accéder aux monastères. Un maître zen se vit demander par un samouraï si l'enfer existait, comme l'enseignent les Écritures. « Je dois vous demander », répondit-il, « avant de vous donner une réponse. Quel est l'objet de votre question ? Pourquoi vous préoccupez-vous, vous, un samouraï, d'une chose de ce genre ? Pourquoi vous préoccupez-vous d'une question aussi futile ? Vous négligez sûrement votre devoir et vous vous engagez dans une recherche aussi infructueuse. Cela ne revient-il pas à voler le salaire annuel de votre seigneur ? » Le samouraï, peu offensé par ces réprimandes, fixa le maître, prêt à dégainer son sabre à une nouvelle insulte. Alors le maître dit en souriant : « Maintenant, tu es en enfer. Ne vois-tu pas ? »

Le zen n'utilisait-il donc aucune écriture ? À cette question, nous répondîmes à la fois par l'affirmative et par la négative : par la négative, parce que le zen considère tous les sutras comme une sorte de nourriture imagée qui n'a pas le pouvoir d'apaiser la faim spirituelle ; par l'affirmative, parce qu'il en fait librement usage, indépendamment du mahayana ou de l'hinayana. Le zen ne ferait pas un feu de joie des Écritures comme le calife Omar l'a fait de la bibliothèque d'Alexandrie. Un maître zen, ayant vu un confucianiste brûler ses livres en pensant qu'ils constituaient plutôt un obstacle à sa croissance spirituelle, observa : « Vous feriez mieux de brûler vos livres de l'esprit et du cœur, mais pas les livres en noir et blanc ».[2]

De même qu'un poison mortel s'avère être un médicament dans l'arsenal d'un bon médecin, de même une doctrine hétérodoxe antagoniste au bouddhisme est utilisée par les enseignants zen comme un doigt pointant vers le principe du zen. Mais en général, ils ont eu recours au *Lankavatara-sutra*,[3] *Vajracchedika-prajnya-paramita-sutra*,[4] *Vimalakirtti-nirdeca-sutra*,[5] *Muhuvaipulya-purnabuddha-sutra*,[6]

1. Kin-sei-zen-rin-gen-ko-roku.

2. Ukiyo-soshi.

3. Ce livre est l'approche la plus fidèle de la doctrine du zen, et on dit qu'il a été désigné par Bodhidharma comme le meilleur livre à l'usage de ses disciples. Voir le catalogue de Nanjo, n° 175, 176, 177.

4. L'auteur du sutra insiste sur l'irréalité de toutes les choses. Le livre a été utilisé pour la première fois par le cinquième patriarche, comme nous l'avons vu dans le premier chapitre. Voir le catalogue de Nanjo, n° 10, 11, 12, 13, 14, 15.

5. Le sutra est en accord avec le zen à bien des égards, en particulier lorsqu'il affirme que la vérité la plus élevée ne peut être réalisée que dans l'esprit, et ne peut être exprimée par la parole. Voir le catalogue de Nanjo, n° 144, 145, 146, 147, 148, 149.

6. Le sutra a été traduit en chinois par Buddhatrata au VIIe siècle. L'auteur traite longuement

Mababuddhosnisa-tathagata-guhyahetu-saksatkrta-prasannatha-sarvabhodhi sa-ttvacarya-surangama-sutra,[1] *Mahapari-nirvana-sutra*,[2] *Saddharma-pundarika-sutra*, *Avatamsaka-sutra*, et ainsi de suite.

5. Un sutra dont la taille est égale à celle du monde entier

L'Écriture sainte qu'admiraient les maîtres zen n'était pas celle d'un parchemin ni d'une feuille de palmier ni en noir et blanc, mais celle qui était écrite dans le cœur et l'esprit. Un jour, un roi de l'Inde orientale invita le vénérable Prajnyatara, le maître de Bodhidharma, et ses disciples à dîner dans son propre palais. Trouvant tous les moines récitant les sutras sacrés à la seule exception du maître, l'anneau interrogea Prajnyatara : «Pourquoi, révérend monsieur, ne récitez-vous pas les Écritures comme les autres le font?» «Mon pauvre moi, votre majesté» répondit-il, «ne va pas vers les objets des sens dans mon expiration et n'est pas confiné dans le corps et l'esprit dans mon inspiration. Ainsi, je récite constamment des centaines, des milliers et des millions de sutras sacrés.» De même, l'empereur Wu, de la dynastie Liang, demanda un jour à Chwen Hih (Fu Dai-shi) de donner une conférence sur les Écritures. Chwen monta sur l'estrade, frappa le pupitre avec un bloc de bois et descendit. Pao Chi (Ho-shi), un tuteur bouddhiste de l'empereur, demanda au monarque perplexe : «Votre Seigneurie le comprend-elle?» «Non», répondit Sa Majesté. «La conférence du grand maître est terminée.» Comme vous pouvez le constater à partir de ces exemples, le zen soutient que la foi doit être fondée non pas sur les Écritures mortes, mais sur des faits vivants, qu'il faut non pas feuilleter les pages dorées de l'Écriture sainte, mais lire entre les lignes dans les pages sacrées de la vie quotidienne, qu'il faut prier Bouddha non pas par la parole, mais par le travail et l'action réels, et qu'il faut fendre, comme nous le dit allégoriquement l'auteur de l'*Avatamsaka-sutra*, le plus petit grain de terre pour y trouver un sutra de la taille du monde entier. «Ce que l'on appelle le sutra», dit Do-gen, «couvre l'univers entier. Il transcende le temps et l'espace. Il est écrit avec les caractères du ciel, de l'homme, des bêtes, des Asuras,[3] de centaines d'herbes et de milliers d'arbres. Il y a des caractères, certains longs, d'autres courts, certains ronds, d'autres carrés, certains bleus, d'autres rouges,

---

du Samadhi, et expose une doctrine similaire à celle du zen, de sorte que le texte a été utilisé par de nombreux zenistes chinois. Voir le catalogue de Nanjo, n° 427 et 1629.

1. Le sutra a été traduit en chinois par Paramiti et Mikacakya, de la dynastie Tang (618-907). L'auteur conçoit la réalité comme le mental ou l'esprit. Ce livre appartient à la catégorie des mantras, bien qu'il soit très utilisé par les zenistes. Voir le catalogue de Nanjo, n° 446.

2. L'auteur du livre expose sa propre conception du Nirvana et du Bouddha, et soutient que tous les êtres sont dotés de la nature de Bouddha. Il donne également en détail un récit incroyable sur la mort de Gotama.

3. Le nom d'un démon.

d'autres jaunes et d'autres blancs – bref, tous les phénomènes de l'univers sont les caractères avec lesquels le sutra est écrit. » Shakya Muni lut ce sutra à travers l'étoile brillante illuminant la vaste étendue du ciel matinal, lorsqu'il était assis en méditation sous l'arbre Bodhi. Ling Yun (Rei-un) le lut à travers les jolies fleurs d'un pêcher, au printemps, après une vingtaine d'années de recherche de la lumière, et il dit :

« Pendant vingt ans, j'ai cherché la lumière :

Il y eut beaucoup de printemps et d'automnes.

Depuis que les fleurs de pêcher sont apparues dans mon champ de vision, je ne doute plus de rien. »

Hian Yen (Kyo-gen) le lut à travers le bruit des bambous, auxquels il jeta des cailloux. Su Shih (So-shoku) le lut à travers une chute d'eau, un soir, et dit :

« Le ruisseau prononce les paroles divines du Tathagata,

Les collines révèlent ses formes glorieuses qui brillent. »

6. Les grands hommes et la nature

Tous les grands hommes, qu'ils soient poètes, scientifiques, religieux ou philosophes, n'étaient pas de simples lecteurs de livres, mais des observateurs de la nature. Les hommes érudits étaient souvent des lexiques en chair et en os, mais les hommes de génie lisaient entre les lignes dans les pages de la vie. Kant, un homme sans grande érudition, put accomplir dans la théorie de la connaissance ce que Copernic fit en astronomie. Newton trouva la loi de la gravitation non pas dans une page écrite, mais dans une pomme qui tombait. Jésus, illettré, réalisa une vérité qui dépassait la compréhension de nombreux docteurs savants. Charles Darwin, dont la théorie changea tout le courant de la pensée mondiale, n'était pas un grand lecteur de livres, mais un observateur attentif des faits. Shakespeare, le plus grand des poètes, était le plus grand lecteur de la nature et de la vie. Il pouvait entendre la musique même des corps célestes, et disait :

« Il n'y a pas le plus petit orbe que tu puisses voir,

Mais dans son mouvement comme un ange chante. »

Chwang Tsz (So-shi), un des plus grands philosophes chinois, dit : « Tu connais la musique des hommes, mais pas la musique de la terre. Tu connais la musique de la terre, mais pas celle du ciel. »[1] Goethe, percevant un sens profond dans la nature, dit : « Les fleurs sont les beaux hiéroglyphes de la nature avec lesquels elle nous montre combien elle nous aime. » Son-toku[2] (Ninomiya), un grand économiste qui s'éduqua lui-même, surmontant toutes les difficultés et les

1. Chwang Tsz, vol. I., p. 10.
2. L'un des plus grands entrepreneurs indépendants du Japon, qui a vécu de 1787 à 1856.

épreuves par lesquelles il fut assailli dès son enfance, dit : « La terre et le ciel ne prononcent aucune parole, mais ils répètent sans cesse le livre saint non écrit. »

7. L'absolu et la réalité ne sont qu'une abstraction

Un grain de sable que vous piétinez a une signification plus profonde qu'une série de conférences du philosophe que vous respectez. Il contient en lui toute l'histoire de la terre, il vous raconte ce qu'il a vu depuis la nuit des temps, alors que votre philosophe ne fait que jouer sur des termes abstraits et des mots vides. Que signifie son absolu, son un, sa substance ? Qu'implique sa réalité ou sa vérité ? Est-ce qu'elles dénotent ou connotent quelque chose ? Un simple nom ! Une simple abstraction ! Les écoles de philosophie l'une après l'autre furent établies sur des subtilités logiques ; des milliers de livres furent écrits sur ces grands noms et ces beaux mirages, qui s'évanouissent dès que votre main de l'expérience les atteint.

« Le duc Hwan », dit Chwang Tsz,[1] « assis en haut dans sa salle, était » (un jour) en train de lire un livre, et en dessous, un charron, Phien, fabriquait une roue. Déposant son marteau et son ciseau, Phien monta les marches et dit : « Puis-je oser demander à votre grâce quelles paroles vous lisez ? ». Le duc répondit : « Les paroles des sages. » « Ces sages sont-ils vivants ? » continua Phien. « Ils sont morts » fut la réponse. « Alors », dit l'autre, « ce que vous lisez, mon souverain, n'est que la lie et les sédiments de ces vieux hommes. » Le duc dit : « Comment pouvez-vous, vous, un charron, avoir quelque chose à dire sur le livre que je lis ? Si vous pouvez vous expliquer, très bien ; si vous ne le pouvez pas, vous mourrez. » Le charron dit : « Votre serviteur considérera la chose du point de vue de son propre art. Lorsque je fabrique une roue, si je procède avec douceur, c'est agréable, mais l'ouvrage n'est pas solide ; si je procède avec violence, c'est pénible et les assemblages ne sont pas adaptés. Si les mouvements de ma main ne sont ni (trop) doux ni (trop) violents, l'idée que j'ai en tête se réalise. Mais je ne peux pas dire (comment faire) avec des mots ; il y a un tour de main. Je ne peux pas l'enseigner à mon fils, et mon fils ne peut pas l'apprendre de moi. C'est ainsi que je suis dans ma soixante-dixième année, et que je fabrique (encore) des roues à mon grand âge. Mais ces anciens, et ce qu'il ne leur était pas possible de transmettre sont morts et ont disparu. Ainsi donc, ce que tu lis, mon souverain, n'est que leur lie et leurs sédiments. » Le zen n'a rien à faire avec la lie et les sédiments des sages d'antan.

---

1. Chwang Tsz, vol. Ii., p. 24.

8. Le Sermon de l'inanimé

L'Écriture du zen était composée de faits simples et familiers, si simples et familiers de la vie quotidienne qu'ils échappaient à l'observation pour cette raison même. Le soleil se lève à l'est. La lune se couche à l'ouest. Haute est la montagne. La mer est profonde. Le printemps arrive avec les fleurs ; l'été avec la brise fraîche ; l'automne avec la lune brillante ; l'hiver avec la fausse neige. Ces choses, peut-être trop simples et trop familières pour que les observateurs ordinaires y prêtent attention, eurent une signification profonde pour le zen. Li Ngao (Ri-ko) demanda un jour à Yoh Shan (Yaku-san) : « Quel est le chemin vers la vérité ? » Yoh Shan, montrant le ciel, puis la cruche à côté de lui, répondit : « Tu vois ? » « Non, monsieur », répondit Li Ngao. « Le nuage est dans le ciel, » dit Yoh Shan, « et l'eau dans la cruche ». Huen Sha (Gen-sha) monta un jour sur l'estrade et s'apprêtait à prononcer un sermon lorsqu'il entendit une hirondelle chanter. « Écoutez, dit-il, ce petit oiseau prêche la doctrine essentielle et proclame la vérité éternelle. » Puis il retourna dans sa chambre, sans prononcer de sermon.[1]

Les lettres de l'alphabet, a, b, c, etc., n'ont aucune signification. Elles ne sont que des signes artificiels, mais lorsqu'elles sont épelées, elles peuvent exprimer n'importe quelle grande idée que les grands penseurs peuvent former. Arbres, herbes, montagnes, rivières, étoiles, lunes, soleils. Ce sont les alphabets avec lesquels les Écritures du zen sont écrites. Même a, b, c, etc., lorsqu'elles sont épelées, peuvent exprimer n'importe quelle grande idée. Pourquoi pas, alors, ces arbres, ces herbes, etc., les alphabets de la nature lorsqu'ils composent le volume de l'univers ? Même la plus méchante motte de terre proclame la loi sacrée.

Hwui Chung[2] (E-chu) serait le premier à avoir donné une expression au sermon de l'inanimé. « L'inanimé prêche-t-il la doctrine ? » demanda un moine de Hwui Chung en une occasion. « Oui, ils prêchent avec éloquence et sans cesse. Il n'y a pas de pause dans leurs orations » fut la réponse. « Pourquoi, alors, ne les entends-je pas ? » demanda encore l'autre. « Même si vous ne les entendez pas, il y a beaucoup d'autres personnes qui peuvent les entendre. » « Qui peut les entendre ? » « Tous les sages les entendent et les comprennent », répondit Hwui Chung. Ainsi, le sermon de l'inanimé avait été un sujet de discussion privilégié 900 ans avant Shakespeare qui exprimait une idée similaire en disant :

« Et voici notre vie, exempte de toute hantise publique,

trouve des langues dans les arbres, des livres dans les ruisseaux,

des sermons dans les pierres, et le bien dans tout. »

« Comme il est merveilleux, le sermon de l'inanimé », dit Tung Shan (To-zan).

---

1. Den-to-roku et E-gen.
2. Un disciple direct du sixième patriarche.

«Vous ne pouvez pas l'entendre par vos oreilles, mais vous pouvez l'entendre par vos yeux.» Vous devez l'entendre à travers les yeux de votre esprit, les yeux de votre cœur, les yeux de votre âme la plus profonde, et non à travers votre intellect, votre perception, vos connaissances, votre logique ou votre métaphysique. Pour le comprendre, il faut diviniser, et non définir; il faut observer, et non calculer; il faut sympathiser, et non analyser; il faut voir à travers, et non critiquer; il ne faut pas expliquer, mais sentir; il ne faut pas abstraire, mais saisir; il faut voir tout en chacun, mais non savoir tout en tous; il faut atteindre directement l'âme des choses, en pénétrant leur dure croûte de matière par les rayons de la conscience la plus intime. «Les feuilles qui tombent ainsi que les fleurs qui s'épanouissent nous révèlent la sainte loi de Bouddha», dit un zen japonais.

Vous qui cherchez la pureté et la paix, allez dans la nature. Elle vous donnera plus que vous ne demandez. Vous qui aspirez à la force et à la persévérance, allez dans la nature. Elle vous entraînera et vous renforcera. Vous qui aspirez après un idéal, allez dans la nature. Elle vous aidera à le réaliser. Vous qui aspirez à l'illumination, allez dans la nature. Elle ne manquera jamais d'accéder à votre demande.

CHAPITRE IV

BOUDDHA, L'ESPRIT UNIVERSEL

1. L'ancien panthéon bouddhique

L'ancien panthéon bouddhique était rempli de divinités ou bouddhas, au nombre de 3000[1], ou plutôt innombrables, ainsi que de bodhisattvas pas moins que de bouddhas. De nos jours, cependant, dans chaque église du mahayanisme, un Bouddha ou un autre, accompagné de quelques Bodhisattvas, règne en maître comme unique objet de culte, tandis que les autres êtres surnaturels sombrent dans l'oubli. Ces êtres éclairés, quelle que soit leur position dans le panthéon, sont généralement considérés comme des personnes qui, dans leur vie passée, cultivèrent des vertus, subirent des austérités et diverses sortes de pénitences, et atteignirent finalement une illumination complète, en vertu de laquelle ils obtinrent non seulement la paix et la félicité éternelle, mais acquièrent divers pouvoirs surnaturels, tels que la clairvoyance, la clairaudience, la connaissance universelle, etc. Par conséquent, il est naturel que certains mahayanistes[2] en soient venus à croire que, s'ils devaient suivre le même cours de discipline et d'étude, ils pourraient atteindre la même illumination et la même félicité, ou le même état de Bouddha, tandis que d'autres mahayanistes[3] en vinrent à croire en la doctrine selon laquelle le croyant est sauvé et conduit à l'état éternel de félicité, sans subir ces dures disciplines, par le pouvoir d'un Bouddha connu comme ayant une miséricorde sans limites et une sagesse insondable qu'il invoque.

2. Le zen est iconoclaste

Pour les disciples de Bodhidharma, cependant, cette conception du Bouddha semblait trop grossière pour être acceptée sans hésitation, et la doctrine trop éloignée de la vie réelle. Le zen ayant dénoncé, comme nous l'avons vu au

---

1. Le *Trikalpa-trisahasra-buddhanrama-sutra* donne les noms de 3000 Bouddhas, et le *Buddhabhisita-buddhanama-sutra* énumère les Bouddhas et Bodhisattvas au nombre de 11 093. Voir le catalogue de Nanjo, n° 404, 405, 406, 407.
2. Ceux qui croient en la doctrine du Saint Chemin. Voir *A History of the Twelve Japanese Buddhist Sects*, pp. 109-111.
3. Ceux qui croient en la doctrine de la Terre pure.

chapitre précédent, l'autorité scripturale, il est tout à fait raisonnable d'avoir renoncé à cette vision du Bouddha inculquée dans les sutras du mahayana, et de mettre à bas les statues et les images d'êtres surnaturels que les bouddhistes orthodoxes gardaient en vénération. On retrouva Tan Hia (Tan-ka), un célèbre maître zen chinois, en train de se réchauffer par un matin froid près du feu d'une statue en bois de Bouddha. À une autre occasion, on le trouva en train de monter à califourchon sur la statue d'un saint. Chao Chen (Jo-shu) trouva un jour Wang Yuen (Bun-yen) en train d'adorer le Bouddha dans le temple, et le frappa immédiatement avec son bâton. « N'y a-t-il pas quelque chose de bon dans l'adoration du Bouddha ? » protesta Wang Yuen. Alors le maître dit : « Rien n'est meilleur que tout ce qui est bon. »[1] Ces exemples illustrent parfaitement l'attitude du zen à l'égard des objets du culte bouddhique. Le zen n'est néanmoins pas iconoclaste au sens communément admis du terme ni idolâtre, comme les missionnaires chrétiens sont enclins à le supposer.

Le zen est plus iconoclaste que n'importe quelle dénomination chrétienne ou mahométane dans le sens où il s'oppose à l'acceptation de l'idée pétrifiée de la déité, si conventionnelle et formelle qu'elle ne porte aucune conviction intérieure des croyants. La foi s'éteint lorsqu'on en vient à s'en tenir à son idée fixe et immuable de la déité, et à se tromper soi-même, en prenant la bigoterie pour une foi authentique. La foi doit être vivante et grandissante, et cette foi vivante et grandissante ne doit pas prendre une forme fixe. Pour un observateur superficiel, elle peut sembler prendre une forme fixe, comme une rivière qui coule semble constante, bien qu'elle passe par des changements incessants. La foi morte, immuable et conventionnelle, fait paraître son embrasseur religieux et respectable, alors qu'elle arrête sa croissance spirituelle. Elle peut apporter à son propriétaire confort et fierté, mais au fond, elle s'avère être une entrave à son élévation morale. C'est pour cette raison que le zen déclare : « Bouddha n'est rien d'autre qu'une chaîne spirituelle ou des entraves morales » et « Si vous vous souvenez ne serait-ce que d'un nom de Bouddha, cela vous priverait de la pureté du cœur ». L'idée conventionnelle ou orthodoxe du Bouddha ou de la déité peut sembler lisse et juste, comme une chaîne en or, polie et martelée à travers les générations par les orfèvres religieux ; mais elle a trop de fixité et de frigidité pour être portée par nous.

> « Dépouille-toi de tes chaînes, des liens qui t'enchaînent.
>
> D'or brillant ou de minerai plus sombre et plus bas ;
>
> * * * * *
>
> Un esclave est un esclave caressé ou fouetté, pas libre ;
>
> Car les chaînes, bien qu'en or, ne sont pas moins fortes pour lier. »
>
> *Le Chant du Sannyasin*

---

1. Zen-rin-rui-shu.

3. Bouddha est innommable

Si l'on donne un nom précis à la déité, elle ne sera pas plus que ce que le nom implique. La déité sous le nom de Brahman diffère nécessairement de l'Être sous l'appellation de Jéhovah, tout comme l'hindou diffère du juif. De même, l'Être désigné par Dieu diffère nécessairement de celui qui est nommé Amitabha ou de celui qui est intitulé Allah. Donner un nom à la déité, c'est lui donner une tradition, une nationalité, une limitation, une fixité, et cela ne nous rapproche jamais de Lui. L'objet d'adoration du zen ne peut être nommé et déterminé comme Dieu, ou Brahman, ou Amitabha, ou Créateur, ou Nature, ou Réalité, ou Substance, ou autre. Ni les maîtres chinois ni les maîtres japonais du zen n'ont essayé de donner un nom précis à leur objet d'adoration. Ils l'appelaient «Celui-là», «Celui-ci», «Esprit», «Bouddha», «Tathagata», «Chose certaine», «Vrai», «Nature du dharma», «Nature de Bouddha», et ainsi de suite. Tung Shan[1] (To-zan) déclara à une certaine occasion qu'il s'agissait d'une «Chose certaine qui soutient le ciel en haut et la terre en bas; sombre comme de la laque et indéfinissable; se manifestant par ses activités, mais ne pouvant être entièrement comprise dans celles-ci». So-kei[2] l'exprima de la même manière: «Il existe une Chose certaine, brillante comme un miroir, spirituelle comme un esprit, non soumise à la croissance ni à la décadence.» Huen Sha (Gen-sha) le comparant à une pierre précieuse dit: «Il existe une pierre précieuse brillante qui illumine les mondes dans dix directions par sa lumière.»[3]

Cette chose ou cet être est trop sublime pour être nommé d'après une divinité traditionnelle ou nationale, trop spirituel pour être symbolisé par l'art humain, trop plein de vie pour être formulé en termes de science mécanique, trop libre pour être rationalisé par la philosophie intellectuelle, trop universel pour être perçu par les sens corporels; mais chacun peut sentir son pouvoir irrésistible, voir sa présence invisible, et toucher son cœur et son âme en lui-même. «Cet esprit mystérieux, dit Kwei Fung (Kei-ho), est plus haut que le plus haut, plus profond que le plus profond, sans limites dans toutes les directions. Il n'y a pas de centre en lui. Aucune distinction entre l'est et l'ouest, le haut et le bas. Est-il vide? Oui, mais pas vide comme l'espace. A-t-il une forme? Oui, mais il n'a pas de forme dépendant d'une autre pour son existence. Est-il intelligent? Oui, mais pas intelligent comme votre esprit. Est-il non intelligent? Oui, mais pas non intelligent comme les arbres et les pierres. Est-il conscient? Oui, mais pas conscient comme vous au réveil. Est-il lumineux? Oui, mais pas brillant

---

1. Tung Shan Luh (To-zan-roku, *Sayings and Doings of Ta-zan*) est l'un des meilleurs livres zen.
2. So-kei, un zen coréen, dont l'ouvrage intitulé *Zen-ke-ki-kwan* mérite d'être signalé comme une représentation du zen coréen.
3. Sho-bo-gen-zo.

comme le soleil ou la lune. » À la question « Qu'est-ce que le Bouddha, et qui est-il ? » Yuen Wu (En-go) répondit : « Tiens ta langue : la bouche est la porte des maux ! » Tandis que Pao Fuh (Ho-fuku) répondait à la même question : « Aucun art ne peut le représenter. » Ainsi, Bouddha est innommable, indescriptible et indéfinissable, mais nous l'appelons provisoirement Bouddha.

4. Bouddha, la vie universelle

Le zen conçoit le Bouddha comme un Être qui bouge, remue, inspire, anime et vitalise tout. En conséquence, nous pouvons l'appeler la Vie universelle dans le sens où il est la source de toutes les vies dans l'univers. Cette Vie universelle, selon le zen, soutient le ciel et la terre, glorifie le soleil et la lune, donne la voix au tonnerre, teinte les nuages, orne les pâturages de fleurs, enrichit les champs de récoltes, donne aux animaux beauté et force.

Par conséquent, le zen déclare que même une motte de terre morte est imprégnée de la vie divine, tout comme Lowell exprime une idée similaire lorsqu'il dit :

« Chaque motte ressent un élan de puissance,

Un instinct en lui qui atteint et domine,

Et tâtonne aveuglément au-dessus d'elle pour trouver la lumière,

Grimpe vers une âme dans l'herbe et les fleurs. »

Un de nos pratiquants du zen contemporains observa avec esprit que « les légumes sont les enfants de la terre, que les animaux qui se nourrissent de légumes sont les petits-enfants de la terre, et que les hommes qui subsistent grâce aux animaux sont les arrière-petits-enfants de la terre ». S'il n'y a pas de vie sur terre, comment la vie pourrait-elle en sortir ? S'il n'y a pas de vie semblable à celle de l'animal dans les légumes, comment les animaux pourraient-ils subsister en se nourrissant de légumes ? S'il n'y a pas de vie semblable à la nôtre dans les animaux, comment pourrions-nous maintenir notre vie en nous nourrissant d'eux ? Le poète doit être dans le vrai, non seulement au point de vue esthétique, mais aussi au point de vue scientifique, en disant...

« Je dois

Confesser que je ne suis que poussière.

Mais une fois, une rose poussa en moi ;

Ses radicelles poussèrent, ses fleurs s'envolèrent ;

Et toute la douceur de la rose roula

À travers la texture de mon moule ;

Et c'est ainsi que je transmets

Un parfum à eux, qui que tu sois. »

Comme nous, les hommes, vivons et agissons, ainsi font nos artères, ainsi fait le sang, ainsi font les corpuscules. De même que les cellules et le protoplasme vivent et agissent, de même les éléments, les molécules et les atomes. Les éléments et les atomes vivent et agissent, tout comme les nuages, la terre, l'océan, la Voie lactée et le système solaire. Quelle est cette vie qui imprègne les œuvres les plus grandes et les plus minuscules de la nature, et dont on peut dire à juste titre qu'elle est «plus grande que le plus grand et plus petite que le plus petit»? Elle ne peut être définie. Elle ne peut être soumise à une analyse exacte. Mais elle est directement expérimentée et reconnue en nous, tout comme la beauté de la rose doit être perçue et appréciée, mais pas réduite à une analyse exacte. En tout cas, c'est quelque chose qui s'agite, qui bouge, qui agit et réagit continuellement. Ce quelque chose qui peut être expérimenté, ressenti et apprécié directement par chacun d'entre nous. Cette vie du principe vivant dans le microcosme est identique à celle du macrocosme, et la Vie universelle du macrocosme est la source commune de toutes les vies. Par conséquent, le *Mahaparinirvana-sutra* dit:

«Tathagata (autre nom du Bouddha) donne la vie à tous les êtres, tout comme le lac Anavatapta donne naissance aux quatre grands fleuves.» «Tathagata, dit le même sutra, divise son propre corps en d'innombrables corps, et rétablit également un nombre infini de corps en un seul corps. Maintenant il devient des villes, des villages, des maisons, des montagnes, des rivières et des arbres; maintenant il a un grand corps; maintenant il a un petit corps; maintenant il devient des hommes, des femmes, des garçons et des filles.»

5. Vie et changement

Une phase particulière de la vie est le changement qui apparaît sous la forme de la croissance et de la décroissance. Personne ne peut nier le caractère éphémère de la vie. Un de nos amis observa avec humour: «Tout dans le monde peut être douteux pour vous, mais on ne peut jamais douter que vous allez mourir.» La vie est comme une lampe allumée. Chaque minute, sa flamme s'éteint et se renouvelle. La vie est comme un ruisseau qui coule. Elle avance à chaque instant. S'il y a une constante dans ce monde de changement, c'est bien le changement lui-même. Ne s'agit-il pas d'un simple pas de l'enfance rose à la vieillesse enneigée? N'y a-t-il pas un seul moment entre le chant nuptial et le chant funèbre? Qui peut vivre deux fois le même moment? Par rapport à un organisme, la matière inorganique semble constante et immuable; mais, en fait, elle est également soumise à des modifications incessantes. Chaque matin, en vous regardant dans un miroir, vous trouverez votre visage reflété dans le miroir tel qu'il était le jour précédent; de même, chaque matin, en regardant le soleil et la terre, vous les trouverez reflétés dans votre rétine tels qu'ils étaient le matin précédent ; mais le soleil et la terre ne sont pas moins immuables que vous. Pourquoi le soleil et la terre vous semblent-ils immuables et constants ? Uniquement parce que vous subissez vous-même des changements plus rapidement qu'eux. Lorsque vous regardez les nuages qui balaient la face de la lune, ils semblent être au repos, et la lune en mouvement rapide ; mais, en fait, les nuages, tout comme la lune, se déplacent sans cesse.

La science pourrait soutenir la constance quantitative de la matière, mais la soi-disant matière n'est qu'une abstraction. Dire que la matière est immuable revient à dire que 2 est toujours 2, immuable et constant, car le nombre arithmétique n'est pas plus abstrait que la matière physiologique. La lune semble immobile quand on ne la regarde que quelques instants. De même, elle semble ne pas changer lorsque vous la regardez pendant votre courte vie. Les astronomes, néanmoins, peuvent vous dire comment elle a vu ses meilleurs jours, et est maintenant dans ses rides et ses cheveux blancs.

6. Vision pessimiste des anciens hindous

En outre, la nouvelle théorie de la matière rejeta entièrement l'ancienne conception des atomes immuables, et ceux-ci sont maintenant considérés comme étant composés de forces magnétiques, d'ions et de corpuscules en mouvement incessant. Nous n'avons donc pas de matière inerte dans le concret, pas de chose immuable dans la sphère de l'expérience, pas d'organisme constant dans l'univers transitoire. Ces considérations conduisirent souvent de nombreux penseurs, anciens et modernes, à une vision pessimiste de la vie. À quoi sert votre effort, disaient-ils, pour accumuler des richesses, qui sont vouées à disparaître en un clin d'œil ? À quoi sert votre quête de pouvoir, qui est plus éphémère qu'une bulle ? À quoi sert votre effort pour réformer la société, qui ne dure pas plus longtemps qu'un château en l'air ? Comment les rois diffèrent-ils des mendiants dans l'œil de l'éphémère ? Comment le riche diffère-t-il du pauvre, comment le beau du laid, le jeune du vieux, le bon du mauvais, le chanceux du malchanceux, le sage de l'imprudent, dans la cour de la Mort ? Vaine est l'ambition. Vaine est la gloire. Vain est le plaisir. Vains sont les combats et les efforts. Tout est vain. Un ancien penseur hindou[1] dit :

« Ô saint, à quoi sert la jouissance des plaisirs dans ce corps offensif et sans pitié – une simple masse d'os, de peaux, de tendons, de moelle et de chair ? À quoi sert la jouissance des plaisirs dans ce corps assailli par la luxure, la haine, l'avidité, l'illusion, la peur, l'angoisse, la jalousie, la séparation de ce qui est aimé, l'union avec ce qui n'est pas aimé, la faim, la vieillesse, la mort, la mala-

---

1. *Maitrayana Upanisad.*

die, le chagrin et d'autres maux ? Dans un monde comme celui-ci, à quoi sert la jouissance des plaisirs, si celui qui s'en est nourri doit revenir sans cesse dans ce monde ? Dans ce monde, je suis comme une grenouille dans un puits sec ».

C'est cette considération sur le caractère éphémère de la vie qui conduisit certains taoïstes en Chine à préférer la mort à la vie, comme l'exprime le Chwang Tsz (Su-shi)[1] :

« Lorsque Kwang-zze se rendit à Khu, il vit un crâne vide, blanchi certes, mais conservant sa forme. Le tapant avec sa manette, il lui demanda : « Monsieur, dans votre avidité de vivre, avez-vous échoué dans les leçons de la raison et en êtes-vous arrivé là ? Ou bien l'avez-vous fait, au service d'un état en perdition, par le châtiment d'une hache ? Ou est-ce à cause de votre mauvaise conduite, qui a jeté l'opprobre sur vos parents, votre femme et vos enfants ? Ou bien est-ce à cause de vos dures endurances de froid et de faim ? Ou était-ce parce que tu avais achevé ton terme de vie ? «

Ayant donné une expression à ces questions, il prit le crâne, s'en fit un oreiller et s'endormit. À minuit, le crâne lui apparut en rêve et lui dit : « Ce que tu m'as dit était à la manière d'un orateur. Toutes tes paroles portaient sur les embrouilles des hommes de leur vivant. Il n'y a rien de tout cela après la mort. Voulez-vous m'entendre, monsieur, vous parler de la mort ? » « Je veux bien », dit Kwang-zze, et le crâne reprit : « Dans la mort, il n'y a pas (les distinctions de) chef en haut ministre en bas. Il n'y a aucun des phénomènes des quatre saisons. Tranquilles et à l'aise, nos années sont celles du ciel et de la terre. Aucun roi dans sa cour n'a de plus grandes jouissances que nous ». Kwang-zze n'y croyait pas et dit : « Si je pouvais faire en sorte que le Maître de notre destin ramène ton corps à la vie, avec ses os, sa chair et sa peau, et te rende ton père et ta mère, ta femme et tes enfants, et toutes les connaissances de ton village, voudrais-tu que je le fasse ? » Le crâne le regarda fixement, fronça les sourcils et dit : « Comment pourrais-je renoncer aux plaisirs de ma cour royale et recommencer à vivre parmi les hommes ? ».

7. L'hinayanisme et sa doctrine

La doctrine de l'éphémère fut la première porte d'entrée de l'hinayanisme. L'éphémère ne manque jamais de nous priver de ce qui nous est cher et proche. Elle nous déçoit dans nos attentes et nos espoirs. Il fait naître le chagrin, la peur, l'angoisse et les lamentations. Elle répand la terreur et la destruction parmi les familles, les communautés, les nations, l'humanité. Elle menace de perdition la terre entière, l'univers entier. Il s'ensuit que la vie est pleine de déceptions, de souffrances et de misères, et que l'homme est comme « une

---

1. *Chwang Tsz*, vol. Vi., p. 23.

grenouille dans un puits sec ». C'est la doctrine appelée par les hinayanistes la Sainte Vérité de la souffrance.

Encore une fois, lorsque la Transcience s'empare de notre imagination, nous pouvons facilement prévoir des ruines et des désastres au milieu même de la prospérité et du bonheur, et aussi la vieillesse et la laideur dans la prime jeunesse de la beauté. Il en découle tout naturellement la pensée que le corps est un sac plein de pus et de sang, un simple amas de chair pourrie et de morceaux d'os brisés, un cadavre en décomposition habité par d'innombrables asticots. C'est la doctrine appelée par les hinayanistes la Sainte Vérité de l'Impureté[1].

Et, encore une fois, l'éphémère exerce son emprise tyrannique non seulement sur le monde matériel, mais aussi sur le monde spirituel. À son contact, l'Atman, ou âme est réduit à néant. Par son appel, les Dévas, ou êtres célestes, succombent à la mort. Il s'ensuit donc que croire en l'Atman, éternel et immuable, serait une lubie d'ignorant. Telle est la doctrine appelée par les hinayanistes la Sainte Vérité du non-atman.

Si, comme on l'a dit, il n'y a rien qui ne soit pas éphémère, la constance doit être une erreur grossière de l'ignorant ; si même les dieux doivent mourir, l'éternité ne doit être qu'un rêve stupide du vulgaire ; si tous les phénomènes sont fluides et changeants, il ne peut y avoir de noumène constant à leur base. Il s'ensuit donc que toutes les choses de l'univers sont vides et irréelles. C'est la doctrine appelée par les hinayanistes la Sainte Vérité de l'irréalité. Ainsi, le bouddhisme hinayana, partant de la doctrine de l'éphémère, est arrivé à la vision pessimiste de la vie dans sa forme extrême.

8. Le changement vu par le zen

Le zen, comme l'hinayanisme, ne nie pas la doctrine de la Transience, mais il est arrivé à un point de vue diamétralement opposé à celui des hindous. Pour le zen, l'éphémère signifie simplement le changement. C'est une forme dans laquelle la vie se manifeste. Là où il y a de la vie, il y a du changement ou du transitoire. Là où il y a plus de changement, il y a plus d'activité vitale. Supposons un corps absolument immuable : il doit être absolument sans vie. Une vie éternellement immuable est équivalente à une mort éternellement immuable. Pourquoi apprécions-nous la gloire du matin, qui se fane en quelques heures, plus qu'une fleur de verre artificielle, qui dure des centaines d'années ?

---

1. Le *Mahasaptipatthana Suttanta*, 7, se lit comme suit : « Et, de plus, bhikkhu, un frère, tout comme s'il avait été un corps abandonné dans le champ de charnier, mort depuis un, deux ou trois jours, enflé, devenant noir et bleu, et décomposé, applique cette perception à ce même corps (le sien), en réfléchissant : "Ce corps aussi est même ainsi constitué, est de telle nature, n'a pas dépassé ce (destin)". »

Pourquoi préférons-nous une vie animale, qui disparaît en quelques dizaines d'années, à une vie végétale, qui peut exister des milliers d'années ? Pourquoi apprécions-nous davantage les organismes changeants que la matière inorganique, immuable et constante ? S'il n'y a pas de changement dans les teintes vives d'une fleur, elle est aussi inutile qu'une pierre. S'il n'y a pas de changement dans le chant d'un oiseau, il est aussi inutile que le sifflement du vent. S'il n'y a pas de changement dans les arbres et l'herbe, ils sont tout à fait impropres à être plantés dans un jardin. Alors, à quoi sert notre vie, si elle reste immobile ? De même que l'eau d'un ruisseau est toujours fraîche et saine parce qu'elle ne s'arrête pas un instant, de même la vie est toujours fraîche et nouvelle parce qu'elle ne s'arrête pas, mais passe rapidement des parents aux enfants, des enfants aux petits-enfants, des petits-enfants aux arrière-petits-enfants, et s'écoule de génération en génération, se renouvelant sans cesse.

Nous ne pouvons jamais nier l'existence de la vieillesse et de la mort. En fait, la mort est d'une importance capitale pour la continuation de la vie, car elle emporte tout l'organisme en décomposition qui se trouve sur le chemin de la vie. Sans elle, la vie serait étouffée par des déchets organiques. Le seul moyen pour la vie de continuer à se développer ou de se renouveler est de produire des jeunes et de se débarrasser des vieux. S'il n'y a ni vieillesse ni mort, la vie n'est pas la vie, mais la mort.

9. La vie et le changement

La transformation et le changement sont les caractéristiques essentielles de la vie ; la vie n'est pas la transformation ou le changement lui-même, comme Bergson semble le supposer. C'est quelque chose qui est soumis à notre observation par la transformation et le changement. Parmi les bouddhistes comme parmi les chrétiens, nombreux sont ceux qui convoitent la constance et la fixité de la vie, attirés par des noms aussi doux que vie éternelle, joie éternelle, paix permanente, etc. Ils ont oublié que leur âme ne peut jamais se contenter de choses monotones. S'il y a une joie éternelle pour leurs âmes, elle doit leur être présentée à travers un changement incessant. De même, si la vie éternelle est accordée à leur âme, elle doit l'être par des changements incessants. Quelle est la différence entre la vie éternelle, fixe et constante, et la mort éternelle ? Quelle différence y a-t-il entre la félicité éternelle, immuable et monotone, et la souffrance éternelle ? Si la constance, et non le changement, régit la vie, alors l'espoir ou le plaisir est absolument impossible. Mais heureusement, la vie n'est pas constante. Elle change et devient. Le plaisir naît du changement lui-même.

Un simple changement de nourriture ou de vêtements nous fait souvent plaisir, tandis que l'apparition de la même chose deux ou trois fois, aussi agréable

soit-elle, nous procure peu de plaisir. Elle deviendra dégoûtante et nous fati-
guera, si elle est présentée de façon répétée de temps en temps.

Un élément important du plaisir que nous tirons des réunions sociales, des
voyages, des visites touristiques, etc. n'est rien d'autre que le changement. Même
le plaisir intellectuel consiste principalement en un changement. Une vérité
abstraite, morte et immuable, comme 2 et 2 font 4, ne suscite aucun intérêt,
alors qu'une vérité changeante et concrète, comme la théorie darwinienne de
l'évolution, suscite un vif intérêt.

10. Vie, changement et espoir

La doctrine de la Transcience ne nous pousse jamais à une vision pessimiste
de la vie. Au contraire, elle nous donne une source inépuisable de plaisir et
d'espoir. Laissez-nous vous poser la question : êtes-vous satisfait de l'état actuel
des choses ? Ne compatissez-vous pas aux millions de pauvres qui côtoient les
millionnaires saturés de richesses ? Ne versez-vous pas des larmes sur ces enfants
affamés qui se recroquevillent dans les ruelles sombres d'une grande ville ? Ne
souhaitez-vous pas abattre le stupéfiant oppresseur qu'est la force du droit ?
Ne voulez-vous pas en finir avec la soi-disant paix blindée entre les nations ?
N'avez-vous pas besoin d'atténuer la lutte pour l'existence plus sanguine que
la guerre des armes ?

La vie change et est changeante ; par conséquent, elle a son avenir. L'espoir
est donc possible. Le développement individuel, l'amélioration sociale, la paix
internationale, la réforme de l'humanité en général, peuvent être espérés. Notre
idéal, aussi peu pratique qu'il puisse paraître à première vue, peut être réalisé.
En outre, le monde lui-même est également changeant et modifiable. Il révèle
de temps à autre de nouvelles phases et peut être façonné pour servir notre
objectif. Nous ne devons pas considérer la vie ou le monde comme achevés et
condamnés comme ils le sont actuellement. Aucun fait ne confirme la croyance
que le monde fut créé par une autre puissance et prédestiné à être ce qu'il est
maintenant. Il vit, agit et change. Il se transforme continuellement, tout comme
nous changeons et devenons. Ainsi, la doctrine de l'éphémère nous fournit
une source inépuisable d'espoir et de réconfort, nous conduit dans l'univers
vivant et nous introduit dans la présence de la Vie universelle ou Bouddha.

Le lecteur peut facilement comprendre comment le Zen conçoit le Bouddha
comme le principe vivant à partir des dialogues suivants : « Est-il vrai, monsieur,
demanda un moine à Teu tsz (To-shi), que toutes les voix de la Nature sont
celles du Bouddha ? ». « Oui, certainement », répondit Teu tsz. « Qu'est-ce que,
révérend monsieur, demanda un homme de Chao Cheu (Jo-shu), le temple
sacré (de Bouddha) ? » « Une jeune fille innocente », répondit le maître. « Qui

est le maître du temple ? » Demanda encore l'autre. « Un bébé dans son ventre » fut la réponse. « Quel est, monsieur, demanda un moine à Yen Kwan (Yen-kan), le corps originel du Bouddha Vairocana[1] ? » « Va me chercher une cruche d'eau », répondit le maître. Le moine fit ce qui lui était ordonné. « Remets-le à sa place », dit encore Yen Kwan[2].

11. Tout est vivant selon le zen

Tout ce qui est vivant a une forte tendance innée à se préserver, à s'affirmer, à se pousser en avant, et à agir sur son environnement, consciemment ou inconsciemment. La forte tendance innée du vivant est une nature non développée, mais fondamentale, de l'esprit ou du mental. Elle se manifeste d'abord dans la matière inerte sous forme d'impénétrabilité, d'affinité ou de force mécanique. La roche a une puissante tendance à se préserver. Et il est difficile de l'écraser. Le diamant a une tendance robuste à s'affirmer. Et il ne permet à personne de le détruire. Le sel a la même forte tendance, car ses particules agissent et réagissent par elles-mêmes, et ne cessent jamais jusqu'à la formation de ses cristaux. La vapeur aussi devrait avoir la même tendance, car elle repousse tout sur son passage et va où elle veut.

Dans l'œil des gens simples d'autrefois, les montagnes, les rivières, les arbres, les serpents, les bœufs et les aigles étaient également pleins de vie ; d'où leur déification. Il est sans doute irrationnel de croire aux nymphes, aux fées, aux elfes, etc., mais nous pouvons néanmoins dire que les montagnes se dressent d'elles-mêmes, que les rivières coulent à leur gré, tout comme nous disons que les arbres et l'herbe tournent leurs feuilles vers le soleil de leur propre gré. Ce n'est pas non plus une simple figure de style que de dire que le tonnerre parle et que les collines répondent, ni de décrire les oiseaux comme chantant et les fleurs comme souriant, ni de raconter que les vents gémissent et que la pluie pleure, ni de dire que les amoureux regardent la lune et que la lune les regarde, lorsque nous observons un élément spirituel dans les activités de tout cela. Haeckel dit, non sans raison : « Je ne puis me représenter les simples forces chimiques et physiques sans attribuer le mouvement des particules matérielles à une sensation consciente. » Le même auteur dit encore : « Nous pouvons attribuer la sensation de plaisir et de douleur à tous les atomes, et expliquer ainsi l'affinité électrique en chimie. »

---

1. Littéralement, Bouddha de l'illumination totale, le plus élevé des Trikayas. Voir *Eitel*, p. 192.
2. *Zen-rin-rui-shu.*

12. La force créatrice de la nature et de l'humanité

La tendance innée à l'autopréservation, qui se manifeste sous forme de force mécanique ou d'affinité chimique dans la nature inorganique, se déploie comme le désir de la conservation des espèces chez les végétaux et les animaux. Voyez comment les végétaux se fécondent eux-mêmes de manière compliquée, et comment ils répandent leurs graines au loin d'une manière des plus mystérieuses. Une forme beaucoup plus développée de ce même désir se manifeste dans l'attachement sexuel et l'amour parental des animaux. Qui ne sait pas que les oiseaux, même les plus petits, défendent leurs petits contre tout ennemi avec courage, et qu'ils apportent de la nourriture alors qu'eux-mêmes sont souvent affamés et maigres ? Chez les êtres humains, nous pouvons observer les différentes transformations de ce même désir. Par exemple, on éprouve de la tristesse ou du désespoir lorsqu'il est impossible ; de la colère, lorsqu'il est entravé par les autres ; de la joie, lorsqu'il est réalisé ; de la peur, lorsqu'il est menacé ; du plaisir, lorsqu'il est facilité. Bien qu'elle se manifeste sous la forme de l'attachement sexuel et de l'amour parental chez les animaux inférieurs, ses formes développées, telles que la sympathie, la loyauté, la bienveillance, la miséricorde, l'humanité, sont observées chez les êtres humains. De même, la force créatrice de la nature inorganique, afin de s'affirmer et d'agir plus efficacement, crée le germe de la nature organique et, en s'élevant graduellement dans l'échelle de l'évolution, développe les organes des sens et le système nerveux ; ainsi se déploient les pouvoirs intellectuels, tels que la sensation, la perception, l'imagination, la mémoire. Ainsi, la force créatrice, s'exerçant progressivement, élargit son champ d'action et nécessite l'union des individus en familles, clans, tribus, communautés et nations. Pour assurer cette union et cette coopération, ils établissent des coutumes, promulguent des lois et instituent des systèmes politiques et éducatifs. En outre, pour se renforcer, elle a donné naissance aux langues et aux sciences ; et pour s'enrichir, à la morale et à la religion.

13. Vie universelle et esprit universel

Ces considérations nous amènent naturellement à voir que la Vie universelle n'est pas une force vitale aveugle, mais un Esprit créateur, ou un Mental, ou une Conscience, qui se déploie de myriades de façons. Tout dans l'univers, selon le zen, vit et agit, et en même temps révèle son esprit. Être vivant est identiquement la même chose qu'être spirituel. Le poète a son chant, le rossignol aussi, le grillon aussi, le ruisseau aussi. Les chevaux, les chiens, les moineaux, les fourmis, les vers de terre et les champignons sont aussi satisfaits ou offensés que nous le sommes. Plus le corps est simple, plus l'esprit est simple ; plus le corps est compliqué, plus l'esprit est compliqué. L'esprit sommeille dans le caillou, rêve dans la plante, rassemble l'énergie dans l'animal et s'éveille à la découverte consciente de soi dans l'âme de l'homme.

C'est cet Esprit créatif, universel, qui envoie les aurores pour illuminer le ciel, qui fait que Diane répand ses rayons bienveillants et qu'Eos joue de sa harpe, qui couronne le printemps de fleurs, qui habille l'automne d'or, qui incite les plantes à fleurir, qui incite les animaux à être énergiques, et qui éveille la conscience chez l'homme. L'auteur du *Mahavaipulya-purnabuddha-sutra* exprime expressément notre idée lorsqu'il dit : «Les montagnes, les rivières, les cieux, la terre : tout cela est embrassé dans l'Esprit véritable, éclairé et mystérieux.» Rin-zai dit aussi : «L'Esprit est sans forme, mais il pénètre à travers le monde dans les dix directions.»[1] Le sixième patriarche exprime la même idée de manière plus explicite : «Ce qui crée les phénomènes est l'Esprit ; ce qui transcende tous les phénomènes est le Bouddha.»[2]

14. L'intuition poétique et le zen

Puisque la Vie ou l'Esprit universel imprègne l'univers, l'intuition poétique de l'homme ne manque jamais de la trouver, et de se délecter de tout ce qui est typique de cet Esprit. «Les feuilles du plantain, dit un poète zen, se déploient en entendant la voix du tonnerre. Les fleurs de la rose trémière se tournent vers le soleil, le regardant tout le jour.» Jésus pouvait voir dans le lys l'Être invisible qui le revêtait de tant de beauté. Wordsworth trouvait que la chose la plus profonde du monde était la vie spirituelle universelle, qui se manifeste le plus directement dans la nature, revêtue de sa dignité et de sa paix propres. «À travers chaque étoile, dit Carlyle, à travers chaque brin d'herbe, et surtout à travers chaque âme, la gloire du Dieu actuel rayonne encore».

Ce n'est pas seulement la grandeur et la sublimité qui indiquent la Vie universelle, mais aussi la petitesse et la banalité. Un sage d'autrefois s'éveillait à la foi[3] lorsqu'il entendait une cloche sonner ; un autre, lorsqu'il regardait la fleur de pêcher ; un autre, lorsqu'il entendait les grenouilles coasser ; et un autre, lorsqu'il voyait sa propre forme se refléter dans une rivière. Les plus minuscules particules de poussière forment un monde. Le plus petit grain de sable sous nos pieds proclame une loi divine. C'est pourquoi Teu Tsz Jo-shi, montrant une pierre devant son temple, dit : «Tous les Bouddhas du passé, du présent et du futur y vivent.»[4]

---

1. *Rin-zai-roku.*
2. *Roku-so-dan-kyo.*
3. L'histoire chinoise et japonaise du zen est pleine d'incidents de ce genre.
4. *Zen-rin-rui-shu* et *To-shi-go-roku.*

15. L'état de conscience illuminé

En plus de ces considérations, qui dépendent principalement de l'expérience indirecte, nous pouvons avoir une expérience directe de la vie en nous. En premier lieu, nous faisons l'expérience que notre vie n'est pas un simple mouvement ou changement mécanique, mais qu'elle est une force spirituelle, intentionnelle et autodirigée. En second lieu, nous faisons l'expérience directe qu'elle sait, ressent et veut. En troisième lieu, nous faisons l'expérience qu'il existe un pouvoir qui unifie les activités intellectuelles, émotionnelles et volitives de manière à rendre la vie uniforme et rationnelle. Enfin, nous faisons l'expérience qu'il existe en nous une conscience éclairée profondément enracinée, dont ni les psychologues ni les philosophes ne parlent, mais que les enseignants zen exposent avec une forte conviction. La conscience éclairée est, selon le zen, le centre de la vie spirituelle. Elle est l'esprit des esprits et la conscience de la conscience. C'est l'Esprit universel éveillé dans l'esprit humain. Ce n'est pas l'esprit qui ressent la joie ou la peine, ni l'esprit qui raisonne et déduit, ni l'esprit qui fantasme et rêve, ni l'esprit qui espère et craint, ni l'esprit qui distingue le bien du mal. C'est la Conscience éclairée qui est en communion avec l'Esprit universel ou Bouddha, et qui réalise que les vies individuelles sont inséparablement unies, et d'une seule et même nature avec la Vie universelle. Elle est toujours brillante comme un miroir poli et ne peut être obscurcie par le doute et l'ignorance. Elle est toujours pure comme une fleur de lotus, et ne peut être polluée par la boue du mal et de la folie. Bien que tous les êtres sensibles soient dotés de cette conscience éclairée, ils ne sont pas conscients de son existence, à l'exception des hommes qui peuvent la découvrir par la pratique de la méditation. La conscience éclairée est souvent appelée nature de Bouddha, car elle est la véritable nature de l'Esprit universel. Les maîtres zen la comparent à une pierre précieuse toujours fraîche et pure, même si elle est enfouie dans les amas de poussière. Sa lumière divine ne peut jamais être éteinte par le doute ou la peur, tout comme la lumière du soleil ne peut être détruite par la brume et les nuages. Citons un poète zen chinois pour voir comment le zen traite cette question[1] :

« J'ai une image de Bouddha,

Les gens du monde ne la connaissent pas.

Elle n'est pas faite d'argile ou de tissu,

Elle n'est pas non plus sculptée dans le bois,

Elle n'est pas non plus moulée dans la terre ou les cendres.

Aucun artiste ne peut le peindre ;

---

1. Voir *Zen-gaku-ho-ten*.

Aucun voleur ne peut la dérober.

Elle existe depuis la nuit des temps.

Il est propre, bien qu'il ne soit pas balayé et essuyé.

Bien qu'elle ne soit qu'une,

elle se divise en cent mille millions de formes. »

16. Bouddha habitant l'esprit individuel

La conscience éclairée dans l'esprit individuel acquiert pour son possesseur, non pas une connaissance relative des choses comme le fait son intellect, mais l'intuition la plus profonde en référence à la fraternité universelle de tous les êtres, et lui permet de comprendre la sainteté absolue de leur nature, et le but le plus élevé que tous poursuivent. La conscience éclairée, une fois éveillée en nous, sert de principe directeur et nous conduit vers l'espoir, la félicité et la vie ; c'est pourquoi on l'appelle le maître[1] de l'esprit et du corps. On l'appelle parfois l'esprit originel[2], car il est l'esprit des esprits. C'est Bouddha qui habite les individus. On pourrait l'appeler Dieu dans l'homme, si l'on veut. Les dialogues suivants convergent tous vers cette idée unique :

Un jour, un boucher, qui avait l'habitude de tuer mille moutons par jour, vint trouver Gotama et, jetant son couteau de boucher, lui dit : « Je suis l'un des mille Bouddhas. » « Oui, vraiment », répondit Gotama. Un moine, du nom de Hwui Chao (E-cha), demanda à Pao Yen (Ho-gen) : « Qu'est-ce qu'un Bouddha ? » « Vous êtes Hwui Chao », répondit le maître. La même question fut posée à Sheu Shan (Shu-zan), Chi Man (Chi-mon), et Teu Tsz (To-shi), dont le premier répondit : « La mariée monte sur un âne et sa belle-mère le conduit » ; le second : « Il va pieds nus, ses sandales étant usées » ; le troisième se leva de sa chaise et resta immobile sans dire un mot. Chwen Hih (Fu-kiu) explique ce point en termes non équivoques : « Nuit après nuit, je dors avec Bouddha, et chaque matin, je me lève avec Lui. Il m'accompagne partout où je vais. Quand je me tiens debout ou que je m'assieds, quand je parle ou que je suis muet, quand je suis dehors ou dedans, Il ne me quitte jamais, comme une ombre accompagne un corps. Voulez-vous savoir où Il se trouve ? Écoutez cette voix et cette parole. »[3]

---

1. Il est souvent appelé le Seigneur ou le Maître de l'esprit.
2. Un autre nom pour Bouddha est « l'esprit originel » (Kechi-myaku-ron).
3. Pour de tels dialogues, voir *Sho-yo-roku, Mu-mon-kan, Heki-gan-shu*. Les paroles de Fu-kiu sont citées à plusieurs reprises par les maîtres zen.

17. La conscience éclairée n'est pas une intuition intellectuelle

La conscience éclairée n'est pas une simple intuition intellectuelle, car elle est pleine de belles émotions. Elle aime, caresse, embrasse, et en même temps estime tous les êtres, étant toujours miséricordieuse envers eux. Elle n'a pas d'ennemis à conquérir, pas de mal à combattre, mais trouve constamment des amis à aider, du bien à promouvoir. Son cœur chaleureux bat en harmonie avec celui de tous les autres êtres. L'auteur du *Brahmajala-sutra* exprime pleinement cette idée lorsqu'il dit : « Toutes les femmes sont nos mères ; tous les hommes nos pères ; toute la terre et l'eau nos corps dans les existences passées ; tout le feu et l'air notre essence. »

Ainsi, en nous appuyant sur notre expérience intérieure, qui est le seul moyen direct de connaître le Bouddha, nous le concevons comme un Être à la sagesse profonde et à la miséricorde sans limites, qui aime tous les êtres comme ses enfants, qu'il entretient, élève, guide et enseigne. « Ces trois mondes sont les siens, et tous les êtres qui y vivent sont ses enfants »[1]. « Le Béni est la mère de tous les êtres sensibles, et leur donne à tous le lait de la miséricorde »[2]. Certains l'ont nommé Absolu, car Il est toute lumière, tout espoir, toute miséricorde et toute sagesse ; d'autres, Ciel, car Il est élevé et éclairé ; d'autres, Dieu, car Il est sacré et mystérieux ; d'autres, Vérité, car Il est fidèle à Lui-même ; d'autres, Bouddha, car Il est libre de toute illusion ; certains, Créateur, car Il est la force créatrice immanente à l'univers ; certains, Chemin, car Il est la Voie que nous devons suivre ; certains, Inconnaissable, car Il est au-delà de la connaissance relative ; certains, Soi, car Il est le Soi des Soi individuels. Tous ces noms sont appliqués à un seul Être, que nous désignons par le nom de Vie ou Esprit universel.

18. Notre conception du Bouddha n'est pas définitive

La nature divine de l'Esprit universel fut-elle donc complètement et exhaustivement révélée à notre conscience éclairée ? À cette question, nous devons répondre par la négative, car, pour autant que notre expérience limitée soit concernée, l'Esprit universel se révèle comme un Être doté d'une profonde sagesse et d'une miséricorde sans limites ; cela n'implique cependant pas que cette conception soit la seule possible et complète. Nous devons toujours garder à l'esprit que le monde est vivant, changeant et en mouvement. Il continue à dévoiler une nouvelle phase, ou à ajouter une nouvelle vérité. La logique la plus subtile d'autrefois n'est plus qu'une argutie d'aujourd'hui. Les miracles d'hier sont les lieux communs d'aujourd'hui. Aujourd'hui, des théories sont élaborées, de nouvelles découvertes sont faites, pour céder leur place à de nou-

---

1. *Saddharma-pundarika-sutra.*
2. *Mahaparinirvana-sutra.*

velles théories ou découvertes. De nouveaux idéaux réalisés ou de nouveaux désirs satisfaits sont sûrs d'éveiller de nouveaux désirs plus forts. Pas un instant la vie ne reste immuable, mais elle se précipite, s'amplifie et s'enrichit depuis l'aube des temps jusqu'à la fin de l'éternité.

C'est pourquoi la Vie universelle pourra peut-être dans l'avenir déployer son nouveau contenu spirituel, encore inconnu de nous, car elle raffina, éleva et développa les êtres vivants depuis l'amibe jusqu'à l'homme, augmentant l'intelligence et la portée des individus, jusqu'à ce que l'homme hautement civilisé émerge sur le plan de la conscience – conscience de la lumière divine en lui. Ainsi, croire en Bouddha, c'est être satisfait et reconnaissant de sa grâce, et espérer le déploiement infini de ses gloires dans l'homme.

19. Comment vénérer Bouddha

L'auteur du *Vimalakirtti-nirdeca-sutra* explique bien notre attitude envers Bouddha lorsqu'il dit : « Nous ne demandons rien à Bouddha. Nous ne demandons rien au Dharma. Nous ne demandons rien au Samgha ». Nous ne demandons rien au Bouddha. Pas de succès mondain, pas de récompenses dans la vie future, pas de bénédiction particulière. Hwang Pah (O-baku) a dit : « Je vénère simplement Bouddha. Je ne demande rien à Bouddha. Je ne demande rien au Dharma. Je ne demande rien à Samgha. » Un prince[1] l'interrogea alors : « Tu ne demandes rien à Bouddha. Tu ne demandes rien au Dharma. Tu ne demandes rien à Samgha. Quelle est donc l'utilité de votre culte ? » Le prince obtint une gifle en guise de réponse à sa question utilitaire.[2] Cet incident illustre bien le fait que l'adoration, telle que la conçoivent les maîtres zen, est un pur acte de remerciement, ou l'ouverture du cœur reconnaissant ; en d'autres termes, la révélation de la conscience éclairée. Nous vivons la vie même du Bouddha, nous bénéficions de sa bénédiction et nous sommes en communion avec lui par la parole, la pensée et l'action. La terre n'est pas « la vallée des larmes », mais la glorieuse création de l'Esprit universel ; l'homme n'est pas « le pauvre pécheur misérable », mais l'autel vivant du Bouddha lui-même. Quoi que nous fassions, nous le faisons avec un cœur reconnaissant et une joie pure, sanctionnés par la Conscience éclairée ; manger, boire, parler, marcher et toutes les autres activités de notre vie quotidienne sont des actes de culte et de dévotion. Nous sommes d'accord avec Margaret Fuller lorsqu'elle dit : « Respecte le plus haut ; sois patient avec le plus bas ; que l'accomplissement du devoir le plus insignifiant de ce jour soit ta religion. Les étoiles sont-elles trop lointaines ? Ramassez le caillou qui se trouve à vos pieds, et apprenez tout de lui. »

---

1. Par la suite, l'empereur Suen Tsung (Sen-so), de la dynastie Tang.
2. Pour les détails, voir *Heki-gan-shu.*

CHAPITRE V

LA NATURE DE L'HOMME

1. Selon Mencius, l'homme est de bonne nature[1]

Les savants orientaux, surtout les érudits chinois, semblent avoir pris un tel intérêt à étudier de la nature humaine qu'ils ont proposé toutes les opinions possibles sur le sujet en question, à savoir : 1) l'homme est de bonne nature ; 2) l'homme est de mauvaise nature ; 3) l'homme est de bonne, mais aussi de mauvaise nature ; 4) l'homme n'est ni de bonne ni de mauvaise nature. La première de ces opinions fut proposée par un fameux savant confucianiste, Mencius, ainsi que par ses adeptes, et la majorité des confucianistes japonais et chinois y adhèrent encore. Mencius pensait qu'il était aussi naturel pour l'homme de faire le bien qu'il est naturel pour l'herbe d'être verte. Il disait : « Supposons qu'une personne trouve par hasard un enfant sur le point de tomber dans un puits. Elle le sauverait jusqu'au péril de sa vie, peu importe à quel point cette personne peut être immorale. Elle n'aurait pas le temps de se demander si son acte peut lui valoir une récompense de la part des parents de l'enfant, ou bien une bonne réputation parmi ses amis et ses concitoyens. Elle le ferait simplement grâce à sa bonne nature fondamentale ». Après avoir évoqué quelques exemples similaires à celui-ci, Mencius conclut que la bonté fait partie de la nature fondamentale de l'homme, même s'il est souvent submergé par sa disposition brutale.

2. Selon Siün Tsz (Jun-shi), l'homme est de mauvaise nature[2]

Les faiblesses de la théorie de Mencius sont démontrées par une autre théorie diamétralement opposée proposée par Siün Tsz (Jun-shi) et ses adeptes.

---

1. Mencius (372-282 avant J.-C.) est considéré comme le meilleur exposant de la doctrine de Confucius. Il existe un ouvrage bien connu de lui, intitulé d'après son propre nom. Voir *L'Histoire de la philosophie chinoise*, par R. Endo, et aussi *L'Histoire de la philosophie chinoise* (pages 38 à 50) par G. Nakauchi.

2. La date de Siün Tsz est postérieure d'environ cinquante ans à celle de Mencius. Siün Tsz donne la raison pour laquelle l'homme cherche la moralité, en disant que l'homme cherche ce qu'il n'a pas, et qu'il cherche la moralité simplement parce qu'il n'a pas de moralité, tout comme le pauvre cherche la richesse. Voir *L'Histoire de la philosophie chinoise* (pages 51 à 60), par G. Nakauchi, et *L'Histoire du développement de la pensée chinoise*, par R. Endo.

«L'homme est de mauvaise nature, car il a une envie, un appétit et un désir de richesse innés. Comme l'envie et l'appétit lui sont innés, il est naturellement enclin à aux excès et à la luxure. Comme il a un désir inné pour la richesse, il est naturellement enclin à se quereller et à se battre avec les autres pour s'enrichir», dit Siün Tsz. Laissez-le sans discipline ni culture, il ne vaudrait pas mieux qu'une bête. Ses actes vertueux, tels que la charité, l'honnêteté, la bienséance, la chasteté, la véracité, sont des conduites forcées par les enseignements des anciens sages contre son penchant naturel. Par conséquent, les vices sont congénitaux et fidèles à sa nature, tandis que les vertus lui sont étrangères et contraires à ses fondamentaux.

Ces deux théories sont non seulement loin de mettre en lumière l'état moral de l'homme, mais elles l'enveloppent d'une obscurité plus profonde. Posons-nous quelques questions en guise de réfutation. Si la nature fondamentale de l'homme est bonne, comme le prétend Mencius, pourquoi est-il facile pour lui d'être vicieux sans qu'il n'ait suivi aucun enseignement, alors qu'il lui est difficile d'être vertueux même avec un apprentissage. Si vous affirmez que le bien est la nature profonde de l'homme et le mal sa seconde nature, pourquoi le bien est-il si souvent dominé par sa seconde nature? Si vous répondez que l'homme est fondamentalement de bonne nature, mais qu'il acquiert sa seconde nature lorsqu'il lutte pour sa survie et que celle-ci prend progressivement le dessus sur sa nature fondamentale pour survivre, alors les tribus primitives devraient être plus vertueuses que les nations civilisées et autant les enfants que les adultes. Mais n'est-ce pas contraire à la réalité?

Si, encore une fois, la nature de l'homme est essentiellement mauvaise, comme l'affirme Siün Tsz, comment peut-il cultiver la vertu? Si vous prétendez que les anciens sages ont inventé les vertus dites «cardinales» et les ont inculquées contre son penchant naturel, pourquoi ne les abandonne-t-il pas? Si les vices sont favorables et justes à la nature de l'homme, mais que les vertus lui sont étrangères et fausses, pourquoi les vertus sont-elles honorées par celui-ci? Si les vices sont vrais et les vertus ne sont qu'illusion, comme vous le pensez, pourquoi appelez-vous sages les créateurs de cet art trompeur? Comment était-il possible à l'homme de faire le bien avant l'apparition de ces sages sur la Terre?

3. Selon Yan Hiung (Yo-yu), l'homme est à la fois de bonne et de mauvaise nature[1]

Selon Yang Hiung et ses adeptes, le bien n'est pas moins réel que le mal, et le mal n'est pas plus irréel que le bien. L'homme doit donc avoir une double

---

1. Yan Hiung (mort en l'an 18) est l'auteur réputé de *Tai Huen (Tai-gen)* et de *Fah Yen (Hogen)*. Son opinion sur la nature humaine se trouve dans le *Fah Yen*.

nature, c'est-à-dire une partie bonne et une partie mauvaise. C'est la raison pour laquelle l'histoire de l'homme est pleine de crimes odieux et, en même temps, elle abonde d'actions pieuses. C'est la raison pour laquelle l'humanité a connu, d'un côté, un Socrate, un Confucius, un Jésus et, de l'autre, un Néron et un Kieh. C'est la raison pour laquelle nous trouvons aujourd'hui un homme honnête dans celui où nous trouverons traître demain.

Cette conception de la nature de l'homme peut expliquer notre état moral actuel, mais elle soulève de nombreuses questions auxquelles il serait difficile de répondre. Si cette affirmation est vraie, n'est-ce pas une tâche inutile que d'éduquer l'homme dans le but de le rendre meilleur et plus noble ? Comment pourrait-on extirper la mauvaise nature de l'homme, implantée en lui dès son origine ? Si l'homme possède deux natures, comment en est-il venu à dissocier le bien du mal ? Comment en est-il venu à considérer qu'il doit être bon et qu'il ne doit pas être mauvais ? Comment peut-on établir l'autorité de la morale ?

4. Selon Su Shih (So-shoku), l'homme n'est ni de bonne ni de mauvaise nature[1]

La difficulté évoquée à l'instant peut être évitée par une théorie proposée par Su Shih, ainsi que d'autres savants influencés par le bouddhisme, qui affirme que l'homme n'est ni de bonne ni de mauvaise nature. Selon cette opinion, l'homme n'est ni fondamentalement moral ni fondamentalement immoral, mais il est sans aucune morale. Il né sans morale prédéfinie. Il se trouve, pour ainsi dire, au carrefour de la moralité dès la naissance. Comme il est neutre, on peut le teindre en noir ou en rouge. Comme il est à la croisée des chemins, il peut tourner à droite ou à gauche. Il est comme l'eau douce, qui n'a pas de goût, et que les circonstances peuvent rendre sucré ou amère. Si nous ne nous trompons pas, cette théorie aussi doit rencontrer des difficultés insolubles. Comment serait-il possible de rendre moral ou immoral un être sans moral ? Nous pourrions aussi bien essayer de faire sortir du miel du sable que de faire sortir le bien ou le mal de la nature vierge. Il ne peut y avoir de fruit de bien ou de mal là où il n'y a pas de semence de bonne ou de mauvaise nature. Ainsi, nous ne trouvons aucune solution satisfaisante au problème en cause dans ces quatre théories proposées par les savants chinois : la première théorie échoue pour expliquer le problème de la dépravation humaine ; la deuxième contredit l'origine de la moralité ; la troisième échoue à expliquer la possibilité d'une culture morale ; la quatrième se contredit elle-même logiquement.

---

1. Su Shih (1042-1101), un grand érudit, pratiquant du zen, remarqué pour ses œuvres poétiques.

5. Aucun mortel n'est purement moral

Par nature, l'homme doit être soit bon, soit mauvais. Ou alors il doit être aussi bon que mauvais. Ou alors il ne doit être ni bon ni mauvais. Il ne peut y avoir aucune alternative possible à ces quatre propositions, dont aucune ne peut être acceptée comme vraie. Il doit donc y avoir une idée fausse dans les termes qui les composent. Il semblerait pour certains que l'erreur puisse être évitée en limitant le sens du terme « homme », en disant que certaines personnes sont de bonne nature, d'autres de mauvaise nature et d'autres encore de bonne et mauvaise nature, et d'autres enfin qui ne sont ni de bonne ni de mauvaise nature. Il n'y a pas de contradiction dans ces propositions modifiées, mais elles ne parviennent toujours pas à expliquer l'état éthique de l'homme. En supposant qu'elles soient toutes vraies, admettons qu'il existe quatre catégories de personnes : 1) celles qui sont purement morales et n'ont aucune disposition immorale ; 2) celles qui sont à moitié morales et à moitié immorales ; 3) celles qui ne sont ni morales ni immorales ; 4) celles qui sont purement immorales et n'ont aucune disposition morale. Les chrétiens orthodoxes, qui croient en l'absence du péché en Jésus, diraient qu'il appartient à la première de ces catégories, tandis que les mahométans et les bouddhistes, qui défient le fondateur de leur foi respective, considéreraient dans ce cas leur fondateur comme le personnage purement moral. Mais vos croyances, demandons-nous, sont-elles fondées sur des faits historiques ? Pouvez-vous dire que des documents aussi traditionnels et aussi auto contradictoires que les quatre évangiles sont de l'histoire au sens strict du terme ? Pouvez-vous affirmer que ces traditions qui défient Mahomet et Shakaya sont des déclarations de fait bruts ? Jésus n'est-il pas une abstraction et un idéal, entièrement différent d'un fils de charpentier concret, qui s'est nourri de la même nourriture, s'est abrité dans le même abris, a souffert de la même douleur, a été enflammé par la même colère, a été piqué par le même désir que le nôtre ? Pouvez-vous dire que la personne qui a livré de nombreuses batailles sanglantes, qui a mené de nombreuses négociations rusées avec ses ennemis et ses amis, qui a personnellement connu les problèmes de la polygamie, était une personne sans péché et divine ? Si l'on admet que ces anciens sages sont surhumains et divins, alors notre classification n'a rien à faire avec eux, car ils n'appartiennent pas à l'humanité. À présent, qui peut indiquer une personne sans péché dans le monde actuel ? N'est-ce pas vrai que plus on devient vertueux, plus on se sent pécheur ? S'il existe un mortel, dans le passé, dans le présent et l'avenir, qui se déclare pur et sans péché, sa déclaration même prouve qu'il n'est pas profondément moral. L'existence de la première catégorie de personne est donc sujette à caution.

6. Aucun mortel n'est ni sans moral ni purement immoral

Il en est de même pour la troisième et quatrième catégorie de personnes que l'on suppose sans morales ou purement immorales. Il n'existe pas de personne, aussi dégradée moralement qu'elle puisse être, qui ne révèle pas une certaine bonté au cours de sa vie. Nous constatons chaque jour que nous trouvons un ami fidèle dans la personne d'un voleur, un père aimant dans celle d'un cambrioleur, un voisin aimable dans celle d'un meurtrier. La foi, la sympathie, l'amitié, l'amour, la loyauté et la générosité ne résident pas seulement dans les palais et les églises, mais aussi dans les bordels et les prisons. En revanche, les vices odieux et les crimes sanglants trouvent souvent refuge sous le chapeau de soie, la robe, la couronne ou le diadème. La vie peut être comparée à une corde faite d'un brin de paille blanc et d'un brin de paille noir, et séparer l'un de l'autre revient à détruire la corde elle-même. De même, une vie entièrement indépendante de la dualité du bien et du mal n'est pas une vie réelle. Il faut donc reconnaître que les troisième et quatrième propositions sont incompatibles avec notre expérience quotidienne de la vie, et qu'il ne reste que la deuxième proposition qui, comme nous l'avons vu plus haut, se décompose à l'origine de la moralité.

7. Où se trouve donc l'erreur?

Où se trouve donc l'erreur dans les quatre hypothèses concernant la nature de l'homme? Elle ne réside pas dans leur sujet, mais dans leur prédicat: c'est-à-dire l'utilisation des termes «bon» et «mauvais». À présent, examinons en quoi le bien diffère du mal. Une bonne action favorise toujours des intérêts dans une sphère beaucoup plus large qu'une mauvaise action. Les deux sont pareilles en ce qu'elles conduisent aux intérêts humains, mais différent dans la mesure où elles atteignent leur but. En d'autres termes, les deux actions, bonnes et mauvaises, sont accomplies dans un seul et même but, celui de promouvoir les intérêts humains, mais elles différent l'une de l'autre quant à l'étendue des intérêts. Par exemple, le cambriolage est évidemment une mauvaise action et est condamné partout dans le monde. Mais l'appropriation de la propriété d'un ennemi pour le bien de sa propre tribu, de son clan ou de sa nation est louée comme une conduite méritoire. Les deux actes sont exactement les mêmes dans leur promotion des intérêts, mais le premier concerne les intérêts d'un seul individu ou d'une seule famille, tandis que le second concerne ceux d'une tribu ou d'une nation. Si le premier est mauvais parce qu'il ignore les intérêts d'autrui, le second doit l'être aussi parce qu'il ignore les intérêts de l'ennemi. Le meurtre est considéré comme mauvais partout dans le monde. Mais le meurtre de milliers d'hommes sur un champ de bataille est loué et honoré parce que le premier est perpétré pour promouvoir des intérêts privés, tandis que le second est perpétré pour promouvoir des intérêts publics. Si le premier est mauvais en raison de sa cruauté, le second doit l'être aussi, en raison de son inhumanité.

L'idée du bien et du mal, généralement acceptée par le bon sens, peut être énoncée comme suit : « Une action est bonne lorsqu'elle favorise l'intérêt d'un individu ou d'une famille. Celle-ci est meilleure lorsqu'elle favorise ceux d'un district ou d'un pays. Celle-ci est meilleure lorsqu'elle favorise ceux du monde entier. Une action est mauvaise lorsqu'elle inflige un préjudice à un autre individu ou à une autre famille. Celle-ci est pire lorsqu'elle porte préjudice à un district ou à un pays. Celle-ci est pire lorsqu'elle porte préjudice au monde entier. Strictement parlant, une action est bonne lorsqu'elle favorise les intérêts, physiques ou spirituels, désirés par l'acteur dans sa motivation. Et elle est mauvaise lorsqu'elle porte préjudice à des intérêts, physiques ou spirituels, désirés par l'acteur dans sa motivation. »

Selon cette idée, généralement acceptée par le bon sens, les actions humaines peuvent être classées en quatre catégories différentes : 1) les actions purement bonnes ; 2) les actions partiellement bonnes et partiellement mauvaises ; 3) les actions ni bonnes ni mauvaises ; 4) les actions purement mauvaises. Premièrement, les actions purement bonnes sont celles qui servent et n'entravent jamais les intérêts humains, physiques ou spirituels, comme l'humanité et l'amour de tous les êtres. Deuxièmement, les actions partiellement bonnes et partiellement mauvaises sont les actions qui sont à la fois pour et contre les intérêts humains, comme le patriotisme étroit et l'amour préjugé. Troisièmement, les actions ni bonnes ni mauvaises sont les actions qui ne sont ni pour ni contre les intérêts humains : par exemple, l'acte inconscient d'un rêveur. Enfin, les actions purement mauvaises, qui sont absolument contre les intérêts humains, ne peuvent être possibles pour l'homme que par le suicide, car toute action favorise plus ou moins les intérêts, physiques ou spirituels, de l'individu ou d'autrui. Même des crimes aussi horribles que l'homicide et le parricide sont destinés à favoriser certains intérêts, et atteignent dans une certaine mesure leur but lorsqu'ils sont réalisés. Il s'ensuit que l'on ne peut pas dire que l'homme est bon ou mauvais au sens strict des termes définis ci-dessus, car il n'y a pas d'être humain qui fasse uniquement la première catégorie d'action ni de mortel qui fasse uniquement la quatrième catégorie d'action. L'homme peut être dit bon et mauvais, et en même temps n'être ni bon ni mauvais, en ce qu'il accomplit toujours la deuxième et la troisième catégorie d'actions. Tout cela, néanmoins, n'est qu'un jeu de mots. Nous sommes donc amenés à conclure que la conception de la nature humaine fondée sur le bon sens ne permet pas de saisir le véritable état de la vie.

8. L'homme n'est ni de bonne ni de mauvaise nature, il est de nature de Bouddha

Nous avons déjà eu l'occasion d'observer que le zen enseigne la nature de Bouddha, dont tous les êtres sensibles sont dotés. Le terme «nature de Bouddha»[1], tel qu'il est accepté par les bouddhistes, signifie une nature latente et non développée, qui permet à son détenteur de devenir illuminé lorsqu'elle est développée et concrétisée[2]. Selon le zen, l'homme n'est donc pas de bonne ou de mauvaise nature au sens relatif (généralement accepté par le bon sens) de ces termes, mais de nature Bouddha, dans le sens où il n'existe pas de dualité de nature. Une bonne personne (de bon sens) se distingue d'une personne mauvaise (de bon sens), non pas par nature innée de Bouddha, mais par la mesure dans laquelle elle l'exprime dans ses actes. Même si les hommes sont également dotés de cette nature, leurs différents états de développement ne leur permettent pas de l'exprimer de manière égale dans leur conduite. La nature de Bouddha peut être comparée au soleil, et l'esprit individuel peut quant à lui être comparé au ciel. Ainsi, un être éclairé est tel le ciel par beau temps, lorsque rien n'obstrue les rayons du soleil. Tandis qu'un esprit ignorant est tel le ciel par temps nuageux, lorsque le soleil émet une faible lumière. Et un esprit mauvais est tel le ciel par temps orageux, lorsque le soleil semble ne plus exister. Nous constatons chaque jour que même un cambrioleur ou un meurtrier peut se révéler être un bon père et un mari aimant pour sa femme et ses enfants. Il est un honnête homme lorsqu'il reste chez lui. Le soleil de la nature de Buddha émet de la lumière à l'intérieur des murs de sa maison, mais à l'extérieur, les ténèbres des crimes infâmes l'enveloppent.

9. La parabole du voleur Kih[3]

Chwang Tsz (So-shi) fait la remarque humoristique suivante : «Les partisans du grand voleur et meurtrier Kih lui demandèrent : "Le voleur a-t-il lui aussi des principes moraux dans ses actes?". Il répondit "Quelle profession n'a pas de principes? Que le voleur arrive sans erreur à une conclusion qu'il y a des richesses dans un appartement montre sa sagesse; qu'il soit le premier à y entrer montre sa bravoure; le fait qu'il fasse un partage égal du butin montre sa justice; le fait qu'il ne trahisse jamais les autres voleurs montre sa fidélité; et le fait qu'il doit être généreux envers ses acolytes montre sa bienveillance.

---

1. Pour une explication détaillée sur la nature de Buddha, voir le chapitre intitulé «La nature de Buddha» dans le *Sho-bo-gen-zo*.
2. On peut dire que le *Mahaparinirvana-sutra* a été écrit dans le but d'énoncer cette idée.
3. La parabole est racontée dans le but de dévaloriser la doctrine confucéenne, mais l'auteur touche ainsi accidentellement à la nature humaine. Nous ne la citons pas ici dans le même but que celui de l'auteur.

Sans ces cinq qualités, personne au monde n'a jamais réussi à devenir un grand brigand." » La parabole nous montre clairement que la nature de Buddha du voleur et du meurtrier s'exprime en sagesse, bravoure, justice, fidélité et bienveillance auprès de sa communauté, et que s'il faisait de même en dehors de celle-ci, il ne serait pas un grand voleur, mais un grand sage.

10. Wang Yang Ming (Ô-yō-mei) et un voleur

Un soir, alors que Wang donnait une conférence à un certain nombre d'étudiants sur sa célèbre doctrine selon laquelle tous les êtres humains sont dotés de conscience,[1] un voleur s'introduisit dans la maison et se cacha dans le coin le plus sombre. Wang déclara ensuite à haute voix que chaque être est né avec une conscience, et que même le voleur qui s'était introduit dans la maison avait une conscience tout comme les sages d'autrefois. Le cambrioleur, ayant entendu ces propos, sortit pour demander pardon au maître. Comme il n'avait aucun moyen de s'échapper et qu'il était à moitié nu, il s'accroupit derrière les étudiants. Le pardon volontaire et le traitement cordial de Wang encouragèrent l'homme à poser la question sur comment le maître pouvait savoir qu'un aussi pauvre malheureux que lui fût doté de conscience comme les sages d'autrefois. Wang répondit : « C'est votre conscience qui vous fait avoir honte de votre nudité. Vous êtes vous-même un sage, si vous vous abstenez de tout ce qui pourrait vous faire honte. » Nous croyons fermement que Wang a parfaitement raison de dire au voleur qu'il n'était pas différent en nature des sages d'autrefois. Ce n'est pas une exagération. C'est une vérité salvatrice. C'est aussi un moyen très efficace de sauver les hommes des ténèbres du péché. Tout voleur cesse d'être voleur dès qu'il croit en sa propre conscience, c'est-à-dire en sa nature de Bouddha. Vous ne pouvez jamais corriger les criminels par vos reproches ou vos punitions sévères. Vous ne pouvez les sauver que par votre sympathie et votre amour, en faisant appel à leur nature de Bouddha innée. Rien ne peut produire des effets pernicieux sur les criminels que de les traiter comme s'ils étaient une autre sorte de personnes et de les confirmer dans leur conviction qu'ils sont de mauvaise nature. Nous regrettons vivement que, même dans une société civilisée, les autorités négligent cette vérité salvatrice qui conduit à la perdition les criminels dont elles ont la charge et qu'il est de leur devoir de sauver.

---

1. Il ne s'agit pas d'une conscience au sens ordinaire du terme. C'est le principe « moral », selon Wang, qui imprègne l'univers. « Il s'exprime comme la Providence dans le ciel, comme la nature morale dans l'homme, et comme les lois mécaniques dans les choses ». Le lecteur remarquera que la conscience de Wang est l'approche la plus proche de la nature de Bouddha.

11. Les mauvais sont les bons dans l'œuf

Ce n'est pas seulement le cas d'un voleur ou d'un meurtrier, mais aussi des gens ordinaires. Il y en a beaucoup qui sont honnêtes et bons dans leurs foyers, mais qui se révèlent être des gens vils et malhonnêtes en dehors de ceux-ci. De même, il y a ceux qui, ayant un amour enthousiaste pour leur région, agissent illégalement contre les intérêts d'autres pays. Ce sont de gentils hommes droits et honorables à l'intérieur des limites de leur propre région, mais une bande de vauriens à l'extérieur. De même, il y a beaucoup de gens qui sont des Washington et des William Tell dans leur propre région, mais qui sont en même temps des pirates et des cannibales dans les autres pays. Il n'y a pas non plus beaucoup de personnes qui, ayant des préjugés raciaux, ne permettraient pas au rayonnement de leur nature de Bouddha de toucher une peau de couleur. Il y a des personnes civilisées qui sont assez humaines pour aimer et estimer tout être humain comme leur frère, mais si insensibles qu'elles considèrent les créatures inférieures comme leur propre nourriture. La personne éclairée, cependant, ne peut que sympathiser avec les êtres humains et les créatures inférieures, car Shakya Muni considérait tous les êtres sensibles comme ses enfants.

Ces personnes sont exactement les mêmes dans leur nature de bouddha, mais il existe une grande différence entre elles quant à la mesure dans laquelle elles expriment cette nature dans leurs actes. Si l'on dit que les voleurs et les meurtriers sont de mauvaise nature, on devrait dire que les réformateurs et les révolutionnaires le sont aussi. Si, d'autre part, on dit que le patriotisme et la loyauté sont bons, la trahison et l'insurrection devraient l'être également. Il est donc évident qu'une personne dite «bonne» n'est rien d'autre que celle qui agit pour promouvoir des intérêts plus larges de la vie, et qu'une personne dite «mauvaise» n'est rien d'autre que celle qui agit pour promouvoir des intérêts plus étroits. En d'autres termes, les mauvais sont les bons dans l'œuf, pour ainsi dire, et les bons sont les mauvais sur l'aile. Pour montrer que la nature humaine transcende la dualité du bien et du mal, l'auteur de l'*Avatamsaka sutra* déclare que «tous les êtres sont dotés de la sagesse et de la vertu de Tathāgata.» Kwei Fung (Kei-hō) dit également: «Tous les êtres sensibles ont le véritable esprit de l'illumination originelle (en eux). Il est immuable et pur. Il est éternellement brillant, clair et conscient. On l'appelle aussi nature de Buddha, ou "Tathāgatagarbha".»

12. La grande personne et la petite personne

Pour ces raisons, le zen propose d'appeler l'homme de nature de Buddha ou de bonne nature dans un sens qui transcende la dualité du bien et du mal. Cela n'a aucun sens d'appeler certains individus bons s'il n'y a pas de mauvais individu. Cependant, pour les raisons de commodité, le zen qualifie l'homme de bon, comme en témoignent Shakya Muni, qui avait l'habitude de s'adresser à ses auditeurs en les appelant « hommes et femmes bons », et le Sixième Patriarche en Chine, qui appelait tout le monde « bon et sage ». Cela n'implique pas le moins du monde que tous les êtres humains sont vertueux, sans péché et saints, évidemment, le monde est plein de vices et de crimes. C'est un fait indéniable que la vie est une guerre du bien contre le mal, et plus d'un vaillant héros est tombé dans les premiers rangs. Il est curieux, cependant, de constater que les champions des deux camps se battent pour la même cause. Il n'y a pas un seul individu au monde qui se bat contre sa propre cause ou son propre intérêt, et la seule différence possible entre un parti et l'autre consiste dans l'étendue des intérêts qu'ils défendent. Les soi-disant mauvaises personnes, que les savants chinois et japonais appellent à juste titre « petites personnes », expriment leur nature de Bouddha dans une faible mesure, principalement chez eux, tandis que les soi-disant bonnes personnes, ou « grandes personnes » comme les appellent les savants orientaux, concrétisent leur nature de Bouddha dans une large mesure dans la sphère entière d'un pays, ou de la terre entière.

La conscience éclairée, ou nature de Bouddha, comme nous l'avons vu dans le chapitre précédent, est l'esprit de l'esprit, ainsi que la conscience de la conscience, l'Esprit universel éveillé dans les esprits individuels, qui réalise la fraternité universelle de tous les êtres et l'unité des vies individuelles. C'est le soi réel, le principe directeur, la physionomie originelle[1] (nature), comme l'appelle le zen de l'homme. Ce soi réel sommeille sous le seuil de la conscience dans l'esprit des personnes confuses. Par conséquent, chacun d'entre eux enclin à considérer le petit individu comme son soi, et à s'efforcer de promouvoir les intérêts du soi individuel même au détriment de ceux des autres. Il est « la petite personne » dans le monde, car son soi est réduit au plus faible degré possible. Certaines des personnes les moins confuses identifient leur soi à leur famille et se sentent heureuses ou malheureuses en fonction du bonheur ou du malheur de leur famille, pour laquelle ils sacrifient les intérêts des autres familles. D'autre part, certaines des personnes les plus éclairées s'unissent par l'amour et la compassion à toute leur tribu ou à leurs compatriotes, et considèrent l'ascension ou la chute de la tribu ou du pays comme les leurs, et sacrifient volontiers leur propre vie, si nécessaire, pour la cause de la tribu ou du

---

1. L'expression apparaît pour la première fois dans le *Ho-bo-dan-kyo* du Sixième Patriarche, et est fréquemment utilisée par les anciens pratiquants du zen.

pays. Lorsqu'elles sont pleinement éclairées, elles peuvent réaliser l'unité de toutes les vies sensibles, être toujours miséricordieuses et utiles envers toutes les créatures. Elles sont « les plus grandes personnes » sur Terre, car leur soi est élargi au maximum.

13. La théorie de la nature de Bouddha explique adéquatement les états éthiques de l'homme

Cette théorie de la nature de Bouddha nous permet de comprendre l'origine de la moralité. Le premier éveil de la nature de Bouddha dans l'homme est l'expression progressivement élargie de cette nature dans sa conduite. Sans elle, la moralité est impossible pour l'homme. Sans elle, non seulement la culture ou la discipline morale, mais aussi l'éducation et l'amélioration sociale sont futiles. Encore une fois, la théorie explique adéquatement les faits éthiques selon lesquels la norme de moralité subit des changements en différents temps et lieux, selon lesquels le bien et le mal sont si inséparablement liés, et selon lesquels les mauvais deviennent parfois bons tout à coup, et les bons deviennent mauvais de façon tout à fait inattendue. Premièrement, il va sans dire que le critère de moralité s'élève juste en proportion de l'extension et de l'amplification de la nature de Bouddha ou du soi réel à différents moments et lieux. Deuxièmement, puisque le bien est la nature de Bouddha concrétisée dans une large mesure, et que le mal est également la nature de Bouddha concrétisée dans une plus petite mesure, l'existence du premier présuppose celle du second, et le problème de la dualité ne peut jamais être éliminé. Troisièmement, le fait que le mauvais devienne bon dans certaines circonstances, et que le bon devienne également mauvais de manière souvent inattendue, peut difficilement être expliqué par la théorie de la dualité, car si la bonne nature est si arbitrairement transformée en mauvaise et la mauvaise nature en bonne, la distinction entre bonne et mauvaise nature n'a aucun sens. Selon la théorie de la nature de Bouddha, le fait que le bon devienne mauvais ou que le mauvais devienne bon, n'implique pas le moins du monde un changement de nature, mais l'élargissement ou le rétrécissement de sa réalisation. Ainsi, quelle que soit la dégénérescence morale d'une personne, elle peut s'élever à un niveau éthique élevé par l'élargissement de son soi, et en même temps, quelle que soit son exaltation morale, elle peut descendre au niveau de la brute par le rétrécissement de son soi. Être un ange ou être un démon dépend de son degré à être éclairé et de son libre arbitre. C'est pourquoi il existe une variété infinie de bons et de méchants. C'est pourquoi, plus les gens s'élèvent au sommet de l'illumination, plus le panorama des possibilités morales s'ouvre devant eux.

14. La nature de Bouddha est la
source commune de la morale

En outre, la nature de Bouddha ou le soi réel, étant la place de l'amour et le
noyau de la sincérité, forme la chaîne et la trame de toutes les actions morales.
C'est un fils obéissant qui sert ses parents avec sincérités et amour. C'est un
sujet loyal qui sert son maître avec sincérité et amour. Une épouse vertueuse
est celle qui aime son mari avec son cœur sincère. Un ami digne de confiance
est celui qui tient compagnie aux autres avec sincérité et amour. Un homme
de droiture est celui qui mène une vie de sincérité et d'amour. Généreux et
humain est celui qui sympathise avec ses semblables avec son cœur sincère.
La véracité, la chasteté, la piété filiale, la loyauté, la droiture, la générosité,
l'humanité, etc., tout cela n'est autre que la nature de Bouddha appliquée aux
diverses relations de fraternité humaine. C'est la source commune, toujours
fraîche et inépuisable de la moralité qui favorise et développe les intérêts de
tous. Tō-ju[1] exprime l'idée similaire qui suit :

« La Source inépuisable (de la moralité) existe en moi.

C'est un trésor inestimable.

On l'appelle la « Nature lumineuse » de l'homme.

Elle est sans égal et surpasse tous les joyaux.

Le but de l'apprentissage est de faire ressortir cette nature brillante.

Le vrai bonheur ne peut être assuré que par elle. »

Ainsi, en premier lieu, la conduite morale, qui n'est rien autre que l'expression de la nature de Bouddha en action, implique l'affirmation de soi et la
promotion de ses intérêts. C'est sur ce point que repose la demi vérité de la
théorie égoïste. Deuxièmement, elle est toujours accompagnée d'un sentiment
de plaisir ou de satisfaction lorsqu'elle atteint son but. Cette concomitance
accidentelle est confondue avec son essence par les observateurs superficiels
qui adhèrent à la théorie hédoniste. Troisièmement, elle sert à favoriser les
intérêts physiques et spirituels de l'homme, et elle conduisit les utilitaristes
à confondre le résultat avec la cause de la moralité. Quatrièmement, elle implique le contrôle ou le sacrifice du soi inférieur et ignoble d'un individu afin
de réaliser son soi supérieur et plus noble. Cela donna lieu à la demi-vérité de
la théorie ascétique de la moralité.

---

1. To-ju Naka-e (mort en 1649), est le fondateur de *l'École japonaise confucianiste de Wang*,
aussi connu comme le Sage d'Omi.

15. La parabole de l'ivrogne

À présent la question se pose : si tous les êtres humains sont dotés de la nature de Bouddha, pourquoi n'ont-ils pas été naturellement éclairés ? Pour répondre à cette question, les mahayanistes indiens[1] racontent la parabole d'un ivrogne qui oublie les pierres précieuses qui ont été mises dans sa poche par un de ses amis. L'homme est ivre de la liqueur empoisonnée de l'égoïsme, égaré par la vue séduisante des objets sensuels, et devient fou de colère, de luxure et de folie. Il se trouve ainsi dans un état de pauvreté morale, oubliant entièrement la précieuse gemme de la nature de Bouddha qui est en lui. Pour occuper un rôle honorable dans la société en tant que propriétaire de ce bien précieux, il doit d'abord se débarrasser de l'influence de la liqueur du lui, et se détacher des objets sensuels, prendre le contrôle de sa passion, restaurer la paix et la sincérité de son esprit, et éclairer toute son existence par sa lumière divine innée. Sinon, il devra rester dans la même situation pour l'éternité.

Servons-nous d'une autre figure pour expliquer plus clairement le sujet. L'Esprit universel peut être comparé à l'eau universelle, ou à l'eau qui circule sur toute la Terre. Cette eau universelle existe partout. Elle existe dans l'arbre. Elle existe dans l'herbe. Elle existe dans la montagne. Elle existe dans la rivière. Elle existe dans la mer. Elle existe dans l'air. Elle existe dans les nuages. Ainsi, l'homme n'est pas seulement entouré d'eau de tous côtés, mais celle-ci existe même dans son corps. Mais l'être ne peut jamais apaiser sa soif sans boire de l'eau. De même, l'Esprit universel existe partout. Il existe dans l'arbre. Il existe dans l'herbe. Il existe dans le sol. Il existe dans la montagne. Il existe dans la rivière. Il existe dans la mer. Il existe dans l'oiseau. Il existe dans la bête. Ainsi, l'homme n'est pas seulement entouré par l'Esprit de tous les côtés, mais celui-ci imprègne toute son existence. Mais il ne pourra jamais être éclairé s'il ne l'éveille pas en lui par la méditation. Boire de l'eau, c'est boire l'eau universelle. Éveiller la nature de Bouddha, c'est être conscient de l'Esprit universel.

Par conséquent, pour être éclairés, nous devons croire que tous les êtres sont de nature de Bouddha, c'est-à-dire qu'ils sont absolument bons dans le sens qui transcende la dualité du bien et du mal. Pour citer un exemple : « Un Jour, Pan Shan (Ban-zan) passait par hasard devant une boucherie. Il entendit un client dire : "Donnez-moi une livre de viande fraîche". Ce à quoi le marchand, posant son couteau, répondit : "Certainement monsieur. Pourrait-il y avoir de la viande qui ne soit pas fraîche dans ma boutique ?". Pan Shan, entendant ces remarques, et fut aussitôt éclairé. »

---

1. *Mahaparinirvana-sutra.*

16. Shakya Muni et le fils prodige

Un grand problème avec nous est que nous ne croyons pas à la moitié du bien que nous possédons à la naissance. Nous sommes comme le fils unique d'un riche, comme nous le dit l'auteur du *Saddharma-pundarika-sutra*[1], qui, oublieux de son riche héritage, quitte sa maison et mène une vie au jour le jour comme un coolie. Comme il est misérable de voir quelqu'un qui, n'ayant aucune foi en sa noble dotation, enterre le précieux joyau de la nature de Bouddha dans les immondices des vices et des crimes, gaspille son excellent génie dans des efforts qui ne manqueront pas de déshonorer son nom, devient la proie de remords amers et de doutes, et se jette dans la gueule de la perdition. Shakya Muni, plein d'amour paternel envers tous les êtres, nous regarda avec compassion, son fils prodige, et employa tous les moyens pour ramener chez lui l'homme à moitié affamé. C'est pour cela qu'il quitta le palais, sa femme et son fils bien-aimé, qu'il pratiqua l'automortification et la méditation prolongée, qu'il atteignit l'illumination et qu'il prêcha le Dharma pendant quarante-neuf ans. En d'autres termes, toutes ses forces et tous ses efforts furent concentrés sur ce seul but, qui était d'amener le fils prodige dans son riche manoir de nature de Bouddha. Il enseigna, non seulement par des mots, mais aussi par son propre exemple, que l'homme possède la nature de Bouddha, par le déploiement de laquelle il peut se sauver des misères de la vie et de la mort, et s'élever à un niveau supérieur à celui des dieux. Lorsque nous sommes éclairés, ou lorsque l'Esprit universel s'éveille en nous, nous ouvrons la source inépuisable des vertus et des excellences, et nous pouvons en faire librement usage à notre gré.

17. La parabole du moine et de la femme stupide

Les personnes confuses ou non éclairées peuvent être comparées à un moine et à une femme stupide dans une parabole japonaise qui se déroule comme suit : « Un soir, un moine (qui avait l'habitude de se faire complètement raser le crâne), s'étant enivré contre les préceptes moraux, rendit visite à une femme, connue comme une idiote, chez elle. À peine était-il entré dans sa chambre que la femme s'endormit si profondément que le moine ne put la réveiller de sa sieste. Il se décida alors à utiliser tous les moyens possibles pour la réveiller, et chercha encore et encore dans toute la pièce un instrument qui l'aiderait dans sa tâche de la sortir d'un sommeil de mort. Heureusement, il trouva un rasoir dans l'un des tiroirs de sa coiffeuse. Il lui donna un coup de rasoir sur son crâne, mais elle ne bougea pas d'un poil. Puis un autre coup, et elle ronfla comme le tonnerre. Le troisième et quatrième coups vinrent, mais sans meilleur

1. Voir *Les Livres sacrés de l'Est*, volume XXI, chapitre IV, pages 98 à 118.

résultat. Enfin, il lui rasa complètement la tête, mais elle continua de dormir. Le lendemain, à son réveil, elle ne trouva pas son visiteur, le moine, car il avait quitté la maison la nuit précédente. "Où est mon visiteur, où est mon cher moine?" cria-t-elle à haute voix, se réveillant dans un état de somnambulisme, elle le chercha en vain, répétant son cri. Quand enfin sa main toucha accidentellement son crâne rasé, elle le prit pour celui de son visiteur et s'exclama: "Vous voilà, mon cher, où suis-je donc moi-même parti?" » Un grand problème avec les confus est leur oubli du vrai soi ou de la nature de Bouddha, et ne pas savoir *où il est parti*. Le duc Ngai, de l'État de Lu, dit un jour à Confucius: «Un de mes sujets, monsieur, est si distrait qu'il oublia de prendre sa femme quand il changea de résidence. » Le sage répondit: « Ce n'est pas grand-chose, monseigneur, les empereurs Kieh[1] et Cheu[2] se sont oubliés eux-mêmes. »[3]

18. «Chaque sourire est un hymne, chaque parole bienveillante est une prière»

Le soleil glorieux de la nature de Bouddha brille au zénith de la conscience éclairée, mais les hommes rêvent encore d'une illusion. Les cloches et les horloges de l'Église universelle proclament l'aube de Bodhi, mais les hommes, ivres des liqueurs des trois poisons[4], somnolent encore dans les ténèbres du péché. Prions Bouddha, au sein duquel nous vivons, pour le bien de notre propre salut. Invoquons Bouddha, dont la miséricorde sans limites nous assaille toujours, pour la joie et la paix de tous nos semblables. Adorons-le par notre sympathie envers les pauvres, par notre bonté envers ceux qui souffrent, pas notre pensée du sublime et du bien.

«Ô homme frère, serre dans ton cœur ton frère;

Là où demeure la pitié, la paix de Dieu est là;

Vénérer correctement, c'est s'aimer les uns les autres,

Chaque sourire est un hymne, chaque mot gentil est une prière. »

Whittier

Alors, que votre cœur soit donc si pur que vous ne soyez pas indigne du soleil qui vous éclaire de la lumière de l'Esprit universel. Que votre pensée soit si noble que vous puissiez mériter de belles fleurs qui fleurissent devant vous, vous rappelant le Bouddha miséricordieux. Que votre vie soit si bonne que vous n'ayez pas à avoir honte de vous-même en présence du Bienheureux. Telle est la piété des mahāyānistes, en particulier des pratiquants du zen.

1. Le dernier empereur de la dynastie des Ha, connu pour ses vices. Son règne dura de 1818 à 1767 avant J.-C.
2. Le dernier empereur de la dynastie des Yin, l'un des pires despotes. Son règne dura de 1154 à 1122 avant J.-C.
3. *Ko-shi-ke-go.*
4. La luxure, la colère et la folie.

19. Le monde est dans le devenir

Notre affirmation est loin de supposer que la vie est maintenant complète, et qu'elle se trouve dans son meilleur état. Au contraire, elle est pleine de défauts et de lacunes. Il ne faut pas s'enflammer pour la civilisation moderne, quelle que soit la grande victoire qu'elle ait remportée de son côté. Sans aucun doute, l'homme est encore dans son berceau. Il tend souvent les mains pour atteindre son idéal supérieur, mais il se contente toujours de jouets sans valeurs. C'est un fait flagrant pour que nous l'ignorions : la foi dans la religion se meurt dans le cercle des savants de la société. L'insincérité, la lâcheté et le double langage occupent des positions élevées dans presque toutes les communautés. Lucrèse et Ezzeling regardent la multitude affamée depuis leur palais luxueux. Mammon et Bacchus s'attaquent parfois à leurs victimes vivantes. Même la religion se range souvent du côté de la dispute. La piété prend part à la cruauté. L'anarchie est toujours prête à s'abattre sur les êtres couronnés. La philosophie est disposée à faire la sourde oreille à la pétition de paix, alors que la science alimente le feu de la querelle.

L'âge d'or de l'homme s'est-il donc terminé dans un passé lointain ? L'apocalypse, arrive-t-elle à la place ? Entendez-vous l'appel de la trompette ? Sentez-vous la terre trembler ? Non, absolument pas, l'âge d'or n'est pas encore passé. Il reste à venir. Il n'y en a pas beaucoup qui pensent que le monde est achevé, et que le Créateur a terminé Son œuvre. Cependant, nous sommes témoins qu'Il travaille encore et toujours, car nous entendons Ses coups de marteau résonner dans le ciel et sur la terre. Ne nous montre-t-il pas de nouveaux matériaux pour Sa construction ? Ne donne-t-il pas de nouvelles formes à Sa conception ? Ne nous surprend-il pas par Ses nouveautés, Ses choses extraordinaires et Ses mystères ? En un mot, le monde est en progrès et non en régression.

Un cours d'eau ne coule pas en ligne droite. Il tourne à droite, puis à gauche, puis il dévale un précipice, puis arrose de riches champs, puis retourne vers sa source. Cependant, il est destiné à trouver sa sortie dans l'océan. Il en va de même pour le cours de la vie. Il saute dans le précipice de la révolution. Puis il enrichit le champ fertile de la civilisation. Puis il s'élargit en un lac limpide de paix. Puis il forme le dangereux typhon de la lutte. Mais son cours se dirige toujours vers l'océan des Lumières, dans lequel on peut trouver les joyaux de l'égalité et de la liberté, les joyaux de la vérité et de la beauté, les trésors de la sagesse et de la félicité.

20. Le progrès et l'espoir de la vie

Combien de myriades d'années se sont écoulées depuis que les joyaux de la vie ont fait leur apparition sur la terre, nul ne peut le dire. Combien de milliers d'étés et d'hivers lui a-t-il fallu pour se développer en animal supérieur, aucun scientifique ne peut le calculer exactement. Doucement, mais sûrement, elle a suivi son cours sinueux et, gravissant pas à pas la série de l'évolution, elle a finalement atteint le niveau de l'animal rationnel. Nous ne pouvons pas dire combien de milliards d'années il nous faudra pour nous développer et devenir des êtres supérieurs à l'homme lui-même, mais nous croyons fermement qu'il nous est possible de suivre le même cours infaillible que celui qu'ont suivi les pierres organiques dans le passé. L'humanité actuelle n'est pas la même que l'humanité primitive. C'est une tout autre race. Nos désirs et nos espoirs sont entièrement différents de ceux de l'homme primitif. Ce qui était de l'or pour eux est à présent du fer pour nous. Nos pensées et nos croyances sont ce dont ils n'ont jamais rêvé. Ils ne connaissaient presque rien de nos connaissances. Ce qu'ils gardaient en vénération, nous le foulons aux pieds. Les choses qu'ils vénéraient comme des divinités nous servent maintenant comme esclaves. Les choses qui les troublaient et les torturaient, nous les transformons en utilitaires. Pour ne rien dire des coutumes, des manières et du mode de vie qui ont subi des changements extraordinaires, nous sommes d'une race, dans le corps et l'esprit, autre que les ancêtres primitifs du bon vieux temps.

En outre, nous avons toutes les raisons de croire à l'amélioration de la vie. Jetons un coup d'œil sur l'état actuel du monde. Tandis que la guerre turco-italienne poussait son cri féroce, la révolution chinoise levait la tête devant le trône tremblant. Qui peut dire si une autre affaire sanglante n'éclatera pas avant que l'effusion de sang bulgare ne prenne fin ? Toujours est-il que nous croyons que, comme le feu chasse le feu (pour reprendre la phrase de Shakespeare), ainsi la guerre chasse la guerre. De même qu'un océan, qui séparait deux nations dans le passé, sert à les unir aujourd'hui, de même une guerre, qui séparerait deux peuples dans le passé, les amène à s'unir aujourd'hui. Il va sans dire que chaque nation gémit sous le poids des canons et des navires de guerre, et désire ardemment la paix. Aucune nation ne peut volontairement faire la guerre à une autre nation. C'est contre la conscience nationale. Il n'est pas exagéré de dire que le monde tout entier est à l'écoute des nouvelles de la déesse de la paix. Un temps viendra sûrement, si notre objectif est constant et notre résolution ferme, où la paix universelle sera restaurée, et où le précepte de Shakya Muni, « ne pas tuer », sera réalisé par l'humanité entière.

21. L'amélioration de la vie

Encore une fois, les gens semblent aujourd'hui ressentir vivement la blessure des résultats économiques de la guerre, mais ils sont insensibles à ses blessures morales. De même que les éléments ont leurs affinités, que les corps ont leurs attractions, que les créatures ont leur instinct de vie commune, de même les hommes ont leur amour mutuel inné. « Dieu a divisé l'homme en hommes pour qu'ils puissent s'entraider ». Leur force réside dans leur entraide, leur plaisir est dans leur amour réciproque, et leur perfection est dans le fait de donner et de recevoir du bien en alternance. C'est pourquoi Shakya Muni dit : « Soyez miséricordieux envers tous les êtres vivants ». Prendre les armes contre toute autre personne est illégal pour tout individu. C'est la violation de la loi universelle de la vie. Nous ne nions pas qu'il n'y ait un petit nombre de personnes si misérables qu'elles se réjouissent de leurs crimes, ni qu'il n'y ait personne qui n'ait plus ou moins de taches sur son caractère, ni que les moyens de commettre des crimes soient multipliés en proportion des progrès de la civilisation moderne. Pourtant, nous croyons toujours que notre vie sociale brise sans cesse notre caractère vorace que nous avons hérité de nos ancêtres barbares et, que l'éducation ne cesse d'user la nature cannibale que nous avons en commun avec les animaux sauvages. D'une part, les signes de la morale sociale se manifestes partout, tels que dans la création des asiles pour les orphelins, des refuges pour les sans-abri, des maisons de correction, des logements pour les sans-abri, des asiles pour les pauvres, des hôpitaux de charité, des cliniques vétérinaires, des associations pour la prévention de la cruauté animale, des écoles pour les aveugles et les muets, des asiles pour les fous, etc. D'autre part, diverses découvertes et inventions ont été faites qui peuvent contribuer à l'amélioration sociale, comme la découverte des rayons X et du radium, l'invention du télégraphe sans fil et celle de l'aviation et ainsi de suite. En outre, des prodiges spirituels tels que la clairvoyance, clairaudience, la télépathie, etc., nous rappellent les possibilités de développement spirituel de l'homme, dont il n'a jamais rêvé. Ainsi, la vie s'enrichit et s'ennoblit pas à pas, et devient de plus en plus porteuse d'espoir à mesure que nous avançons sur le chemin de Bouddha.

22. Le Bouddha de la miséricorde

Milton dit :

« La vertu peut être assaillie, mais jamais blessée ;
Surpris par une force injuste, mais pas captivée.
Mais le mal doit reculer sur lui-même,
Et ne se mélangera plus à la bonté. Si cela échoue,
Le firmament à piliers est pourri,
Et la base de la terre construite sur du chaume. »

Le monde est construit sur le fondement de la moralité, qui est un autre nom pour l'Esprit universel, et l'ordre moral le soutient. Nous, les êtres humains, conscients ou non, étions, sommes et serons à l'œuvre pour amener le monde à la perfection. Cette idée est exprimée de manière allégorique dans les sutras bouddhistes,[1] qui décrivent l'avènement d'un Bouddha miséricordieux nommé Maitreya dans un avenir lointain. Il explique qu'à cette époque, il n'y aura pas de collines escarpées, pas d'endroits sales, pas d'épidémie, pas de famines, pas de tremblement de terre, pas de tempête, pas de guerre, pas de révolution, pas d'effusion de sang, pas de cruauté et pas de souffrance. Les routes seront pavées en douceur, l'herbe et les arbres fleuriront toujours, les oiseaux chanteront toujours, les hommes seront satisfaits et heureux. Tous les êtres sensibles vénéreront le Bouddha de la miséricorde, accepteront sa doctrine et atteindront l'illumination. Cette prophétie se réalisera, selon le sutra, 5 670 000 000 d'années après la mort de Shakya Muni. Cela nous montre clairement que le but de la vie du mahayaniste est de faire ressortir la lumière innée de la nature de Bouddha de l'homme pour illuminer le monde, de réaliser la fraternité universelle de tous les êtres sensibles, d'atteindre l'illumination et de profiter de la paix et de la joie vers lesquelles l'Esprit universel nous conduit.

---

1. Voir le *Catalogue de Nanjo*, N° 204-209

CHAPITRE VI

ILLUMINATION

1. L'illumination est au-delà de la description et de l'analyse

Dans les chapitres précédents, nous eûmes plusieurs fois l'occasion de nous référer au problème central du zen ou de l'illumination, dont il était vain de vouloir expliquer ou analyser le contenu. Nous ne devions pas l'expliquer ou l'analyser, car ce faisant, nous ne pouvions qu'induire le lecteur en erreur. Nous pouvions aussi bien représenter les illuminations par des explications ou des analyses que la personnalité par des instantanés ou des opérations anatomiques. De même que notre vie intérieure, directement vécue en nous, était tout autre chose que la forme de la tête, ou les traits du visage, ou la posture du corps, de même l'illumination vécue par les pratiquants du zen au moment de leur plus haut Samadhi[1] était tout autre chose que l'analyse psychologique du processus mental, ou l'explication épistémologique de la cognition, ou la généralisation philosophique des concepts. L'illumination ne pouvait être réalisée que par les illuminés, et défait toute tentative de la décrire, même par les illuminés eux-mêmes. Les pratiquants du zen comparaient souvent l'effort des personnes confuses pour deviner l'illumination, à l'effort des aveugles qui touchent un éléphant pour savoir à quoi il ressemble. Certains d'entre eux qui touchent le tronc déclarent qu'il ressemble à une corde, mais ceux qui touchent le ventre déclarent qu'il ressemble à un énorme tambour, tandis que ceux qui touchent les pieds déclarent qu'il ressemble au tronc d'un arbre. Mais aucune de ces conjectures ne peut se rapprocher de l'éléphant vivant.

---

[1]. La contemplation abstraite, que les pratiquants du zen distinguent du Samadhi, pratiqué par les brahmanes. L'auteur de *An Outline of Buddhist Sects* souligne cette distinction en disant : « La contemplation des religieux extérieurs est pratiquée avec l'opinion hétérodoxe que les mondes inférieurs (les mondes des hommes, des bêtes, etc.) sont dégoûtants, mais que les mondes supérieurs (les mondes des Dévas) sont désirables ; la contemplation des gens ordinaires (croyants laïcs ordinaires du bouddhisme) est pratiquée avec la croyance en la loi du karma, et aussi avec le dégoût (pour les mondes inférieurs) et le désir (pour les mondes supérieurs) ; la contemplation de l'hinayana est pratiquée avec un aperçu de la vérité de l'Anatman (non-âme) ; la contemplation du mahayana est pratiquée avec un aperçu de l'irréalité de l'Atman (âme) ainsi que du dharma (chose) ; La contemplation de la plus haute perfection est pratiquée en considérant que l'esprit est pur dans sa nature, qu'il est doté d'une sagesse non polluée, qu'il est libre de toute passion et qu'il n'est autre que le Bouddha lui-même. »

2. L'illumination implique une compréhension de la nature du Soi

Nous ne pouvons cependant pas passer outre ce lourd problème sans dire un mot. Nous essaierons dans ce chapitre de présenter l'illumination au lecteur de manière détournée, tout comme le peintre donne les esquisses fragmentaires d'une belle ville, étant incapable d'en donner même une vue à vol d'oiseau. L'illumination implique, tout d'abord, un aperçu de la nature du Soi. C'est une émancipation de l'esprit de l'illusion concernant le Soi. Toutes les sortes de péchés s'enracinent profondément dans la mauvaise conception du Soi, et en poussant les branches de la luxure, de la colère et de la folie, ils jettent des ombres sombres sur la vie. Pour extirper cette idée fausse, le bouddhisme[1] nie fortement l'existence de l'âme individuelle telle que la conçoit le sens commun, c'est-à-dire cette entité spirituelle immuable dotée de la vue, de l'ouïe, du toucher, de l'odorat, du sentiment, de la pensée, de l'imagination, de l'aspiration, etc. qui survit au corps. Elle nous enseigne que l'âme n'existe pas et que la notion d'âme est une grossière illusion. Elle traite le corps comme une forme de vie matérielle temporelle, vouée à être détruite par la mort et réduite à nouveau à ses éléments. Elle soutient que l'esprit est également une forme de vie spirituelle temporelle, derrière laquelle il n'y a pas d'âme immuable.

Un esprit illusoire a tendance soit à considérer le corps comme le Soi et à aspirer à ses intérêts matériels, soit à croire que l'esprit dépend de l'âme en tant qu'ego. Ceux qui s'adonnent aux plaisirs sensuels, consciemment ou inconsciemment, prennent le corps pour le Soi et restent toute leur vie esclaves des objets des sens. Ceux qui considèrent l'esprit comme dépendant de l'âme en tant que Soi, en revanche, sous-estiment le corps et le considèrent comme un simple outil avec lequel l'âme travaille, et sont enclins à dénoncer la vie comme si elle était indigne d'être vécue. Nous ne devons pas sous-estimer le corps ni surestimer l'esprit. Il n'y a pas d'esprit isolé du corps, pas plus qu'il n'y a de corps séparé de l'esprit. Toute activité de l'esprit produit des changements chimiques et physiologiques dans les centres nerveux, dans les organes et finalement dans tout le corps ; tandis que toute activité du corps est sûre de provoquer le changement correspondant dans la fonction mentale et finalement dans toute la personnalité. Nous avons l'expérience intérieure du chagrin lorsque nous avons simultanément l'apparence extérieure des larmes et de la pâleur ; lorsque nous avons l'apparence extérieure des yeux ardents et

---

1. Le bouddhisme du mahayana et de l'hinayana enseigne la doctrine de l'Anatman, ou non-soi. C'est la négation de l'âme telle que la conçoit le sens commun, et de l'Atman tel que le conçoivent les penseurs indiens hétérodoxes. Certains mahayanistes croient en l'existence d'un soi réel au lieu d'un soi individuel, comme on le voit dans le *Mahaparinirvana-sutra*, dont l'auteur dit : « Il y a un soi réel dans le non-soi. » Il est à noter que les hinayanistes énoncent la pureté, le plaisir, l'Atman et l'éternité, comme les quatre grandes idées fausses sur la vie, alors que le même auteur les considère comme les quatre grands attributs du nirvana lui-même.

du souffle court, nous avons simultanément le sentiment intérieur de la colère. Ainsi, le corps est l'esprit observé extérieurement dans sa relation avec les sens; l'esprit est le corps expérimenté intérieurement dans sa relation avec l'introspection. Qui peut tracer une ligne de démarcation stricte entre l'esprit et le corps? Nous devrions admettre, dans la mesure de nos connaissances actuelles, que l'esprit, l'intangible, a été formé pour revêtir un habit de matière afin de devenir une existence intelligible à tous; la matière, le solide, s'est évanouie sous l'examen, dans l'informe, comme celle de l'esprit. Le zen croit en l'identification de l'esprit et du corps, comme le dit Do-gen[1]: «Le corps est identique à l'esprit; l'apparence et la réalité sont une seule et même chose.»

Bergson nia l'identification de l'esprit et du corps, en disant:[2] «Elle (l'expérience) nous montre l'interdépendance du mental et du physique, la nécessité d'un certain substrat cérébral pour l'état psychique – rien de plus. Du fait que deux choses sont mutuellement dépendantes, il ne s'ensuit pas qu'elles sont équivalentes. Parce qu'une certaine vis est nécessaire à une certaine machine, parce que la machine fonctionne quand la vis est là et s'arrête quand la vis est enlevée, nous ne disons pas que la vis est l'équivalent de la machine.» La comparaison de Bergson entre une vis et une machine était tout à fait inadéquate pour montrer l'interdépendance de l'esprit et du corps, car la vis fait fonctionner la machine, mais la machine ne fait pas fonctionner la vis, de sorte que leur relation n'est pas une interdépendance. Au contraire, le corps fait fonctionner l'esprit, et en même temps l'esprit fait fonctionner le corps; de sorte que leur relation est parfaitement interdépendante, et la relation n'est pas celle d'une addition de l'esprit au corps, ou du corps à l'esprit, comme la vis est ajoutée à la machine. Bergson devait avoir comparé le fonctionnement de la machine avec l'esprit, et la machine elle-même avec le corps, s'il voulait montrer le fait réel. De plus, il n'avait pas raison d'affirmer que «du fait que deux choses sont mutuellement dépendantes, il ne s'ensuit pas qu'elles sont équivalentes», car il y a plusieurs sortes d'interdépendance, dans certaines desquelles deux choses peuvent être équivalentes. Par exemple, les briques, qui dépendent les unes des autres pour former une arche, ne peuvent pas être équivalentes les unes aux autres; mais l'eau et les vagues, qui dépendent les unes des autres, peuvent être identifiées. De même, le feu et la chaleur, l'air et le vent, une machine et son fonctionnement, l'esprit et le corps[3].

1. Le maître condamne fermement l'immortalité de l'âme comme une doctrine hétérodoxe dans son *Sho-bo-gen-zo*. On trouve le même argument dans *Mu-chu-mon-do*, de Mu-so Koku-shi.
2. *L'évolution créative*, pp. 354, 355.
3. Bergson, argumentant contre la dépendance de l'esprit par rapport au cerveau, dit: «Qu'il y ait un lien étroit entre un état de conscience et le cerveau, nous ne le contestons pas. Mais il existe aussi un lien étroit entre un manteau et le clou auquel il est suspendu, car si l'on arrache le clou, le manteau tombe à terre. Peut-on dire alors que la forme du clou a donné la forme du manteau, ou qu'elle lui correspond d'une manière ou d'une autre? Pas plus que nous n'avons

3. L'irrationalité de la croyance en l'immortalité

Les esprits occidentaux croient en une entité mystérieuse du nom d'âme, tout comme les penseurs indiens croient en un corps dit subtil, entièrement distinct du corps brut de chair et de sang. L'âme, selon cette croyance, est un principe actif qui unit le corps et l'esprit de manière à former un ensemble harmonieux d'activités, mentales aussi bien que corporelles. Elle agit par l'intermédiaire de l'esprit et du corps dans la vie présente, et jouit d'une vie éternelle au-delà de la tombe. C'est sur cette âme que repose l'immortalité individuelle. Elle est le Soi immortel.

Or, sans parler de l'origine de l'âme, cette croyance longtemps entretenue n'est guère utile. En premier lieu, elle n'apporte aucune lumière sur la relation entre l'esprit et le corps, car l'âme est un nom vide pour l'unité de l'esprit et du corps et ne sert à rien. Au contraire, elle ajoute un mystère de plus aux relations déjà mystérieuses entre la matière et l'esprit. Deuxièmement, l'âme doit être conçue comme un individu psychique soumis à des déterminations spatiales, mais comme elle doit être privée par la mort de son corps qui l'individualise, elle cessera d'être une individualité après la mort, à la déception du croyant. Comment pouvez-vous penser que quelque chose de purement spirituel et sans forme existe sans se mélanger à d'autres choses ? Troisièmement, elle ne permet pas de satisfaire le désir, cher au croyant, ni de jouir de la vie éternelle, car l'âme doit perdre son corps, le seul moyen important par lequel elle peut jouir de la vie. Quatrièmement, l'âme est prise comme sujet pour recevoir dans la vie future la récompense ou la punition de Dieu pour nos actions dans cette vie ; mais l'idée même d'une punition éternelle est incompatible avec l'amour illimité de Dieu. Cinquièmement, il ne fait aucun doute que l'âme est conçue comme une entité qui unifie les diverses facultés mentales, et existe en tant que fondement de la personnalité individuelle. Mais l'existence d'une telle âme est tout à fait incompatible avec le fait pathologique bien connu qu'il est possible pour l'individu d'avoir des personnalités doubles ou triples ou multiples. Ainsi, la croyance en l'existence de l'âme, conçue par le sens commun, s'avère non seulement irrationnelle, mais un encombrement inutile pour l'esprit religieux. C'est pourquoi le zen déclare que l'âme n'existe pas, et que l'esprit et le corps ne font qu'un. Pour citer un exemple, Hwui Chung (Ye-chu), un célèbre disciple du sixième patriarche en Chine, demanda un jour à un moine : « D'où venez-vous ? » « Je suis venu, monsieur, du sud », répondit l'homme. « Quelle doctrine enseignent les maîtres du sud ? » demanda à nouveau Hwui Chung.

le droit de conclure, parce que le fait psychique est accroché à un état cérébral, qu'il existe un parallélisme quelconque entre les deux séries, psychique et physiologique. » Nous devons nous demander à quels égards l'interrelation entre l'esprit et le corps ressemble à la relation entre un manteau et un clou.

«Ils enseignent, monsieur, que le corps est mortel, mais que l'esprit est immortel» fut la réponse. «Cela,» dit le maître, «est la doctrine hétérodoxe de l'Atman!» «Comment enseignez-vous, monsieur,» demanda le moine, «à ce sujet?». «J'enseigne que le corps et l'esprit sont un» fut la réponse.[1]

Fiske,[2] dans son argument contre le matérialisme, blâmait la négation de l'immortalité, en disant: «La supposition matérialiste qu'il n'existe pas un tel état de choses, et que la vie de l'âme se termine en conséquence avec la vie du corps est peut-être l'exemple le plus colossal de supposition sans fondement que connaisse l'histoire de la philosophie.» Mais nous pouvons dire avec la même conviction que l'hypothèse de bon sens, selon laquelle la vie de l'âme se poursuit au-delà de la tombe, est, peut-être, l'exemple le plus colossal d'hypothèse sans fondement que l'on connaisse dans l'histoire de la pensée, parce que, comme il n'y a pas de preuves scientifiques qui permettent d'étayer cette hypothèse, les spirites eux-mêmes hésitent à affirmer l'existence d'un fantôme ou d'une âme. Il[3] dit encore: «Avec cette hypothèse illégitime de l'annihilation, le matérialiste transgresse les limites de l'expérience aussi largement que le poète qui chante la nouvelle Jérusalem avec son fleuve de vie et sa rue d'or. Scientifiquement parlant, il n'y a pas une particule de preuve pour l'un ou l'autre point de vue.» Cela revient à dire qu'il n'y a pas une particule de preuve, scientifiquement parlant, pour la vision de l'âme du sens commun, car la description de la nouvelle Jérusalem par le poète n'est rien d'autre que le résultat de la croyance du sens commun en l'immortalité.

4. L'analyse de la notion du Soi

La croyance en l'immortalité est fondée sur le puissant instinct de conservation qui suscite un désir insatiable de longévité. C'est une autre forme d'égoisme, une des reliques de nos ancêtres brutes. Nous devons garder à l'esprit que cette illusion du Soi individuel est le fondement sur lequel toute forme d'immoralité a son origine. Je défie mes lecteurs de trouver dans toute l'histoire de l'humanité un crime qui ne soit pas basé sur l'égoisme. Les malfaiteurs ont été en général des chasseurs de plaisirs, des chercheurs d'argent, des chercheurs d'intérêts personnels, caractérisés par la luxure, la folie et la cruauté. Y a-t-il quelqu'un qui a commis un vol pour servir les intérêts de ses villageois? Y a-t-il un amant qui s'est déshonoré pour aider ses voisins? Y a-t-il eu un traître qui a eu une conduite ignoble pour promouvoir le bien-être de son pays ou de la société en général?

---

1. Pour plus d'explications, voir *Sho-bo-gen-zo* et *Mu-chu-mon-do*.
2. *Le destin de l'homme*, p. 110.
3. *Le destin de l'homme*, p. 110, 111.

Pour devenir éclairés, nous devons donc corriger, tout d'abord, nos notions concernant le Soi. Le corps et l'esprit individuels ne sont pas les seuls constituants importants du Soi. Il existe de nombreux autres éléments indispensables dans la notion de Soi. Par exemple, je suis venu à la vie comme une autre forme de mes parents. Je suis eux et on peut à juste titre dire que je suis leur réincarnation. Et encore, mon père est une autre forme de ses parents, ma mère des siens, ses parents et les siens des leurs, et ainsi de suite. En bref, tous mes ancêtres vivent et ont leur être en moi. Je ne peux donc m'empêcher de penser que mon état physique est le résultat de la somme totale de mes actions, bonnes et mauvaises, dans les vies passées que j'ai menées en la personne de mes ancêtres, et de l'influence que j'y ai reçue,[1] et que mon état psychique est le résultat de ce que j'ai reçu, senti, imaginé, conçu, vécu et pensé dans mes existences passées en la personne de mes ancêtres.

En outre, mes frères, mes sœurs, mes voisins, tous mes compagnons et compagnes ne sont que la réincarnation de leurs parents et de leurs ancêtres, qui sont aussi les miens. Le même sang a revigoré le roi comme le mendiant ; le même nerf a dynamisé les hommes blancs comme les hommes noirs ; la même conscience a vitalisé les sages comme les imprudents. Il est impossible de me concevoir comme indépendant de mes semblables, hommes et femmes, car ils sont à moi et je suis à eux, c'est-à-dire que je vis et me déplace en eux, et qu'ils vivent et se déplacent en moi.

Il est tout à fait absurde de dire que je vais à l'école, non pas pour m'instruire en tant que membre de la société, mais simplement pour satisfaire mon désir individuel de connaissance ; ou bien que je fais fortune, non pas pour mener la vie d'une personne aisée dans la société, mais pour satisfaire mon instinct individuel d'amoureux de l'argent ; ou que je cherche la vérité, non pas pour faire du bien à mes contemporains ou aux générations futures, mais seulement pour ma curiosité individuelle ; ou bien que je ne vis ni pour vivre avec ma famille, ni avec mes amis, ni avec personne d'autre, mais pour vivre ma vie individuelle. Il est aussi absurde de dire que je suis un individu absolument indépendant de la société, que de dire que je suis un mari sans femme, ou que je suis un fils sans parents. Quoi que je fasse, directement ou indirectement, je contribue à la fortune commune de l'homme ; tout ce que quelqu'un d'autre fait, directement ou indirectement, détermine mon sort. Nous devons donc nous rendre compte que notre moi inclut nécessairement les autres membres de la communauté, tandis que le moi des autres membres nous comprend nécessairement.

---

1. C'est la loi du karma.

5. La nature est la mère de toutes choses

En outre, l'homme est né de la nature. Il est son enfant. Elle lui a fourni nourriture, vêtement et abri. Elle le nourrit, le fortifie et le vitalise. En même temps, elle le discipline, le punit et l'instruit. Son corps est formé par elle, son savoir aussi, et ses activités sont les réponses à ce qu'elle lui adresse. La civilisation moderne est considérée par certains comme la conquête de l'homme sur la nature ; mais, en fait, c'est son obéissance fidèle envers celle-ci. « Bacon a vraiment dit, » dit Eucken,[1] « que pour gouverner la nature, l'homme doit d'abord la servir. Il a oublié d'ajouter que, comme il la gouverne, il est encore destiné à continuer à la servir. » Elle ne peut jamais être attaquée par aucun être, à moins qu'il n'agisse en stricte conformité avec ses lois. Il est aussi impossible d'accomplir quoi que ce soit contre sa loi, que de pêcher des poissons dans une forêt, ou de faire du pain avec du rocher. Combien d'espèces animales ont péri parce qu'elles n'ont pas su suivre ses pas ! Combien de fortunes immenses ont été perdues en vain par l'ignorance de son ordre par l'homme ! Combien d'êtres humains ont disparu sur la terre par leur désobéissance à sa volonté inflexible ! Elle est pourtant fidèle à ceux qui obéissent à ses règles. La science n'a-t-elle pas prouvé qu'elle est véridique ? L'art n'a-t-il pas constaté qu'elle est belle ? La philosophie n'a-t-elle pas annoncé qu'elle est spirituelle ? La religion n'a-t-elle pas proclamé qu'elle est bonne ? En tout cas, elle est la mère de tous les êtres. Elle vit en toutes choses et celles-ci vivent en elle. Tout ce qu'elle possède est à eux, et tout ce qu'ils veulent, elle le leur fournit. Sa vie est la même vitalité que celle qui anime tous les êtres sensibles. Chwang Tsz[2] (So-shi) avait raison de dire : « Le ciel, la Terre et moi avons été produits ensemble, et toutes les choses et moi sommes un. » Et encore : « Si toutes les choses sont considérées avec amour, le ciel et la Terre ne font qu'un avec moi. » Sang Chao (So-jo) disait aussi : « Le ciel et la Terre sont de la même racine que nous. Toutes les choses du monde sont d'une seule substance avec moi. »[3]

6. Le vrai Soi

S'il n'y a pas d'âme individuelle, ni dans l'esprit ni dans le corps, où se trouve la personnalité ? Qu'est-ce que le Soi réel ? En quoi diffère-t-il de l'âme ? Le Soi est une entité vivante, non pas immuable comme l'âme, mais mutable, et en perpétuel changement, qui est le corps lorsqu'il est observé par les sens, et qui est l'esprit lorsqu'il est expérimenté par introspection. Ce n'est pas une entité qui se trouve derrière le corps et l'esprit, mais la vie qui existe en tant qu'union

1. *La philosophie de la vie* d'Eucken, par W.R. Royce Gibbon, p. 51
2. Chwang Tsz, vol. I., p. 20.
3. C'est un des sujets de discussion favoris des pratiquants du zen.

du corps et de l'esprit. Elle a existé chez nos ancêtres dans le passé, elle existe dans le présent et elle existera dans les générations futures. Elle se révèle également, dans une certaine mesure, dans les végétaux et les animaux, et s'efface dans la nature inorganique. Elle est vie cosmique et esprit cosmique, et en même temps vie individuelle et esprit individuel. C'est une seule et même vie qui embrasse les hommes et la nature. C'est le principe auto-existant, créateur, universel, qui se déplace d'éternité en éternité. En tant que tel, il est appelé esprit ou Soi par les pratiquants du zen. Pan Shan (Ban-zan) dit : « La lune de l'esprit englobe tout l'univers dans sa lumière ». Un homme demanda à Chang Sha (Cho-sha) : « Comment pouvez-vous transformer l'univers phénoménal en soi ? » « Comment pouvez-vous transformer le soi en l'univers phénoménal ? » rétorqua le maître.

En effet, connaître la nature d'une goutte d'eau, c'est connaître la nature de la rivière, du lac et de l'océan, voire même de la vapeur, de la brume et des nuages ; en d'autres termes, connaître la vie individuelle est la clé du secret de la vie universelle. Nous ne devons pas confiner le Soi dans cette pauvre petite personne qu'est le corps. C'est la racine de l'égoïsme le plus pauvre et le plus misérable. Nous devrions étendre cet égoïsme à l'égoïsme familial, puis à l'égoïsme national, puis à l'égoïsme racial, puis à l'égoïsme humain, puis à l'égoïsme de l'être vivant, et enfin à l'égoïsme universel, qui n'est pas du tout un égoïsme. Ainsi, nous nions l'immortalité de l'âme telle que la conçoit le sens commun, mais nous supposons l'immortalité de la grande âme, qui anime, vitalise et spiritualise tous les êtres sensibles. C'est le bouddhisme de l'hinayana qui, le premier, nia l'existence de l'Atman ou du soi, inculquée avec tant d'insistance dans les Upanishads, et ouvrit la voie à la conception générale du Soi universel, avec les éloges dont presque chaque page des livres mahayana est remplie.

7. L'éveil de la sagesse intérieure

Après nous être libérés de la conception erronée du Soi, nous devons ensuite éveiller notre sagesse la plus intime, pure et divine, appelée l'esprit de Bouddha[1] ou Bodhi[2] ou Prajnya[3] par les maîtres zen. C'est la lumière divine, le ciel intérieur, la clé de tous les trésors moraux, le centre de la pensée et de la conscience, la source de toute influence et de tout pouvoir, le siège de la bonté, de la justice, de la sympathie, de l'amour impartial, de l'humanité et de la miséricorde, la mesure de toutes choses. Lorsque cette sagesse intime est pleinement éveillée, nous sommes en mesure de réaliser que chacun d'entre

1. Le zen est souvent appelé la secte de l'esprit de Bouddha, car il met l'accent sur l'éveil de l'esprit de Bouddha. Les mots « l'esprit du Bouddha » sont tirés d'un passage du *Lankavatara-sutra*.
2. Cette connaissance par laquelle on devient éclairé.
3. La sagesse suprême.

nous est identique en esprit, en essence, en nature, à la vie universelle ou au Bouddha, que chacun vit toujours face à face avec le Bouddha, que chacun est assailli par la grâce abondante du bienheureux, qu'il éveille sa nature morale, qu'il ouvre ses yeux spirituels, qu'il déploie sa nouvelle capacité, qu'il désigne sa mission, et que la vie n'est pas un océan de naissance, de maladie, de vieillesse et de mort, ni la vallée des larmes, mais le temple saint de Bouddha, le pays pur,[1] où l'on peut jouir de la félicité du nirvana.

Notre esprit subit alors une révolution complète. Nous ne sommes plus troublés par la colère et la haine, plus mordus par l'envie et l'ambition, plus piqués par la tristesse et le chagrin, plus accablés par la mélancolie et le désespoir. Non pas que nous devenons sans passion ou simplement intellectuels, mais nous avons des passions purifiées qui, au lieu de nous troubler, nous inspirent de nobles aspirations, telles que la colère et la haine contre l'injustice, la cruauté et la malhonnêteté, la tristesse et la lamentation pour la fragilité humaine, la joie et l'allégresse pour le bien-être des êtres humains, la pitié et la sympathie pour les créatures qui souffrent. Le même changement purifie notre intellect. Le scepticisme et le sophisme cèdent la place à la ferme conviction ; la critique et l'hypothèse au jugement juste ; la déduction et l'argumentation à la réalisation.

Ce que nous ne faisions qu'observer avant, nous le touchons aussi avec le cœur. Ce que nous savions auparavant en matière de différence, nous le comprenons maintenant en matière d'unité. La façon dont les choses se produisent était notre principale préoccupation avant, mais maintenant nous considérons aussi la valeur qu'elles ont. Ce qui était auparavant à l'extérieur de nous vient maintenant en nous. Ce qui était mort et indifférent avant devient maintenant vivant et aimable pour nous. Ce qui était insignifiant et vide avant devient maintenant important et a une signification profonde. Où que nous allions, nous trouvons la beauté ; qui que nous rencontrions, nous trouvons le bien ; tout ce que nous obtenons, nous le recevons avec gratitude. C'est la raison pour laquelle les pratiquants du zen non seulement considèrent tous leurs semblables comme des bienfaiteurs, mais ressentent de la gratitude même envers le carburant et l'eau. L'auteur connaît un pratiquant du zen contemporain qui ne boit même pas une tasse d'eau sans la saluer au préalable. Cette attitude du pratiquant du zen envers les choses peut être illustrée par l'exemple suivant : Sueh Fung (Sep-po) et Kin Shan (Kin-zan), voyageant un jour dans un district montagneux, virent une feuille de colza flotter sur le ruisseau. Sur ce, Kin Shan dit : « Remontons, cher frère, le long du ruisseau afin de trouver un sage vivant sur la montagne. J'espère que nous trouverons en lui un bon maître. » « Non », répondit Sueh Fung, « car il ne peut être un sage qui gaspille ne serait-ce qu'une feuille de colza. Il ne sera pas un bon professeur pour nous. »

---

1. Sukhavati, ou le pays de la félicité.

8. Le zen n'est pas nihiliste

Le zen jugé à partir des aphorismes des anciens maîtres zen peut sembler, à première vue, être idéaliste à l'extrême, comme ils le disent : « L'esprit est Bouddha » ou « Bouddha est l'esprit », ou « Il n'y a rien en dehors de l'esprit », ou « Les trois mondes ne sont qu'un seul esprit ». Et cela peut aussi apparaître comme du nihilisme, comme ils le disent : « Il n'y a rien depuis toute éternité », « Par l'illusion, vous voyez le château des trois mondes » ; « par l'illumination, vous ne voyez que le vide dans dix directions. »[1] En réalité, cependant, le zen[2] n'est ni idéaliste ni nihiliste. Le zen utilise l'idée nihiliste du bouddhisme de l'hinayana et attire l'attention de ses étudiants sur le changement et l'évanescence de la vie et du monde, d'abord pour détruire l'erreur de l'immutation, ensuite pour dissiper l'attachement aux objets sensuels.

C'est une tendance trompeuse de notre intellect de concevoir les choses comme si elles étaient immuables et constantes. Elle laisse souvent de côté les objets individuels changeants et concrets, et met l'accent sur l'aspect général, abstrait et immuable des choses. Elle est encline à la généralisation et à l'abstraction. Elle regarde souvent non pas telle ou telle chose, mais les choses en général. Elle aime penser non pas à une bonne chose ou à une mauvaise chose, mais au mal et au bien dans l'abstrait. Cette tendance intellectuelle durcit et pétrifie le monde vivant et croissant, et nous conduit à prendre l'univers comme une chose morte, inerte et immobile. Cette erreur d'immutation peut être corrigée par la doctrine de la transcience enseignée par le bouddhisme de l'hinayana. Mais comme un médicament pris en trop grande quantité se transforme en poison, la doctrine de la transcience a conduit les hinayanistes à la conclusion suicidaire du nihilisme. Un érudit bien connu et croyant du zen, Kwei Fung (Kei-ha) dit dans sa réfutation du nihilisme :[3]

« Si l'esprit aussi bien que les objets extérieurs sont irréels, qui sait qu'ils le sont ? De même, s'il n'y a rien de réel dans l'univers, qu'est-ce qui fait apparaître des objets irréels ? Nous sommes témoins du fait qu'il n'y a pas une seule des choses irréelles sur terre qui ne soit pas amenée à apparaître, par quelque chose de réel. S'il n'y a pas d'eau d'une fluidité immuable, comment peut-il y avoir les formes irréelles et temporaires des vagues ? S'il n'y a pas de miroir immuable, brillant et propre, comment les diverses images, irréelles et temporaires, peuvent-elles s'y refléter ? Si l'esprit ainsi que les objets extérieurs ne sont rien

---

1. Ces mots ont été prononcés à maintes reprises par les pratiquants du zen chinois et japonais de toutes les époques. Chwen Hih (Fu-dai-shi) a exprimé cette même idée dans son *Sin Wang Ming* (Shin-o-mei) à l'époque de Bodhidharma.

2. Les enseignants Rin-zai utilisent principalement la doctrine de l'irréalité de toutes choses, telle qu'elle est enseignée dans les *Prajnya-paramita-sutras*. Nous devons noter qu'il existe certaines différences entre la doctrine du mahayana de l'irréalité et la doctrine de l'hinayana de l'irréalité.

3. Voir l'appendice, chap. II, *La doctrine mahayana du nihilisme*.

du tout, personne ne peut dire ce qui cause ces apparences irréelles. Par conséquent, cette doctrine (de l'irréalité de toutes choses) ne pourra jamais révéler clairement la réalité spirituelle. C'est pourquoi le *Mahabheri-harakaparivarta-sutra* dit : "Tous les sutras qui enseignent l'irréalité des choses appartiennent à la doctrine imparfaite" (du Shakya Muni). Le *Mahaprajnya-paramita-sutra* dit : "La doctrine de l'irréalité est la porte d'entrée du mahayana." »

9. Zen et idéalisme

De plus, le zen fait usage de l'idéalisme tel qu'il est expliqué par l'école Dharmalaksana du bouddhisme du mahayana.[1] Par ailleurs, le quatrième patriarche dit : «Des centaines et des milliers de lois ont pour origine l'esprit. D'innombrables vertus mystérieuses procèdent de la source mentale.» Niu Teu (Go-zu) dit également : «Lorsque l'esprit surgit, diverses choses surgissent ; lorsque l'esprit cesse d'exister, diverses choses cessent d'exister.» Tsao Shan (So-zan) poussa le raisonnement si loin qu'il s'écria, en entendant la cloche : «Ça fait mal, ça fait mal.» Un de ses assistants lui demanda alors : «Que se passe-t-il?» «C'est mon esprit, dit-il, qui est frappé».[2]

Nous reconnaissons la vérité des considérations suivantes : il n'existe ni couleur, ni son, ni odeur dans le monde objectif, mais il y a les vibrations de l'éther, ou les ondulations de l'air, ou les stimuli des nerfs sensitifs de l'odorat. La couleur n'est rien d'autre que la traduction des stimuli en sensation par les nerfs optiques, de même que les sons par l'auditif, et les odeurs par l'odorat. Par conséquent, rien n'existe objectivement exactement comme il est perçu par les sens, mais tout est subjectif. Prenons l'électricité, par exemple : elle apparaît comme une lumière lorsqu'elle est perçue par l'œil ; elle apparaît comme un son lorsqu'elle est perçue par l'oreille ; elle apparaît comme un goût lorsqu'elle est perçue par la langue ; mais en réalité, l'électricité n'est ni une lumière, ni un son, ni un goût. De même, la montagne n'est ni haute ni basse ; la rivière n'est ni profonde ni peu profonde ; la maison n'est ni grande ni petite ; le jour n'est ni long ni court ; mais ils le semblent par comparaison. Ce n'est pas la réalité objective qui présente l'univers phénoménal devant nous, mais c'est notre esprit qui joue un rôle important. Supposons que nous n'ayons qu'un seul organe des sens, l'œil, alors l'univers entier devrait être constitué de couleurs et uniquement de couleurs. Si nous supposons que nous soyons dotés du sixième sens, qui contredit entièrement nos cinq sens, alors le monde entier serait différent. En outre, c'est notre raison qui trouve la loi de cause à effet dans le monde objectif, qui a découvert la loi d'uniformité dans la nature, et

---

1. Appendice, chap. II, *La doctrine Mahayana de Dharmalaksana.*
2. Zen-rin-rui-shu.

qui révèle les lois scientifiques dans l'univers, de manière à former un cosmos. Certains savants soutiennent que nous ne pouvons pas penser à la non-existence de l'espace, même si nous pouvons laisser de côté tous les objets qui s'y trouvent ; nous ne pouvons pas non plus douter de l'existence du temps, car l'existence de l'esprit lui-même présuppose le temps. Leur argument même, cependant, prouve la subjectivité du temps et de l'espace, car, s'ils étaient objectifs, nous devrions être capables de les penser inexistants, comme nous le faisons avec d'autres objets externes. Même l'espace et le temps ne sont donc que subjectifs.

10. L'idéalisme est un médicament puissant pour les maladies mentales créées par soi-même

Dans la mesure où l'idéalisme bouddhiste se réfère au monde des sens, dans la mesure où il ne suppose pas que connaître est identique à être, dans la mesure où il n'affirme pas que l'univers phénoménal est un rêve et une vision, nous pouvons l'admettre comme vrai. D'une part, il nous sert à purifier nos cœurs pollués par les désirs matérialistes et à nous élever au-dessus de la plaine du sensualisme ; d'autre part, il détruit les superstitions qui naissent en général de l'ignorance et du manque de conception idéaliste des choses.

Il est lamentable de constater que chaque pays regorge de ces superstitions, comme le décrivit l'un des auteurs de la *Nouvelle Pensée* : « Des dizaines de milliers de femmes dans ce pays croient que si deux personnes se regardent dans un miroir en même temps, ou si l'une remercie l'autre pour une épingle, ou si l'une donne un couteau ou un instrument tranchant à une amie, cela brisera l'amitié. Si l'on présente un dé à coudre à une jeune femme, elle sera une vieille fille. Certaines personnes pensent qu'après avoir quitté une maison, il est malheureux de retourner chercher un objet oublié et que, si l'on est obligé de le faire, il faut s'asseoir sur une chaise avant de ressortir ; que si un balai touche une personne pendant qu'elle balaie, cela porte malheur ; et qu'il est malheureux de changer de place à table. Un homme apporta une opale à un bijoutier de New York et lui demanda de l'acheter. Il lui dit qu'elle ne lui avait apporté que de la malchance, que depuis qu'elle était en sa possession, il avait échoué dans ses affaires, qu'il y avait eu beaucoup de maladies dans sa famille et que toutes sortes de malheurs s'étaient abattus sur lui. Il refusa de garder la chose maudite plus longtemps. Le bijoutier examina la pierre et constata qu'il ne s'agissait pas d'une opale, mais d'une imitation ».

L'idéalisme est un médicament très puissant pour ces maladies mentales créées par nous-mêmes. Il chasse avec succès les diables et les esprits qui fréquentent les esprits ignorants, tout comme Jésus l'a fait autrefois. Le zen se sert de l'idéalisme moral pour extirper racine et branche, tous ces rêves vains et ces fantasmagories de l'illusion, et ouvre la voie à l'illumination.

11. Scepticisme idéaliste concernant la réalité objective

Mais l'idéalisme extrême identifie « être » avec « être connu » et suppose que tous les phénomènes sont des idées, comme l'illustrèrent le *Mahayana-vidyamatra-siddhi-tridaca-castra*[1] et le *Vidyamatra-vincati-castra*[2] de Vasubandhu. Ensuite, il se sépare nécessairement du zen, qui croit en la vie universelle existant dans chaque chose et non derrière elle. L'idéalisme nous montre son côté sombre dans trois vues sceptiques : (1) le scepticisme concernant la réalité objective ; (2) le scepticisme concernant la religion ; (3) le scepticisme concernant la moralité.

Premièrement, il suppose que les choses existent dans la mesure où elles sont connues par nous. Il va de soi que si un arbre existe, on sait qu'il a un tronc long ou court, des branches grandes ou petites, des feuilles vertes ou jaunes, des fleurs jaunes ou violettes, etc. Mais cela n'implique pas du tout que « être connu » soit équivalent à « être existant ». Nous devrions plutôt dire que le fait d'être connu présuppose d'être existant, car nous ne pouvons pas connaître quelque chose de non existant, même si nous admettons que les axiomes de la logique subsistent. Encore une fois, un arbre peut être considéré comme une idée par un connaisseur, mais il peut aussi être considéré comme un abri par certains oiseaux, comme une nourriture par certains insectes, comme un monde par certains vers minuscules, comme un organisme apparenté à d'autres légumes. Comment pourriez-vous dire que sa relation avec un connaisseur est la seule et fondamentale relation pour l'existence de l'arbre ? La disparition de celui qui le connaît n'affecte pas plus l'arbre que celui qui le nourrit, et l'apparition de celui qui le connaît n'affecte pas plus l'arbre que les légumes apparentés.

L'idéalisme extrême conclut à tort que ce qui existe réellement, ou ce dont l'existence est directement prouvée ne sont que nos sensations, nos idées, nos pensées ; que le monde extérieur n'est rien d'autre que les images reflétées sur le miroir de l'esprit, et que par conséquent la réalité objective des choses est douteuse, bien plus, elles sont irréelles, illusoires et constituent des rêves. Si tel est le cas, nous ne pouvons plus distinguer le réel du visionnaire, l'éveillé du rêveur, le sain d'esprit du fou, le vrai du faux. Nous ne savons plus si la vie est réelle ou si elle est un rêve vide.

---

1. Un ouvrage philosophique sur l'idéalisme bouddhiste de Vasubandhu, traduit en chinois par Hiuen Tsang en 648. Il existe un commentaire célèbre de cet ouvrage, compilé par Dharmapala, traduit en chinois par Hiuen Tsang en 659. Voir le catalogue de Nanjo, n° 1197 et 1125.
2. Un ouvrage plus simple sur l'idéalisme, traduit en chinois par Hiuen Tsang en l'an 661. Voir le catalogue de Nanjo, n° 1238, 1239 et 1240.

12. Scepticisme idéaliste concernant la religion et la moralité

Il en va de même pour la religion et la moralité. Si nous admettons l'idéalisme extrême comme vrai, il ne peut y avoir rien d'objectivement réel. Dieu n'est guère plus qu'une image mentale. Il doit être une créature de l'esprit plutôt qu'un créateur. Il n'a pas de réalité objective. Il est quand nous pensons qu'il est. Il n'est pas quand nous pensons qu'il n'est pas. Il est à la merci de notre pensée. Combien plus irréel doit être le monde qui est supposé avoir été créé par un Dieu irréel ! La providence, le salut, la grâce divine, qu'est-ce que c'est ? Un simple rêve fait dans un rêve !

Qu'est-ce que la moralité, alors ? Elle est subjective. Elle n'a pas de validité objective. Un comportement moral hautement apprécié par nos pères est maintenant considéré comme immoral par nous. Des actes immoraux aujourd'hui fortement dénoncés par nous peuvent être considérés comme moraux par notre postérité. Les bonnes actions des sauvages ne sont pas nécessairement bonnes aux yeux des civilisés, et les mauvaises actions des Orientaux ne sont pas nécessairement mauvaises aux yeux des Occidentaux. Il s'ensuit donc qu'il n'y a pas de norme de moralité définie en tout lieu et à toute époque.

Si la moralité est purement subjective et qu'il n'y a pas de norme objective, comment pouvez-vous distinguer le mal du bien ? Comment pouvez-vous distinguer les anges des démons ? Socrate n'était-il pas un criminel ? Jésus n'était-il pas lui aussi un criminel ? Comment pouvez-vous savoir qu'il est un homme divin différent des autres criminels qui ont été crucifiés avec lui ? Ce que tu honores, ne puis-je pas le dénoncer comme un déshonneur ? Ce que vous considérez comme un devoir, ne puis-je pas le condamner comme un péché ? Après tout, toute forme d'idéalisme est condamnée à se terminer dans une telle confusion et un tel scepticisme. Nous ne pouvons pas embrasser l'idéalisme radical qui porte en son sein ces triples vues sceptiques.

13. Une illusion sur l'apparence et la réalité

Pour devenir éclairés, nous devons d'abord dissiper une illusion concernant l'apparence et la réalité. Selon certains religieux, tous les phénomènes de l'univers doivent succomber au changement. Les choses du monde sont toutes évanescentes. Elles ne sont rien à long terme. Les montagnes enneigées peuvent s'enfoncer dans les profondeurs, tandis que les sables de l'océan sans fond peuvent s'élever dans le ciel azur à un moment ou à un autre. Les fleurs écloses sont destinées à se faner et à refleurir l'année suivante. Il en va de même pour les arbres qui poussent, les générations qui se lèvent, les nations qui prospèrent, les soleils, les lunes et les étoiles qui brillent. Cela, diront-ils, n'est le cas que des phénomènes ou des apparences, mais pas de la réalité. La croissance et la décadence, la naissance et la mort, l'ascension et la chute, tout cela n'est que le flux et le reflux des apparences dans l'océan de la réalité, qui est toujours la même. Les fleurs peuvent se faner et être réduites en poussière, mais de cette poussière naissent les fleurs. Les arbres peuvent mourir, mais ils se reproduisent ailleurs. Le temps viendra peut-être où la terre deviendra une sphère morte tout à fait impropre à l'habitation humaine, et l'humanité tout entière périra ; mais qui sait si une autre terre ne sera pas produite pour servir de foyer à l'homme ? Le soleil pourrait avoir son début et sa fin, les étoiles, les lunes, les leurs aussi ; mais un univers infini n'aurait ni début ni fin.

Encore une fois, disent-ils, la mutation appartient au monde des sens ou des apparences phénoménales, mais pas à la réalité. Les premières sont les phases de la seconde, montrées à nos sens. Par conséquent, elles sont toujours limitées et modifiées par nos sens, tout comme les images sont toujours limitées et modifiées par le miroir dans lequel elles se reflètent. C'est pourquoi les apparences sont soumises à des limitations, alors que la réalité est illimitée. Il s'ensuit que les premières sont imparfaites, tandis que la seconde est parfaite ; que les premières sont passagères, tandis que la seconde est éternelle ; que les premières sont relatives, tandis que la seconde est absolue ; que les premières sont mondaines, tandis que la seconde est sainte ; que les premières sont connaissables, tandis que la seconde est méconnaissable.

Ces considérations nous amènent naturellement à affirmer que le monde des apparences n'a aucune valeur, car il est limité, éphémère, imparfait, douloureux, pécheur, sans espoir et misérable, tandis que l'on doit aspirer au royaume de la réalité, car il est éternel, parfait, confortable, plein d'espoir, de joie et de paix d'où l'éternel divorce entre apparence et réalité. Une telle vision de la vie tend à faire minimiser la valeur de l'homme, à négliger l'existence présente et à aspirer à l'avenir.

Certains religieux nous disent que nous, les hommes, sommes des créatures impuissantes, pécheresses, désespérées et misérables. Les richesses du monde, les honneurs temporels et les positions sociales, voire les sublimités et les beautés de l'existence présente, doivent être ignorés et méprisés. Nous n'avons pas à nous soucier de ces choses qui passent en un clin d'œil. Nous devons nous préparer à la vie future qui est éternelle. Nous devons accumuler des richesses pour cette existence. Nous devons nous efforcer d'y tenir un rang. Nous devons aspirer à la sublimité, à la beauté et à la gloire de ce royaume.

14. Où se trouve la racine de l'illusion ?

Examinons maintenant où se cache l'illusion aux yeux de ces religieux. Elle est profondément enracinée dans l'interprétation erronée de la réalité, se développe dans les idées illusoires des apparences et jette son ombre sur la vie. L'erreur la plus fondamentale réside dans leur interprétation de la réalité comme quelque chose d'inconnaissable existant derrière les apparences.

Selon eux, tout ce que nous savons, ou percevons, ou ressentons, ou imaginons à propos du monde, ce sont des apparences ou des phénomènes, mais pas la réalité elle-même. Les apparences sont des « choses connues comme », mais pas des « choses telles qu'elles sont ». La chose-en-soi, ou la réalité se trouvent derrière les apparences, en permanence au-delà de notre connaissance. C'est probablement le gouffre métaphysique le plus profond dans lequel les esprits philosophiques sont jamais tombés au cours de leurs spéculations. Les choses apparaissent, diraient-ils, telles que nous les voyons à travers nos sens limités ; mais elles doivent présenter des aspects entièrement différents à ceux qui diffèrent des nôtres, tout comme la vibration de l'éther nous apparaît sous forme de couleurs, mais elle présente des aspects tout à fait différents au daltonien ou à l'aveugle. L'univers phénoménal est ce qui apparaît à l'esprit humain, et si notre constitution mentale subissait un changement, il en serait tout autrement.

Cet argument est cependant loin de prouver que la réalité est méconnaissable, ou qu'elle se cache derrière des apparences ou des présentations. Prenons, par exemple, une réalité qui apparaît comme un rayon de soleil. Lorsqu'il traverse une vitre, il semble incolore, mais il présente un beau spectre lorsqu'il passe à travers un prisme. Vous supposez donc qu'une réalité qui apparaît comme les rayons du soleil n'est ni incolore ni colorée en elle-même, puisque ces apparences sont entièrement dues à la différence qui existe entre la vitre et le prisme.

Nous soutenons cependant que ce fait ne prouve pas l'existence de la réalité nommée rayon du soleil au-delà ou derrière la lumière blanche, ni son existence au-delà ou derrière le spectre. Il est évident que la réalité existe dans la lumière blanche, et qu'elle est connue sous le nom de lumière blanche quand elle traverse une vitre ; et que la même réalité existe dans le spectre, et est connue sous le nom de spectre quand elle traverse le prisme. La réalité est connue comme la lumière blanche d'une part, et comme le spectre d'autre part. Elle n'est pas méconnaissable, mais connaissable.

Supposons qu'une seule et même réalité présente un aspect lorsqu'elle se trouve en relation avec un autre objet ; deux aspects lorsqu'elle se trouve en relation avec deux objets différents ; trois aspects lorsqu'elle se trouve en relation avec trois objets différents. La réalité d'un aspect ne prouve jamais l'irréalité d'un autre, car ces trois aspects peuvent être également réels. Un arbre nous apparaît comme un légume ; il apparaît à certains oiseaux comme un abri ; et il apparaît à certains vers comme une nourriture. La réalité de son aspect en tant que légume ne prouve jamais l'irréalité de son aspect en tant que nourriture ni la réalité de son aspect en tant que nourriture ne réfute la réalité de son aspect en tant qu'abri. L'arbre réel n'existe pas au-delà ou derrière le végétal. Nous pouvons compter sur sa réalité, et l'utiliser pour un résultat fructueux. En même temps, les oiseaux peuvent compter sur sa réalité en tant qu'abri et y construire leurs nids ; les vers, eux aussi, peuvent compter sur sa réalité en tant que nourriture et la manger à leur satisfaction. Une réalité qui m'apparaît comme ma femme doit apparaître à mon fils comme sa mère, et jamais comme sa femme. Mais la même femme réelle est dans l'épouse et dans la mère ; aucune n'est irréelle.

15. La chose-en-soi signifie la chose-sans-connaissance

Comment les philosophes en sont-ils donc venus à considérer la réalité comme inconnaissable et cachée derrière ou au-delà des apparences ? Ils ont examiné toutes les présentations possibles dans différentes relations, les ont toutes mises de côté en tant qu'apparences, ont réfléchi à la chose-en-soi, coupée de toute relation possible, et l'ont déclarée inconnaissable. Chose-en-soi signifie chose coupée de toute relation possible. En d'autres termes, la chose-en-soi signifie la chose privée de sa relation avec son connaisseur, c'est-à-dire la chose sans connaisseur. De sorte que déclarer inconnaissable la chose-en-soi revient à déclarer inconnaissable la chose inconnaissable ; cela ne fait aucun doute, mais qu'est-ce que cela prouve ?

Dépouillez-vous de toutes les relations possibles, et voyez ce que vous êtes. Supposez que vous ne soyez pas un fils pour vos parents, ni le mari de votre femme, ni le père de vos enfants, ni un parent pour votre famille, ni un ami pour vos connaissances, ni un professeur pour vos étudiants, ni un citoyen pour votre pays, ni un membre individuel pour votre société, ni une créature pour votre Dieu, alors vous obtenez vous-en-soi. Demandez-vous maintenant ce qu'est le vous-en-soi. Vous ne pourrez jamais répondre à cette question. Il est méconnaissable, simplement parce qu'il est coupé de toute relation connaissable. Pouvez-vous donc prouver que le vous-en-soi existe au-delà ou derrière vous ?

« L'eau », selon la tradition indienne, « apparaît à l'homme comme une boisson, comme une émeraude aux Dévas, comme du pus sanglant aux Pretas, comme des maisons aux poissons. » L'eau n'est pas moins réelle parce qu'elle apparaît comme une maison aux poissons, et les maisons des poissons ne sont pas moins réelles parce qu'elle apparaît comme une émeraude aux Dévas. Il n'y a rien qui prouve son irréalité. C'est une illusion grossière de concevoir la réalité comme transcendantale aux apparences. La réalité existe sous forme d'apparences, et les apparences sont la réalité connue des êtres humains. Vous ne pouvez pas séparer les apparences de la réalité et faire de cette dernière un objet d'aspiration au détriment de la première. Vous devez reconnaître que le soi-disant domaine de la réalité auquel vous aspirez, et que vous recherchez en dehors ou derrière l'univers phénoménal existe ici sur terre. Laissez les maîtres zen vous dire que «le monde de la naissance et de la mort est le royaume du nirvana»; «la terre est la terre pure du Bouddha».

16. Les quatre alternatives et les cinq catégories

Il y a, selon le zen, les quatre classes de vues religieuses et philosophiques, techniquement appelées les quatre alternatives,[1] de la vie et du monde. La première est «la privation du sujet et la non-privation de l'objet», c'est-à-dire la négation du sujet, ou de l'esprit, ou de l'Atman, ou de l'âme, et la non-négation de l'objet, ou de la matière, ou des chosesun point de vue qui nie la réalité de l'esprit et affirme l'existence des choses. Une telle opinion était défendue par une certaine école de l'hinayanisme, appelée Sarvastivada, et l'est encore par certains philosophes appelés matérialistes ou naturalistes. La seconde est la «privation de l'objet et la non-divulgation du sujet», c'est-à-dire la négation de l'objet, ou de la matière, ou des choses, et la non-divulgation du sujet, ou du mental, ou de l'esprit – un point de vue qui nie la réalité de l'objet matériel et affirme l'existence de l'esprit ou des idées. Cette conception était celle de l'école Dharmalaksana du mahayanisme et est encore défendue par certains philosophes appelés idéalistes. La troisième est «la privation du sujet et de l'objet» – c'est-à-dire la négation du sujet ou de l'esprit, et de l'objet ou de la matière – une vision qui nie la réalité des phénomènes physiques et mentaux, et affirme l'existence d'une réalité qui transcende l'univers phénoménal. Ce point de vue était celui de l'école Madhyamika du mahayanisme, et il est encore partagé par certains religieux et philosophes d'aujourd'hui. La quatrième est «la non-dénégation du sujet et de l'objet» – c'est-à-dire la non-dénégation du sujet et de l'objet – une vision qui considère l'esprit et le corps comme une seule et même réalité. L'esprit, selon ce point de vue, est la réalité vécue intérieurement par l'introspection, et le corps est la même réalité observée extérieurement par les sens. Ils constituent une seule réalité et une seule vie. Il existe aussi d'autres personnes et d'autres êtres qui appartiennent à la même vie et à la même réalité; par conséquent, toutes les choses ont une réalité et une vie communes. Cette réalité ou vie n'est pas transcendante à l'esprit et au

1. Shi-rya-ken en japonais, la classification principalement utilisée par les maîtres de l'école zen Rin Zai. Pour les détails, voir *Ki-gai-kwan*, par K. Watanabe.

corps, ou à l'esprit et à la matière, mais elle en est l'unité. En d'autres termes, ce monde phénoménal qui est le nôtre est le domaine de la réalité. Ce point de vue était celui de l'école Avatamsaka du mahayanisme et est toujours partagé par les pratiquants du zen. Ainsi, le zen n'est ni matérialiste, ni idéaliste, ni nihiliste, mais réaliste et moniste dans sa vision du monde.

Certains érudits soutinrent à tort que le zen est fondé sur la doctrine de l'irréalité de toutes choses exposées par Kumarajiva et ses disciples. Ko-ben,[1] connu sous le nom de Myo-ye Sho-nin, dit il y a 600 ans : «Yang Shan (Kyozan) demanda à Wei Shan (I-san) : "Que ferons-nous lorsque des centaines, des milliers et des millions de choses nous assaillent toutes à la fois?" "Le bleu n'est pas le jaune", répondit Wei Shan, "le long n'est pas le court. Chaque chose est à sa place. Cela n'a rien à voir avec vous." Wei Shan était un grand maître zen. Il n'enseignait pas l'irréalité de toutes les choses. Qui peut dire que le zen est nihiliste? »

Outre les quatre alternatives, le zen utilise les cinq catégories[2] afin d'expliquer la relation entre la réalité et les phénomènes. La première est «la relativité dans l'absolu», ce qui signifie que l'univers semble être constitué de relativités, en raison de notre connaissance relative; mais ces relativités sont fondées sur une réalité absolue. La deuxième est «l'absolu dans la relativité», ce qui signifie que la réalité absolue ne reste pas inactive, mais se manifeste sous forme de phénomènes relatifs. La troisième est «la relativité à partir de l'absolu», ce qui signifie que la réalité absolue est tout en tous, et que les phénomènes relatifs en sortent comme ses formes secondaires et subordonnées. La quatrième est «l'absolu jusqu'à la relativité», ce qui signifie que les phénomènes relatifs jouent toujours un rôle important sur la scène du monde; c'est à travers ces phénomènes que la réalité absolue est comprise. La cinquième est l'«union de l'absolu et de la relativité», ce qui signifie que la réalité absolue n'est pas fondamentale ou essentielle aux phénomènes relatifs, ni les phénomènes relatifs subordonnés ou secondaires à la réalité absoluec'est-à-dire qu'ils sont une seule et même vie cosmique, la réalité absolue étant cette vie expérimentée intérieurement par l'intuition, tandis que les phénomènes relatifs sont la même vie observée extérieurement par les sens. Les quatre premières catégories sont enseignées pour préparer l'esprit de l'étudiant à l'acceptation de la dernière, qui révèle la vérité la plus profonde.

---

1. Un érudit réputé (1173-1232) de l'école Anatamsaka du mahayanisme.
2. Go-i en japonais, principalement utilisé par l'école zen So-To. L'explication détaillée est donnée dans *Go-i-ken-ketsu*.

17. Le personnalisme de B. P. Bowne

P. Bowne[1] dit : « Ils (les phénomènes) ne sont pas des fantômes ou des illusions, et ne sont pas non plus les masques d'une réalité sous-jacente qui essaie de voir à travers eux. » « L'antithèse », poursuivit-il[2], « des phénomènes et des noumènes reposent sur l'idée qu'il y a quelque chose qui se trouve derrière les phénomènes et que nous devrions percevoir, mais que nous ne pouvons pas percevoir, parce que les phénomènes masqués s'interposent entre la réalité et nous. » Jusque-là, nous sommes d'accord avec Bowne, mais nous pensons qu'il se trompe en faisant une distinction très nette entre le corps et le moi, en disant :[3] « Nous sommes nous-mêmes invisibles. L'organisme physique n'est qu'un instrument pour exprimer et manifester la vie intérieure, mais le moi vivant n'est jamais vu. » « La forme humaine, » soutint-il,[4] « en tant qu'objet dans l'espace en dehors de l'expérience que nous en faisons en tant qu'instrument et expression de la vie personnelle n'aurait que peu de beauté ou d'attrait ; et lorsqu'elle est décrite en termes anatomiques, il n'y a rien en elle qui nous incite à la désirer. Le secret de sa beauté et de sa valeur réside dans le domaine de l'invisible. » « Il en va de même, » dit-il encore, « pour la littérature. Elle n'existe ni dans l'espace, ni dans le temps, ni dans les livres, ni dans les bibliothèques... Tout ce que l'on pourrait y trouver serait des marques noires sur un papier blanc, et des collections de celles-ci, reliées entre elles sous diverses formes, qui seraient tout ce que les yeux pourraient voir. Mais ce ne serait pas de la littérature, car la littérature n'existe que dans l'esprit et pour l'esprit, en tant qu'expression de l'esprit, et elle est tout simplement impossible et dénuée de sens si elle est abstraite de l'esprit. » « Notre histoire humaine » – il donna une autre illustration[5] – « n'a jamais existé dans l'espace, et ne pourrait jamais exister ainsi. Si un visiteur de Mars venait sur la terre et regardait tout ce qui se passe dans l'espace en rapport avec les êtres humains, il n'aurait jamais la moindre idée de sa signification réelle. Il serait confiné aux intégrations et aux dissipations de la matière et du mouvement. Il pourrait décrire les masses et les groupements de choses matérielles, mais dans tout cela, il n'obtiendrait aucune suggestion de la vie intérieure qui donne une signification à tout cela. De même qu'il est concevable qu'un oiseau puisse s'asseoir sur un instrument télégraphique et devenir pleinement conscient des clics de la machine sans aucun soupçon de l'existence ou de la signification du message, ou qu'un chien puisse voir tout ce que l'œil peut voir dans un livre sans aucune allusion à sa signification, ou qu'un sauvage puisse regarder la partition imprimée d'un

1. *Personnalisme*, p. 94.
2. *Ibid.*, p. 95.
3. *Ibid.*, p. 268.
4. *Ibid.*, p. 271.
5. *Personnalisme*, pp. 272, 273.

opéra sans jamais soupçonner sa signification musicale, de même ce visiteur supposé serait absolument coupé par un gouffre infranchissable du siège réel et de la signification de l'histoire humaine. Le grand drame de la vie, avec ses goûts et ses dégoûts, ses amours et ses haines, ses ambitions et ses luttes, ses multiples idées, ses inspirations et ses aspirations, est absolument étranger à l'espace et ne pourra jamais y être découvert. L'histoire humaine a donc son siège dans l'invisible. »

En premier lieu, la conception de Bowne selon laquelle l'organisme physique n'est qu'un instrument d'expression de la vie intérieure et personnelle, tout comme l'appareil télégraphique est l'instrument d'expression des messages, était erronée, car le corps n'est pas un simple instrument de la vie intérieure personnelle, mais un constituant essentiel de celle-ci. Qui peut nier que les conditions physiques d'une personne déterminent son caractère ou sa personnalité ? Qui peut ignorer le fait que les conditions corporelles d'une personne agissent positivement sur sa vie personnelle ? Il n'existe pas d'organisme physique qui reste un simple instrument mécanique passif de la vie intérieure dans le monde de l'expérience. De plus, l'individualité, ou la personnalité, ou le moi, ou la vie intérieure, quel que soit le nom qu'on lui donne, conçu comme absolument indépendant de la condition physique, est une pure abstraction. Il n'existe pas de personnalité ou d'individualité concrète de ce genre dans notre expérience.

En second lieu, il concevait l'organisme physique simplement comme une marque ou un symbole, et la vie intérieure personnelle comme la chose marquée ou symbolisée ; il comparait donc les formes physiques au papier, aux caractères typographiques, aux livres et aux bibliothèques, et la vie intérieure à la littérature. Ce faisant, il négligeait le lien essentiel et inséparable entre l'organisme physique et la vie intérieure, car il n'existe pas de lien essentiel et inséparable entre une marque ou un symbole, et la chose marquée ou symbolisée. La chose peut adopter toute autre marque ou symbole. Les marques noires sur le papier blanc, pour utiliser sa formule, ne sont pas essentielles à la littérature. La littérature peut être exprimée par le chant, par la parole ou par une série d'images. Mais la vie intérieure s'exprime-t-elle, ou peut-elle s'exprimer, sous une autre forme que l'organisme physique ? Nous dûmes donc reconnaître que la vie intérieure est identique à l'organisme physique, et que la réalité est une seule et même chose que l'apparence.

18. Tous les mondes dans les dix directions sont la terre sainte de Bouddha

Nous reprendrons ce problème dans le chapitre suivant. Qu'il suffise de dire pour l'instant que c'est la loi de la vie universelle, que la multiplicité est dans l'unité, et l'unité dans la multiplicité ; la différence est dans l'accord, et l'accord dans la différence ; le conflit est dans l'harmonie, et l'harmonie dans le conflit ; les parties sont dans le tout, et le tout est dans les parties ; la constance est dans le changement, et le changement dans la constance ; le bien est dans le mal, et le mal dans le bien ; l'intégration est dans la désintégration, et la désintégration est dans l'intégration ; la paix est dans la perturbation, et la perturbation dans la paix. Nous pouvons trouver quelque chose de céleste parmi les choses terrestres. Nous pouvons remarquer quelque chose de glorieux au milieu de ce qui est vil et dégénéré. « Il y a des orties partout, mais les herbes vertes et lisses ne sont-elles pas plus communes ? » Pouvez-vous reconnaître quelque chose d'impressionnant dans l'ascension et la chute des nations ? Ne pouvez-vous pas reconnaître quelque chose d'intact et de paisible parmi le trouble et l'agitation ? L'herbe elle-même n'a-t-elle pas un sens ? Même une pierre ne raconte-t-elle pas le mystère de la vie ? La loi immuable du bien ne domine-t-elle pas les affaires humaines, comme le disait Tennyson ? – « Je ne peux que croire que le bien va tomber. Enfin loin, enfin à tous. »

Chacun de nous n'avait-il pas une lumière en lui, quels que soient ses degrés de brillance ? Washington avait-il tort quand il dit : « Travaillez pour garder vivante dans votre cœur cette petite étincelle de feu céleste appelée conscience. »

Nous étions sûrs que nous pouvions réaliser la félicité céleste dans ce monde même, si nous gardions vivante la conscience éclairée, dont Bodhidharma et ses disciples avaient montré l'exemple. « Tous les mondes dans les dix directions sont les terres saintes de Bouddha ! » Ce pays de félicité et de gloire existait au-dessus de nous, en dessous de nous, autour de nous, en nous, sans nous, si nous ouvrions les yeux pour voir. « Le nirvana est dans la vie elle-même, » si nous la savourons avec admiration et amour. « La vie et la mort sont la vie de Bouddha », dit Do-gen. Partout les portes élyséennes sont ouvertes, si nous ne les refermons pas nous-mêmes. Allions-nous nous laisser mourir de faim en refusant d'accepter la riche générosité que la vie bénie nous offre ? Allions-nous périr dans les ténèbres du scepticisme, en fermant les yeux à la lumière du Tathagata ? Devions-nous souffrir d'innombrables douleurs dans l'enfer que nous avions créé nous-mêmes, où le remords, la jalousie et la haine alimentaient le feu de la colère ? Prions Bouddha, non pas en paroles seulement, mais dans l'acte de générosité et de tolérance, dans le caractère noble et aimant, et dans la personnalité sublime et bonne. Prions Bouddha de nous sauver de l'enfer de la cupidité et de la folie, de nous délivrer de l'emprise de la tentation. « Entrons dans le saint des saints avec admiration et émerveillement. »

CHAPITRE VII

LA VIE

1. L'épicurisme et la vie

B on nombre de personnes ont toujours l'esprit vif et l'apparence joyeuse, comme si elles étaient nées optimistes. Il n'y a pas moins de personnes constamment abattues et sombres, comme si elles étaient nées pessimistes. Les premières peuvent toutefois perdre leur élan et sombrer dans le désespoir si elles se trouvent dans des circonstances défavorables. Les dernières, elles aussi, peuvent retrouver leur éclat et exulter si elles se trouvent dans des conditions prospères. De même qu'aucun mal, si petit soit-il, ne peut faire gémir celui dont le cœur est indiscipliné, de même aucune calamité, si grande soit-elle, ne peut faire désespérer celui dont les sentiments sont maîtrisés. Un enfant qui rit pleure, un enfant qui pleure rit, sans cause valable. « On peut le taquiner ou le chatouiller dans n'importe quel sens. » Un grand enfant est celui qui ne peut pas brider ses passions.

Il devrait mourir esclave de son cœur capricieux et aveugle, s'il est indulgent envers lui. Il est capital pour nous de discipliner le cœur,[1] sinon c'est lui qui nous disciplinera. Les passions sont comme des jambes. Elles doivent être guidées par l'œil de la raison. Aucun serpent sage n'est conduit par sa queue, ainsi aucun homme sage n'est conduit par sa passion. Les passions qui viennent en premier sont souvent traîtres et nous égarent. Nous devons nous en protéger. Afin de les satisfaire, des désirs moyens surgissent – les désirs de satisfaire la vue, l'ouïe, l'odorat, le goût et le toucher. Ces cinq désirs ne cessent de nous poursuivre, ou plutôt de nous pousser. Nous ne devons pas passer notre vie entière à la poursuite de ces objets mirages qui satisfont nos désirs sensuels. Lorsque nous satisfaisons un désir, nous sommes assez bêtes pour croire que nous avons atteint le vrai bonheur. Mais un désir satisfait en engendre un autre plus fort et plus insatiable. Une soif étanchée par de l'eau salée devient plus intense que jamais.

Shakya Muni comparait un épicurien à un chien qui mâche un os desséché, confondant le sang qui sort d'une blessure dans sa bouche avec celui de l'os.

---

1. Comparez *Gaku-do-yo-jin-shu*, chap. I., et *Zen-kwan-saku shin*.

L'auteur du *Mahaparinirvana-sutra*[1] énonça une parabole aux conséquences suivantes : « Il était une fois un chasseur habile à attraper des singes vivants, qui se rendit dans la forêt. Il mit quelque chose de très collant sur le sol et se cacha dans les buissons. Un singe sortit pour voir ce que c'était et, croyant que c'était quelque chose de comestible, essaya de s'en nourrir. L'objet se colla au museau de la pauvre créature si fermement qu'elle ne put s'en défaire. Il essaya ensuite de l'arracher avec ses deux pattes, qui restèrent également collées. Il s'efforça ensuite de l'arracher à coups de pied avec ses deux pattes arrière, qui restèrent également accrochées. Le chasseur sortit alors et, passant son bâton entre les pattes avant et les pattes arrière de la victime, il la porta sur son épaule et rentra chez lui ». De même, un épicurien (le singe), séduit par les objets des sens (quelque chose de collant), s'attache aux cinq désirs (le museau et les quatre membres), et étant pris par la tentation (le chasseur), perd sa vie de sagesse.

Nous ne sommes pas plus qu'une espèce de singes, comme le soutiennent les évolutionnistes. Nombreux sont ceux qui témoignent de cette vérité en se faisant attraper par « quelque chose de comestible ». Nous avons aboli l'esclavage et nous nous qualifions de nations civilisées. N'avons-nous pas néanmoins parmi nous des centaines d'esclaves du cigare à vie ? N'avons-nous pas parmi nous des milliers d'esclaves à vie des spiritueux ? N'avons-nous pas parmi nous des centaines de milliers d'esclaves à vie de l'or ? N'avons-nous pas parmi nous des myriades d'esclaves à vie de la vanité ? Ces esclaves sont incroyablement fidèles à leurs maîtres et travaillent sans cesse pour eux, qui en retour leur accordent des maladies incurables, la pauvreté, le chagrin et la déception.

Un pauvre chiot, avec une boîte de conserve vide attachée à sa queue, observait Thomas Carlyle avec esprit, court et court encore, effrayé par le bruit de la boîte. Plus il courait vite, plus elle sonnait fort, et finalement il s'épuisa à courir. N'était-ce pas typique d'un soi-disant grand homme du monde ? La vanité avait attaché à sa queue une boîte de conserve vide de gloire, dont le bruit creux le conduisit à travers la vie jusqu'à ce qu'il tombe pour ne plus s'élever. Misérable !

Ni ces hommes du monde ni les ascètes bouddhistes ne peuvent être des optimistes. Ces derniers se privent rigoureusement des gratifications sensuelles, et se tiennent à l'écart de tout objet de plaisir. Pour eux, se réjouir équivaut à pécher, et rire, à être maudit. Ils préfèrent toucher une tête de vipère qu'une pièce d'argent[2]. Ils préfèrent se jeter dans une fournaise ardente que d'entrer en contact avec l'autre sexe. Le corps est pour eux un sac plein de sang et de pus,[3] la vie, un rêve oisif, ou plutôt mauvais. Le végétarisme et le célibat sont

---

1. Le sutra a été traduit par Hwui Yen et Hwui Kwan, en 424-453.
2. Tel est le précepte enseigné dans le *Vinaya* des hinayanistes.
3. Voir *Mahasatiptthana Suttanta*, 2-13.

leurs saints privilèges. La vie est indigne d'eux ; y mettre fin est leur délivrance.[1]
Une telle conception de la vie ne mérite guère d'être réfutée.

2. Les erreurs des pessimistes philosophiques et des optimistes religieux

Les philosophes pessimistes[2] soutenaient qu'il y avait sur terre beaucoup plus
de causes de douleur que de plaisir ; et que la douleur existait positivement,
mais que le plaisir était une simple absence de douleur, parce que nous avons
conscience de la maladie, mais pas de la santé, de la perte, mais pas de la possession. Au contraire, les optimistes religieux insistaient sur le fait qu'il ne devait pas y avoir de mal dans l'univers de Dieu, que le mal n'avait pas de nature
indépendante, mais qu'il désignait simplement une privation du bien – c'est-
à-dire que « le mal est nul, il n'est rien, il est un silence impliquant un son ».

Quelle que soit l'opinion de ces observateurs partiaux, nous sommes certains
d'éprouver le bien comme le mal, de ressentir la douleur comme le plaisir. Nous
ne pouvons pas non plus soulager les véritables souffrances des malades en
leur disant que la maladie n'est rien d'autre que l'absence de santé ni enrichir
les pauvres en leur disant que la pauvreté est une simple absence de richesse.
Comment pourrions-nous sauver les mourants en les persuadant que la mort
n'est qu'une privation de la vie ? Est-il possible de démoraliser les heureux en
leur disant que le bonheur est irréel, de rendre les chanceux malheureux en
leur disant que la fortune n'a pas de réalité objective, ou de leur faire accueillir
le mal en leur disant qu'il n'est que l'absence de bien ?

Vous devez admettre qu'il n'y a pas de causes externes définies de la douleur ou
du plaisir, car une seule et même chose cause la douleur à un moment donné
et le plaisir à un autre. Une cause de plaisir pour une personne se révèle être
une cause d'aversion pour une autre. Un avare mourant peut revivre à la vue de
l'or, mais un disciple de Diogène passe sans le remarquer. Les cigares et le vin
sont des cadeaux bénis du ciel pour les intempérants,[3] mais un poison maudit
pour les tempérants. Certains pourraient jouir d'une longue vie, mais d'autres
souhaiteraient ardemment la raccourcir. Certains pourraient gémir sous une
légère indisposition, tandis que d'autres siffleraient une vie de maladie grave.
Un épicurien peut être prisonnier de la pauvreté, mais un disciple d'Épictète
peut l'affronter et la vaincre sans crainte. Comment, alors, distinguer la véritable cause de la douleur de celle du plaisir ? Comment savoir si les causes de
l'une sont plus nombreuses que celles de l'autre ?

---

1. C'est la conclusion logique de l'hinayanisme.
2. Schopenhauer, *The World as Will and Idea* (traduction de R. B. Haldane and J. Kemp, vol.
III, pp. 384-386) ; Hartman, *Philosophy of the Unconsciousness* (traduction de W. C. Coupland,
vol. III., pp. 12-119).
3. L'auteur de *Han Shu* (Kan Sho) appelle les esprits le don du ciel.

Exposez des thermomètres de plusieurs sortes à une seule et même température. L'un indiquera, disons, 60°, un autre 100°, un autre 15°. Exposez les thermomètres de la sensibilité humaine, qui sont d'une myriade de types différents, à une seule et même température ambiante. Aucun d'eux n'indiquera les mêmes degrés. Dans un même climat, que nous jugeons modéré, l'esquimau serait baigné de transpiration, tandis que l'hindou frissonnerait de froid. De même, dans une même circonstance, certains peuvent être extrêmement malheureux et la trouver insupportable, tandis que d'autres sont satisfaits et heureux. Nous pouvons donc conclure sans risque qu'il n'y a pas de causes externes définies de la douleur et du plaisir, et qu'il doit y avoir des causes internes qui modifient les causes externes.

3. La loi de l'équilibre

La nature gouverne le monde avec sa loi d'équilibre. Elle met toujours les choses par paires,[1] et ne laisse rien dans l'isolement. Les positifs s'opposent aux négatifs, les actifs aux passifs, les mâles aux femelles, et ainsi de suite. C'est ainsi que le flux s'oppose au reflux, la force centrifuge à la force centripète, l'attraction à la répulsion, la croissance à la décomposition, la toxine à l'antitoxine, la lumière à l'ombre, l'action à la réaction, l'unité à la variété, le jour à la nuit, l'animé à l'inanimé. Regardez notre propre corps : l'œil droit est placé à côté du gauche, l'épaule gauche à côté de la droite, le poumon droit à côté du gauche, l'hémisphère gauche du cerveau à côté de l'hémisphère droit, et ainsi de suite.

Il en va de même dans les affaires humaines : l'avantage s'accompagne toujours d'un désavantage, la perte d'un gain, la commodité d'un inconvénient, le bien d'un mal, l'ascension d'un malheur, la prospérité d'une adversité, la vertu d'un vice, la beauté d'une difformité, la douleur d'un plaisir, la jeunesse d'une vieillesse, la vie d'une mort. « Une belle jeune femme de qualité », nous dit une parabole du *Mahaparinirvana-sutra*, « qui portait avec elle un immense trésor était toujours accompagnée de sa sœur, une femme laide en haillons, qui détruisait tout ce qui était à sa portée. Si nous gagnions la première, nous devions aussi obtenir la seconde. » De même que les pessimistes manifestent une aversion intense pour la seconde et oublient la première, de même les optimistes admirent tellement la première qu'ils sont indifférents à la seconde.

---

1. Les pratiquants du zen les appellent « paires d'opposés ».

4. La vie consiste en un conflit

La vie est faite de conflits. Tant que l'homme reste un animal social, il ne peut vivre dans l'isolement. Tous les espoirs et les aspirations de l'individu dépendent de la société. La société se reflète dans l'individu, et l'individu dans la société. Malgré cela, son libre arbitre inné et son amour de la liberté cherchent à se détacher des liens sociaux. Il est aussi un animal moral, doué d'amour et de sympathie. Il aime ses semblables et voudrait promouvoir leur bien-être, mais il doit lutter constamment contre eux pour exister. Il sympathise même avec les animaux qui lui sont inférieurs et souhaite ardemment les protéger, mais il est condamné à détruire leur vie jour et nuit. Il a de nombreuses et nobles aspirations et s'élève souvent, grâce aux ailes de l'imagination, dans le royaume de l'idéal ; pourtant, ses désirs matériels l'entraînent vers la terre. Il s'efforce jour après jour de poursuivre sa vie, mais à chaque instant, il se rapproche de la mort.

Plus il s'assure un nouveau plaisir, spirituel ou matériel, plus il subit une douleur non encore vécue. Un mal écarté ne fait que laisser place à un autre ; un avantage acquis se révèle bientôt un inconvénient. Sa raison même est la cause de ses doutes et de ses soupçons ; son intelligence, avec laquelle il veut tout connaître, se déclare incapable de connaître quoi que ce soit dans son état réel ; sa sensibilité plus fine, qui est la seule source des plaisirs plus fins, doit éprouver des souffrances plus fines. Plus il s'affirme, plus il doit se sacrifier. Ces conflits conduisirent probablement Kant à qualifier la vie de « temps d'épreuve, où la plupart succombent, et dans lequel même le meilleur ne se réjouit pas de sa vie ». « Les hommes se livrent, » dit Fichte, « à la poursuite de la félicité. Mais dès qu'ils se replient sur eux-mêmes et se demandent : "Suis-je maintenant heureux ?", la réponse vient distinctement du fond de leur âme : "Oh non, tu es toujours aussi vide et indigent qu'avant !"... Ils chercheront la félicité dans la vie future aussi vainement qu'ils l'ont cherchée dans la vie présente. »

Ce n'est pas sans raison que les esprits pessimistes en vinrent à conclure que « l'agitation de la volonté et du désir incessants par lesquels chaque créature est poussée est en soi une absence de bénédiction », et que « chaque créature est en danger constant, en agitation constante, et l'ensemble, avec son mouvement agité et sans signification, est une tragédie de la plus pitoyable espèce ». « Une créature comme l'animal carnivore, qui ne peut exister du tout sans détruire et déchirer continuellement les autres, peut ne pas ressentir sa brutalité, mais l'Homme, qui doit s'attaquer à d'autres êtres sensibles comme le carnivore, est assez intelligent, comme le veut le dur destin, pour connaître et ressentir sa propre brutalité de vie. » Il doit être la plus misérable de toutes les créatures, car il est le plus conscient de sa propre misère. En outre, « il n'éprouve pas seulement les malheurs qui lui arrivent réellement, mais il passe en imagination par toutes les possibilités de malheur. » C'est pourquoi personne, depuis les grands rois et empereurs jusqu'aux mendiants sans nom, ne peut être exempt de soucis et d'inquiétudes, qui « volent toujours autour d'eux comme des fantômes ».

5. Le mystère de la vie

Jusqu'à présent, nous avons mis en évidence les inévitables conflits de la vie afin de nous préparer à un aperçu de la profondeur de la vie. Nous sommes loin d'être pessimistes, car nous croyons que la vie consiste en un conflit, mais que ce conflit ne se termine pas par un conflit, mais par une nouvelle forme d'harmonie. L'espoir se heurte à la peur et est souvent menacé de perdre son emprise sur l'esprit ; puis il renouvelle sa vie et s'enracine encore plus profondément qu'auparavant. La paix est souvent troublée par les guerres, mais elle gagne ensuite un terrain encore plus ferme que jamais. Le bonheur est chassé de l'esprit par la mélancolie, puis il est renforcé par des conditions favorables et revient avec une force double. L'esprit est tiré, par la matière, de son ciel idéal, puis, incité par la honte, il tente un vol plus haut. Le bien est combattu par le mal, puis il rassemble plus de forces et vainc son ennemi. La vérité est obscurcie par le mensonge, puis elle jaillit avec sa plus grande lumière. La liberté est mise en danger par la tyrannie, puis elle la renverse avec un succès éclatant.

L'originalité se dresse hardiment contre l'unité, la différence contre l'accord, la particularité contre la généralité, l'individualité contre la société. Cependant, au lieu d'anéantir l'unité, elle l'enrichit ; la différence, au lieu de détruire l'accord, lui donne de la variété ; les particularités, au lieu de mettre fin à la généralité, en augmentent le contenu ; les individus, au lieu de briser l'harmonie de la société, en renforcent la puissance.

Ainsi, « la vie universelle n'engloutit pas la multiplicité ni n'éteint les différences, mais elle est le seul moyen de porter à son plein développement le contenu détaillé de la réalité ; en particulier, elle n'abolit pas les grandes oppositions de la vie et du monde, mais elle les prend en elle et les amène à des relations fructueuses les unes avec les autres ». C'est pourquoi « notre vie est un mélange mystérieux de liberté et de nécessité, de puissance et de limitation, de caprice et de lois ; pourtant, ces oppositions cherchent et trouvent constamment un ajustement mutuel. »

6. La nature ne favorise rien en particulier

Il existe un autre point de vue sur la vie, qui donna à l'auteur du présent article une grande satisfaction, et qui, selon lui, guérirait toute plainte pessimiste. Bouddha, ou la vie universelle conçue par le zen n'est pas comme un despote capricieux qui agit souvent contre ses propres lois. Sa manifestation, telle qu'elle apparaît dans la conscience éclairée, est légale, impartiale et rationnelle. Les bouddhistes croient que Shakya Muni lui-même n'était pas exempt de la loi de la rétribution, qui inclut, à notre avis, la loi de l'équilibre et celle de la causalité.

Examinons maintenant brièvement comment la loi de l'équilibre exerce son emprise sur la vie et le monde. Lorsque le Cakravartin, selon une légende indienne le monarque universel, venait gouverner la terre, une roue apparaissait également comme l'un de ses trésors, et roulait dans le monde entier, rendant tout plat et lisse. Bouddha est le Cakravartin spirituel, dont la roue est celle de la loi de l'équilibre, avec laquelle il gouverne toute chose de manière égale et impartiale. Observons d'abord les cas les plus simples où la loi de l'équilibre s'applique. Quatre hommes peuvent terminer en trois jours la même quantité de travail que celle effectuée par trois hommes en quatre jours. L'augmentation du nombre des hommes provoque la diminution de celui des jours, la diminution du nombre des hommes provoque l'augmentation de celui des jours, le résultat étant toujours le même. De même, l'augmentation du tranchant d'un couteau est toujours accompagnée d'une diminution de sa durabilité, et l'augmentation de la durabilité d'une diminution du tranchant. Plus les fleurs poussent belles, plus leurs fruits deviennent laids ; plus les fruits poussent beaux, plus leurs fleurs deviennent simples. « Un soldat fort est prêt à mourir ; un arbre fort est facile à briser ; un cuir dur est facile à déchirer. Mais la langue douce survit aux dents dures. » Les créatures cornues sont dépourvues de défenses, les créatures à défenses acérées n'ont pas de cornes. Les animaux ailés ne sont pas dotés de pattes, et les animaux à pattes ne sont pas pourvus d'ailes. Les oiseaux au beau plumage n'ont pas de voix douce, et les chanteurs à la voix douce n'ont pas de plumes aux couleurs vives. Plus la qualité est fine, plus la quantité est petite, et plus la taille est grande, plus la nature est grossière.

La nature ne favorise rien en particulier. Tout a donc ses avantages et ses inconvénients. Ce que l'on gagne d'un côté, on le perd de l'autre. Le bœuf est compétent pour tirer une lourde charrette, mais il est absolument incompétent pour attraper des souris. Une pelle est bonne pour creuser, mais pas pour tirer les oreilles. Les avions sont bons pour l'aviation, mais pas pour la navigation. Les vers à soie se nourrissent de feuilles de mûrier et en font de la soie, mais ils ne peuvent rien faire avec d'autres feuilles. Ainsi, chaque chose a son utilité ou une mission désignée par la Nature ; et si nous en profitons, rien n'est inutile, mais sinon, tout est inutile. « Le cou de la grue peut sembler trop long à certains observateurs oisifs, mais il n'y a pas de surplus. Les membres de la tortue peuvent paraître trop courts, mais ils ne présentent aucun défaut. » Le mille-pattes, ayant cent membres, ne peut trouver de pieds inutiles ; le serpent, n'ayant pas de pied, ne ressent aucun manque.

7. La loi de l'équilibre dans la vie

Il en va de même pour les affaires humaines. Les positions sociales hautes ou basses, les occupations spirituelles ou temporelles, le travail rude ou doux, l'éducation parfaite ou imparfaite, la richesse ou la pauvreté, chacun a ses avantages et ses inconvénients. Plus la position est élevée, plus les responsabilités sont lourdes, plus le rang est bas, plus les obligations sont légères. Le directeur d'une grande banque ne peut jamais être aussi négligent que son coursier, qui peut s'arrêter dans la rue pour jeter une pierre à un moineau ; de même, le directeur d'une grande plantation ne peut pas s'amuser autant, un jour de pluie, que ses journaliers qui le passent à jouer. L'accumulation de richesses est toujours accompagnée de ses maux ; aucun Rothschild ou Rockefeller ne peut être plus heureux qu'un pauvre colporteur.

Une mère de nombreux enfants peut être troublée par ses petits bruyants et envier son amie stérile, qui, à son tour, peut se plaindre de sa solitude ; mais si elles mettent en balance ce qu'elles gagnent et ce qu'elles perdent, elles constateront que les deux côtés sont égaux. La loi de l'équilibre interdit strictement le monopole du bonheur. Elle applique son fouet scorpion à quiconque s'adonne aux plaisirs. La joie à l'extrême côtoie la tristesse à l'extrême. « Là où il y a beaucoup de lumière », dit Goethe, « l'ombre est profonde ». La vieillesse, flétrie et inconsolable, se cache sous les jupes de la jeunesse épanouie. La célébration de l'anniversaire est suivie de la commémoration de la mort. Le mariage peut être considéré comme l'événement le plus heureux de la vie d'une personne, mais les larmes de la veuve et les souffrances de l'orphelin peuvent aussi en être l'aboutissement. Mais pour le premier, le second ne peut jamais être. La mort des parents est en effet l'événement le plus malchanceux de la vie du fils, mais elle peut avoir pour conséquence que ce dernier hérite d'un patrimoine, ce qui n'est en rien malchanceux. La maladie d'un enfant peut causer de la peine à ses parents, mais il va de soi qu'elle allège le fardeau de leur subsistance. La vie a ses plaisirs, mais aussi ses peines. La mort n'a aucun des plaisirs de la vie, mais aussi aucune de ses douleurs. Ainsi, si nous mettons en balance leurs sourires et leurs larmes, la vie et la mort sont égales. Il n'est donc pas sage pour nous de nous suicider alors que les conditions pour vivre sont encore réunies ni de craindre la mort quand il n'y a aucun moyen de l'éviter.

Là encore, la loi de l'équilibre ne permet à personne de se tailler la part du lion dans les dons de la nature. La beauté du visage s'accompagne de la difformité du caractère. L'intelligence n'est souvent pas associée à la vertu. « Les belles filles sont destinées à être malheureuses », dit un proverbe japonais, « et les hommes doués à être maladifs ». « Celui qui ne se fait pas d'amis ne se fait jamais d'ennemis. » « L'honnêteté côtoie l'idiotie. » « Les hommes de génie, » dit Longfellow, « sont souvent ternes et inertes en société ; comme le météore flamboyant quand il descend sur terre n'est qu'une pierre. » L'honneur et la honte vont de pair. Le savoir et la vertu vivent dans la pauvreté, tandis que la mauvaise santé et la maladie sont des compagnons de luxe.

Chaque malheur engendre une sorte de fortune, tandis que chaque bonne chance donne naissance à une sorte de malchance. Toute prospérité ne manque jamais de semer des graines d'adversité, tandis que toute chute ne manque jamais d'entraîner une sorte d'élévation. Nous ne devons donc pas désespérer des jours de gel et de neige, en nous rappelant le soleil et les fleurs qui les suivent, ni être insouciants des jours de jeunesse et de santé, en gardant à l'esprit la vieillesse et la mauvaise santé qui les suivent. En bref, tous, depuis les couronnes et les couronnements jusqu'aux haillons et aux bols de mendicité, ont leur propre bonheur et partagent la même grâce céleste.

8. L'application de la loi de causalité à la morale

Bien qu'il soit peut-être inutile d'exposer ici longuement la loi de la causalité, il n'est en revanche pas inutile de dire quelques mots sur son application à la morale comme la loi de la rétribution, qui est un sujet de dispute même parmi les érudits bouddhistes. Le noyau de l'idée est très simple – comme la graine, comme le fruit ; comme la cause, comme l'effet ; comme l'action, comme l'influence – rien de plus. De même que l'air frais nous fortifie et que l'air impur nous étouffe, de même la bonne conduite entraîne de bonnes conséquences, et la mauvaise conduite le contraire[1].

Nous ne soulevons aucune objection contre ces généralisations, mais il existe de nombreux cas, dans la vie pratique, de nature douteuse. Un acte de charité, par exemple, peut faire du tort à autrui, comme c'est souvent le cas lorsqu'on fait l'aumône aux pauvres, ce qui peut avoir pour conséquence indésirable d'encourager la mendicité. Un acte d'amour peut produire un effet nuisible, comme l'amour d'une mère gâte souvent ses enfants. Certains[2] peuvent penser

---

1. Le zen insiste beaucoup sur cette loi. Voir *Shu-sho-gi* et *Ei-hei-ka-kun*, par Do-gen.
2. Le docteur H. Kato semble avoir pensé qu'une bonne cause peut entraîner un mauvais effet lorsqu'il a attaqué le bouddhisme sur ce point.

qu'il s'agit de cas de bonnes causes et de mauvais effets. Nous devons cependant analyser ces causes et ces effets, afin de trouver dans quelle relation ils se trouvent. Dans le premier cas, la bonne action de l'aumône produit le bon effet de diminuer les souffrances des pauvres, qui doivent être reconnaissants envers leur bienfaiteur. Le donateur est récompensé à son tour par la paix et la satisfaction de sa conscience. Cependant, les pauvres, lorsqu'ils sont habitués à recevoir des aumônes, sont enclins à devenir paresseux et à vivre de la mendicité. La cause réelle de ce mauvais effet est donc l'inconscience de celui qui donne et de celui qui reçoit, et non la charité elle-même. Dans le second cas, l'amour et la bonté de la mère produisent un bon effet sur elle et sur ses enfants, les rendant tous heureux et leur permettant de jouir du plaisir d'un doux foyer ; cependant, l'insouciance et la folie de la mère, et l'ingratitude des enfants peuvent provoquer le mauvais effet.

L'histoire regorge de nombreux cas où de bonnes personnes ont eu la malchance de mourir d'une mort misérable ou de vivre dans une extrême pauvreté, alors que d'autres ont vécu en bonne santé et dans la prospérité, jouissant d'une longue vie. Au vu de ces cas, certains sont d'avis qu'il n'existe pas de loi de rétribution comme le croient les bouddhistes. Et même parmi les érudits bouddhistes eux-mêmes, il y en a qui considèrent la loi du châtiment comme un idéal et non comme une loi régissant la vie. Cela est probablement dû à leur mauvaise compréhension des faits historiques. Il n'y a aucune raison pour qu'un homme soit riche ou en bonne santé parce qu'il est bon et honorable ni pour qu'il soit pauvre ou malade parce qu'il est mauvais. Être bon est une chose, et être en bonne santé ou riche en est une autre. De même, être mauvais est une chose, et être pauvre ou malade en est une autre. Les bons ne sont pas nécessairement les riches ou les bien portants, et les mauvais ne sont pas nécessairement les malades ou les pauvres. La santé doit être assurée par l'observation stricte de règles d'hygiène, et non par le respect de préceptes éthiques ; de même, la richesse ne peut jamais être accumulée par la simple moralité, mais par l'activité économique et industrielle. La conduite morale d'une bonne personne n'est aucunement responsable de sa mauvaise santé ou sa pauvreté ; de même, l'action immorale d'une mauvaise personne n'a aucun rapport avec sa richesse ou sa santé. Il ne faut pas confondre la loi morale et la loi physique, car la première n'appartient qu'à la vie humaine, tandis que la seconde appartient au monde physique.

Les bons sont récompensés moralement, et non physiquement ; leurs propres vertus, des honneurs, leur paix mentale et leur satisfaction sont une ample compensation pour leur bonté. Confucius, par exemple, n'a jamais été riche ni de haut rang ; il a néanmoins été moralement récompensé par ses vertus, des honneurs et la paix de l'esprit. Le récit suivant de lui,[1] bien que n'étant pas strictement historique, explique bien son état d'esprit aux jours de malheur :

« Lorsque Confucius fut réduit à une extrême détresse entre Khan et Zhai, pendant sept jours, il n'eut aucune viande cuite à manger, mais seulement une soupe de légumes grossiers sans aucun riz dedans. Son visage portait l'apparence d'un grand épuisement, et pourtant il continuait à jouer du luth et à chanter dans la maison. Tandis que Zze Lu et Zze Kung discutaient ensemble, Yen Hui (était dehors) en train de choisir les légumes et lui dit : "Le maître fut chassé deux fois de Lu ; il dut fuir de Wei ; l'arbre sous lequel il se reposait fut abattu à Sung ; il fut réduit à une extrême détresse à Shang et à Kau ; il fut tenu en état de siège ici entre Khan et Zhai ; quiconque le tuerait serait tenu pour innocent ; il n'y avait aucune interdiction de le faire prisonnier. Et pourtant, il continua à jouer et à chanter, à faire vibrer son luth sans relâche. Un homme supérieur peut-il être dépourvu du sentiment de honte à un tel point ?" Yen Hui ne leur répondit pas, mais il entra et raconta (leurs paroles) à Confucius, qui écarta son luth et dit : "Yu et Zhze sont de petits hommes. Fais-les venir ici, et je leur expliquerai la chose".

« Lorsqu'ils entrèrent, Zze Lu dit : "Votre état actuel peut être qualifié d'extrême détresse !" Confucius répondit : "De quels mots s'agit-il ? Lorsque l'homme supérieur laisse libre cours à ses principes, c'est ce que nous appelons son succès ; lorsque ce cours est refusé, c'est ce que nous appelons son échec. Or, je tiens dans mes bras les principes de la justice et de la bienveillance, et je fais face avec eux aux maux d'un âge désordonné ; où est la preuve que je suis dans une extrême détresse ? C'est pourquoi, en regardant en moi-même et en m'examinant, je n'éprouve aucun problème au sujet de mes principes ; bien que je rencontre des difficultés (comme celles d'aujourd'hui), je ne perds pas ma vertu. C'est lorsque le froid de l'hiver est arrivé, et que le givre et la neige tombent que nous connaissons le pouvoir végétatif du pin et du cyprès. Cette détresse entre Khan et Zhai est une chance pour moi".. Il reprit alors son luth de façon à émettre un son tintant, et commença à jouer et à chanter. (Au même moment) Zze Lu s'empara précipitamment d'un bouclier et se mit à danser, tandis que Zze Kung disait : "Je ne connaissais (auparavant) ni la hauteur du ciel ni la profondeur de la terre !" ».

Ainsi, les bons sont infailliblement récompensés par leur propre vertu et par les conséquences salutaires de leurs actions sur la société dans son ensemble. Et les mauvais sont inévitablement récompensés par leurs propres vices et les effets néfastes de leurs actions sur leurs semblables. Telle est la conviction inébranlable de l'humanité, passée, présente et future. C'est la substance et la moelle de notre idéal moral. C'est la cristallisation des vérités éthiques, dis-

---

1. Le récit est donné par Chwang Tsz dans son livre, vol. XVIII, p. 17.

tillées par de longues expériences, depuis des temps immémoriaux jusqu'à nos jours. Nous pouvons approuver sans crainte Edwin Arnold, lorsqu'il dit :

« Me voici comme une graine cachée qui pousse après des années sans pluie,

Ainsi le bien et le mal, les douleurs et les plaisirs, les haines

Et les amours, et toutes les actions mortes ressortent à nouveau,

Portant des feuilles brillantes ou sombres, des fruits doux ou amers. »

Longfellow dit aussi :

« Aucune action, qu'elle soit juste ou fausse,

N'est jamais accomplie, mais elle laisse quelque part

Une trace, comme une bénédiction ou une malédiction. »

9. La rétribution[1] dans la vie passée, présente et future

Une question se pose alors : s'il n'y a pas d'âme qui survit au corps (comme le montre le chapitre précédent), qui recevra les rétributions de nos actions dans la vie présente ? Pour répondre à cette question, nous devons réaffirmer notre conviction que la vie est une seule et même chose ; en d'autres termes, les êtres humains forment une seule vie ou un seul moi – c'est-à-dire que nos ancêtres du passé ont formé la vie passée de l'homme. Nous-mêmes formons maintenant la vie présente de l'homme, et notre postérité formera la vie future. Sans aucun doute, toutes les actions de l'homme dans le passé ont eu une influence sur les conditions actuelles de l'homme, et toutes les actions de l'homme actuel sont sûres d'influencer les conditions de l'homme futur. En d'autres termes, nous récoltons maintenant les fruits de ce que nous avons semé dans notre vie passée (ou lorsque nous vivions en tant que pères), et nous récolterons à nouveau les fruits de ce que nous semons maintenant dans notre vie future (ou lorsque nous vivrons en tant que postérités).

Il n'y a pas d'exception à cette loi rigoureuse de rétribution, et nous considérons que c'est la volonté du Bouddha de ne laisser aucune action sans salaire. C'est donc Bouddha lui-même qui allume notre feu intérieur pour nous sauver du péché et du crime. Nous devons purger toutes les souillures de notre cœur, en obéissant à l'ordre de Bouddha, audible au plus profond de nous-mêmes. C'est une grande miséricorde de sa part que, quels que soient nos péchés, nos superstitions, notre égarement et notre inconscience, nous ayons toujours en nous une lumière de nature divine. Lorsque cette lumière brille, toutes sortes de péchés sont détruits en même temps. Quel est notre péché, après tout ? Ce n'est rien d'autre qu'une illusion ou une erreur provenant de l'ignorance et

---

1. La rétribution ne peut être expliquée par la doctrine de la transmigration de l'âme, car elle est incompatible avec la doctrine fondamentale de la non-âme. Voir *Abhidharmamahavibhasa-castra*, vol.CXIV.

de la folie, comme il est vrai, comme le déclare un mahayaniste indien, que « toutes les gelées et les gouttes de rosée du péché disparaissent au soleil de la sagesse »[1]. Même si nous étions emprisonnés dans la cloche sans fond, mais qu'une fois la lumière de Bouddha brille sur nous, elle serait changée en ciel. C'est pourquoi l'auteur du *Mahakarunika-sutra*[2] dit : « Quand je grimperai sur la montagne plantée d'épées, elles se briseront sous mon pas. Quand je naviguerai sur la mer de sang, elle sera asséchée. Quand j'arriverai à l'Hadès, elles seront aussitôt ruinées. »

10. La vie éternelle telle qu'enseignée par le professeur Munsterberg

Certains philosophes pessimistes sous-estiment la vie, simplement parce qu'elle est soumise à des limites. Ils attribuent tous les maux à cette condition, oubliant que sans limitation, la vie n'est qu'un simple vide. Supposons que notre vue puisse voir toutes les choses à la fois, alors la vue n'a aucune valeur ni utilité pour nous, car c'est le but de la vie de choisir de voir une chose ou une autre parmi beaucoup d'autres ; et si toutes les choses sont présentes à la fois devant nous par la vue, cela ne sert à rien. Il en va de même pour l'intellect, le palier, l'odorat, le toucher, le sentiment et la volonté. S'ils sont illimités, ils cessent de nous être utiles. L'individualité implique nécessairement la limitation, donc s'il n'y a pas de limitation dans le monde, il n'y a pas de place pour l'individualité. La vie sans la mort n'est pas une vie du tout.

Le professeur Hugo Munsterberg ne trouvait aucune valeur, me semble-t-il, à « une vie qui commence par la naissance et se termine par la mort ». Il dit :[3] « Ma vie en tant que système causal de processus physiques et psychologiques, qui s'étend dans le temps entre les dates de ma naissance et de ma mort, prendra fin avec mon dernier souffle ; la poursuivre, la faire durer jusqu'à ce que la terre tombe dans le soleil, ou un milliard de fois plus longtemps serait sans aucune valeur, car ce genre de vie, qui n'est rien d'autre que l'occurrence mécanique de phénomènes physiologiques et psychologiques, n'a en tant que tel aucune valeur ultime pour moi ou pour vous, ou pour quiconque, à aucun moment. Mais ma vie réelle, en tant que système d'attitudes, de volontés interdépendantes, n'a ni passé ni futur, parce qu'elle est au-delà du temps. Elle est indépendante de la naissance et de la mort parce qu'elle ne peut pas être liée à des événements biologiques ; elle n'est pas née et ne mourra pas ; elle est immortelle ; tout le temps pensable possible est enfermé en elle ; elle est éternelle. »

Le professeur Munsterberg tenta de distinguer nettement la vie en tant que

1. *Samantabhadra-dhyana-sutra.*
2. Catalogue de Nanjo, n° 117.
3. *La vie éternelle*, p. 26.

système causal de processus physiologiques et psychologiques, et la vie en tant que système d'attitudes de volonté liées entre elles, et dénonça la première comme fugace et sans valeur, afin de valoriser la seconde comme éternelle et de valeur absolue. Mais comment aurait-il pu réussir dans sa tâche sans deux ou trois vies, comme certains animaux sont censés en avoir ? N'est-ce pas une seule et même vie qui est traitée, d'une part, par la science, comme un système de processus physiologiques et psychologiques, et qui est conçue, d'autre part, par le professeur lui-même, comme un système d'attitudes de volonté liées entre elles ? Il est vrai que la science traite de la vie telle qu'elle est observée dans le temps, l'espace et la causalité, et qu'elle l'estime sans valeur, car estimer la valeur des choses n'est pas l'affaire de la science. La même vie observée comme un système d'attitudes de volonté interdépendantes est indépendante du temps, de l'espace et de la causalité, comme il l'affirme. Une seule et même vie comprend les deux phases, la différence étant dans les points de vue des observateurs.

La vie telle qu'elle est observée du seul point de vue scientifique est une abstraction pure et simple ; ce n'est pas la vie concrète ; de même, la vie telle qu'elle est observée du seul point de vue de l'attitude de volonté interreliée n'est pas non plus la totalité de la vie. Les deux sont des abstractions. La vie concrète comprend les deux phases. De plus, le professeur Munsterberg voyait la vie dans la relation entièrement indépendante du temps, de l'espace et de la causalité, en disant : « Si vous êtes d'accord ou non avec le dernier acte du tsar russe, la seule relation significative qui existe entre lui et vous n'a rien à voir avec le fait naturaliste qu'un océan se trouve géographiquement entre vous ; et si vous êtes vraiment un étudiant de Platon, votre seule relation importante avec le philosophe grec n'a rien à voir avec l'autre fait naturaliste que, biologiquement, deux mille ans vous séparent » ; et il déclara que la vie (vue de ce point de vue) est immortelle et éternelle. Cela revient à dire que la vie, considérée dans sa relation indépendante du temps et de l'espace, est indépendante du temps et de l'espace, c'est-à-dire immortelle et éternelle. N'est-ce pas une simple tautologie ? Il avait raison d'insister sur le fait que la vie peut être considérée, du point de vue scientifique, comme un système de processus physiologiques et psychologiques, et en même temps comme un système d'attitudes de volonté interdépendantes, indépendantes du temps et de l'espace. Mais il ne peut pas pour autant prouver l'existence d'une vie individuelle concrète, éternelle et immortelle, car ce qui est indépendant du temps et de l'espace, c'est la relation dans laquelle il observe la vie, mais pas la vie elle-même. Il faut donc remarquer que la vie que le professeur Munsterberg tenait pour éternelle et immortelle est tout à fait différente de la vie éternelle ou de l'immortalité de l'âme que croit le sens commun.

11. La vie dans le concret

La vie concrète, que nous vivons, diffère grandement de la vie abstraite, qui n'existe que dans la salle de classe. Elle n'est pas éternelle ; elle est éphémère ; elle est pleine d'anxiétés, de douleurs, de luttes, de brutalités, de déceptions et de calamités. Cependant, nous aimons la vie non seulement pour sa douceur, mais aussi pour sa rugosité ; non seulement pour son plaisir, mais aussi pour sa douleur ; non seulement pour son espoir, mais aussi pour sa peur ; non seulement pour ses fleurs, mais aussi pour son gel et sa neige. Comme Issai[1] (Sato) l'exprima avec justesse : « La prospérité est comme le printemps au cours duquel nous avons des feuilles vertes et des fleurs partout où nous allons ; tandis que l'adversité est comme l'hiver au cours duquel nous avons de la neige et de la glace. Le printemps, bien sûr, nous plaît ; l'hiver aussi ne nous déplaît pas. » L'adversité est le sel de notre vie, car elle la préserve de la corruption, même si elle est amère au goût. C'est le meilleur stimulant pour le corps et l'esprit, car il fait ressortir l'énergie latente qui pourrait rester en sommeil sans lui. La plupart des gens chassent le plaisir, recherchent la chance, ont faim de succès et se plaignent de la douleur, de la malchance et de l'échec. Il ne leur vient pas à l'esprit que « ceux qui font de la chance un dieu, sont tous des hommes malchanceux », comme l'observa judicieusement George Eliot. Le plaisir cesse d'être un plaisir lorsque nous l'atteignons ; une autre sorte de plaisir se manifeste pour nous tenter. C'est un mirage qui nous fait signe de nous égarer. Lorsqu'un malheur accablant nous regarde en face, notre force latente est sûre de s'éveiller pour le combattre. Même les jeunes filles délicates développent la puissance des géants au moment de l'urgence ; même les voleurs ou les meurtriers se révèlent gentils et généreux lorsque nous sommes plongés dans un désastre commun. Les problèmes et les difficultés font appel à notre force divine, qui est plus profonde que les facultés ordinaires, et que nous n'avions jamais imaginé posséder.

12. Les difficultés ne sont pas un obstacle pour l'optimisme

Comment pouvons-nous supposer que nous, les enfants du Bouddha, soyons mis à la merci de soucis insignifiants, ou destinés à être écrasés par les obstacles ? Ne sommes-nous pas dotés d'une force intérieure pour lutter avec succès contre les obstacles et les difficultés, et pour arracher aux épreuves des trophées de gloire ? Devons-nous être les esclaves des vicissitudes de la fortune ? Sommes-nous condamnés à être des victimes pour les mâchoires du milieu ? Ce ne sont pas les obstacles extérieurs eux-mêmes, mais notre peur et notre

---

1. Un érudit (1772-1859) et auteur de renom, qui appartenait à l'école Wang du confucianisme. Voir *Gen-shi-roku*.

doute intérieurs qui s'avèrent être les pierres d'achoppement sur le chemin du succès ; ce ne sont pas les pertes matérielles, mais la timidité et l'hésitation, qui nous ruinent à jamais.

Les difficultés ne font pas le poids face à l'optimiste, qui ne les fuit pas, mais les accueille. Il possède un prisme mental qui peut séparer la lumière blanche insipide de l'existence en des teintes brillantes. Il possède une alchimie mentale grâce à laquelle il peut produire une instruction en or à partir des scories de l'échec. Il possède une magie spirituelle qui transforme le nectar de la joie en larmes de chagrin. Il a un œil clairvoyant qui peut percevoir l'existence de l'espoir à travers les murs de fer du désespoir.

La prospérité tend à faire oublier la grâce de Bouddha, mais l'adversité fait naître la conviction religieuse. Le Christ sur la croix était plus le Christ que Jésus à table. Luther en guerre contre le pape était plus Luther que lui en paix. Nichi-ren[1] a jeté les bases de son église, lorsque l'épée et le sceptre le menaçaient de mort. Shin-ran[2] et Hen-en[3] ont établi leur foi respective lorsqu'ils étaient exilés. Lorsqu'ils furent exilés, ils ne se plaignirent pas, n'eurent pas de ressentiment, ne regrettèrent pas, ne se repentirent pas, ne se lamentèrent pas, mais avec contentement et joie, ils affrontèrent leur inévitable calamité et la vainquirent. On dit que Ho-nen était encore plus heureux et satisfait lorsqu'il souffrait d'une maladie grave, car il avait la conviction que la fin souhaitée était proche.

Un moine chinois, du nom de E Kwai, s'assit un jour dans un endroit tranquille au milieu des collines et pratiqua Dhyana. Personne n'était là pour troubler le calme de sa méditation. Le génie de la colline fut tellement piqué par son envie, qu'il décida de briser par surprise la sérénité mentale du moine. Ayant supposé que rien d'ordinaire ne serait efficace, il apparut tout à coup devant l'homme, prenant la forme effrayante d'un monstre sans tête. E Kwai, qui n'était pas du tout perturbé, regarda calmement le monstre et observa en souriant : « Tu n'as pas de tête, monstre ! Tu devrais être heureux, car tu ne risques pas de perdre ta tête ni de souffrir de maux de tête ! ».

Si nous naissions sans tête, ne devrions-nous pas être heureux, car nous n'aurions pas à souffrir de maux de tête ? Si nous naissions sans yeux, ne serions-nous pas heureux, puisque nous ne risquerions pas de souffrir de maladies oculaires ? Ho Ki Ichi,[4] un grand savant aveugle, donnait un soir une conférence, sans

1. Le fondateur (1222-1282) de la secte Nichi Ren, qui fut exilé en 1271 sur l'île de Sado. Pour l'histoire et la doctrine de la secte, voir *Une brève histoire des douze sectes bouddhistes japonaises*, par B. Nanjo, pp. 132-147.
2. Le fondateur (1173-1262) de la secte Shin, qui fut banni dans la province d'Eechigo en 1207. Voir *Histoire* de Nanjo, pp. 122-131.
3. Le fondateur (1131-1212) de la secte Jo Do, qui fut exilé sur l'île de Tosa en 1207. Voir *Histoire* de Nanjo, pp. 104-113.
4. Hanawa (1746-1821), qui a publié *Gun-sho-rui-zu* en 1782.

savoir que la lumière avait été éteinte par le vent. Lorsque ses élèves lui demandèrent de s'arrêter un moment, il fit remarquer en souriant : « Eh bien, que
vos yeux sont incommodes ! » Là où il y a le contentement, il y a le paradis.

13. Fais de ton mieux et laisse le reste à la Providence

Il existe un autre point de vue qui nous permet de profiter de la vie. Il s'agit
tout simplement du fait que toute chose est placée dans la condition la meilleure pour elle-même, puisqu'elle est la somme totale des conséquences de ses
actions et réactions depuis la nuit des temps. Prenez, par exemple, les plus minuscules grains de poussière que nous considérons comme la pire des matières,
sans vie, sans valeur, sans esprit, inerte. Nous les plaçons dans leur meilleur
état, aussi pauvres et sans valeur qu'ils puissent paraître. Ils ne peuvent jamais
devenir quelque chose de plus haut ou de plus bas qu'eux. Être des grains de
terre est ce qu'il y a de mieux pour eux. Sans ces minuscules microcosmes qui,
en volant dans l'air, réfléchissent les rayons du soleil, nous ne pourrions pas
avoir de ciel azur. Ce sont eux qui dispersent les rayons du soleil dans l'air et
les envoient dans nos chambres. Ce sont aussi ces grains de terre qui forment
les noyaux des gouttes de pluie et apportent la pluie saisonnière. Ce ne sont
donc pas des choses sans valeur et bonnes à rien, mais elles ont une importance
et un but cachés dans leur existence. S'ils avaient l'esprit pour penser, le cœur
pour sentir, ils devraient être satisfaits et heureux de leur condition actuelle.

Prenez, comme autre exemple, les fleurs de la gloire du matin. Elles fleurissent
et sourient chaque matin, se fanent et meurent en quelques heures. Comme
leur vie est fugace et éphémère ! Mais c'est cette courte vie qui les rend fragiles,
délicates et belles. Elles apparaissent d'un seul coup, aussi brillants et beaux
qu'un arc-en-ciel ou qu'une aurore boréale, et disparaissent comme des rêves.
C'est la meilleure condition pour elles, car si elles durent plusieurs jours, la
gloire du matin ne sera plus la gloire du matin. Il en est de même pour le ce-
risier qui produit les plus belles fleurs et porte des fruits amers. Il en est ainsi
du pommier, qui porte les fruits les plus doux et dont les fleurs sont laides. Il
en va de même pour les animaux et les hommes. Chacun d'eux est placé dans
la condition la plus favorable à sa mission.

Le bébé qui vient de naître suce, dort et pleure. Il ne peut faire ni plus ni
moins. N'est-il pas préférable qu'il en soit ainsi ? Lorsqu'il a atteint son âge
de garçon, il va à l'école et est admis dans la classe de première année. Il ne
peut être placé dans une classe supérieure ou inférieure. Il est préférable pour
lui d'être l'élève de la classe de première année. À la fin de sa scolarité, il peut
obtenir une place dans la société en fonction de ses capacités, ou mener une
vie misérable en raison de ses échecs. Dans tous les cas, il est dans la meilleure

position pour accomplir sa mission spéciale, ordonnée par la Providence, ou l'Hum-total des fruits de ses actions et réactions depuis toute éternité. Il doit être satisfait et heureux, et faire ce qui est juste avec force et détermination. Le mécontentement et la contrariété ne font que le rendre plus digne de sa ruine. Par conséquent, quelle que soit notre position, qu'elle soit élevée ou basse, que notre environnement soit favorable ou défavorable, nous devons être joyeux. « Fais de ton mieux et laisse le reste à la Providence », dit un adage chinois.

Longfellow dit aussi :

« Fais de ton mieux, c'est le mieux.
Laisse à ton Seigneur le reste. »

CHAPITRE VIII

L'ENTRAÎNEMENT DE L'ESPRIT ET LA PRATIQUE DE LA MÉDITATION

1. La méthode d'instruction adoptée par les maîtres zen

Jusqu'à présent, nous avons décrit la doctrine du zen inculquée par les maîtres chinois et japonais, et dans ce chapitre, nous nous proposons d'esquisser la pratique de l'entraînement mental et la méthode de la pratique du Dhyana ou Méditation. Les maîtres zen n'instruisent jamais leurs élèves au moyen d'explications ou d'arguments, mais les incitent à résoudre par eux-mêmes, par la pratique de la méditation, des problèmes tels que : « Qu'est-ce que Bouddha ? Qu'est-ce que le soi ? » « Qu'est-ce que l'esprit de Bodhidharma ? » « Qu'est-ce que la vie et la mort ? » « Quelle est la véritable nature de l'esprit ? ». Et ainsi de suite. Ten Shwai (To-sotsu), par exemple, avait l'habitude de poser trois questions à l'effet suivant : (1) votre étude et votre discipline visent à comprendre la nature réelle de l'esprit. Où la nature réelle de l'esprit existe-t-elle ? (2) Lorsque vous comprenez la nature réelle de l'esprit, vous êtes libéré de la naissance et de la mort. Comment pouvez-vous être sauvé lorsque vous êtes au bord de la mort ? (3) Lorsque vous êtes libre de la naissance et de la mort, vous savez où vous allez après la mort. Où allez-vous lorsque votre corps est réduit à l'état d'éléments ? Il n'est pas demandé aux élèves d'exprimer leur solution à ces problèmes sous la forme d'une théorie ou d'une argumentation, mais de montrer comment ils saisirent le sens profond impliqué dans ces problèmes, comment ils établirent leur conviction, et comment ils peuvent mettre en œuvre ce qu'ils ont saisi dans leur vie quotidienne.

Un maître zen chinois nous dit que la méthode d'instruction adoptée par le zen peut être comparée avec justesse à celle d'un vieux cambrioleur qui enseignait à son fils l'art du cambriolage. Le cambrioleur dit un soir à son petit-fils, qu'il voulait instruire dans le secret de son métier : « Ne voudrais-tu pas, mon cher garçon, être un grand cambrioleur comme moi ? » « Oui, père, » répondit le jeune homme prometteur. « Viens avec moi, alors. Je vais t'apprendre l'art. » En disant cela, l'homme sortit, suivi de son fils. Trouvant un riche manoir dans un certain village, le vétéran cambrioleur fit un trou dans le mur qui l'entourait. Par ce trou, ils se glissèrent dans la cour et, ouvrant une fenêtre avec une grande facilité, pénétrèrent dans la maison, où ils trouvèrent une énorme boîte solidement fermée, comme si son contenu était des articles de grande valeur. Le vieil homme frappa des mains sur la serrure, qui, chose étrange, se débloqua d'elle-même. Puis il enleva le couvercle et dit à son fils d'y entrer et de ramasser des trésors aussi vite qu'il le pourrait. À peine le garçon était-il entré dans la boîte que le père remettait le couvercle en place et fermait la boîte à clé. Il s'exclame alors à tue-tête : « Au voleur ! Au voleur ! Au voleur ! Au voleur ! » Ayant ainsi éveillé les détenus, il sortit sans rien prendre. Toute la maison fut dans une confusion totale pendant un moment ; mais ne trouvant rien de volé, ils se recouchèrent. Le garçon resta assis en retenant son souffle un court instant ; mais, décidant de sortir de son étroite prison, il commença à gratter le fond de la boîte avec les ongles de ses doigts. La servante de la maison, qui entendait le bruit, pensa que c'était une souris qui rongeait l'intérieur de la boîte ; elle sortit donc, lampe à la main, et l'ouvrit. En retirant le couvercle, elle fut très surprise de trouver le garçon au lieu d'une petite souris, et donna l'alarme. Pendant ce temps, le garçon sortit de la boîte et descendit dans la cour, vivement poursuivi par les gens. Il courut aussi vite que possible vers le puits, ramassa une grosse pierre, la jeta dans le puits et se cacha dans les buissons. Les poursuivants, pensant que le voleur était tombé dans le puits, se rassemblèrent autour de celui-ci et y regardèrent, tandis que le garçon se glissait inaperçu par le trou et rentrait chez lui en toute sécurité. C'est ainsi que le cambrioleur enseigna à son fils comment se débarrasser par ses propres moyens de difficultés accablantes ; de même, les maîtres zen enseignent à leurs élèves comment surmonter les difficultés qui les assaillent de toutes parts et réaliser leur salut par eux-mêmes.

2. Le premier pas dans l'entraînement mental

On dit que certains des anciens maîtres zen atteignirent l'illumination suprême après avoir pratiqué la méditation pendant une semaine, d'autres pendant un jour, d'autres encore pendant une vingtaine d'années et d'autres enfin pendant quelques mois. Cependant, la pratique de la méditation n'est pas seulement un moyen d'atteindre l'illumination, comme on le suppose généralement, mais aussi la jouissance du nirvana, ou la béatitude du zen. Il va de soi que nous devons comprendre pleinement la doctrine du zen et que nous devons passer par l'entraînement mental propre au zen afin d'être éclairés.

La première étape de cet entraînement mental consiste à devenir le maître des choses extérieures. Celui qui s'adonne aux plaisirs du monde, aussi savant ou ignorant qu'il soit, aussi élevée ou basse que soit sa position sociale, est un serviteur des simples choses. Il ne peut pas adapter le monde extérieur à sa propre fin, mais il s'y adapte lui-même. Il est constamment employé, commandé, conduit par des objets sensuels. Au lieu de prendre possession de la richesse, il est possédé par la richesse. Au lieu de boire des liqueurs, il est englouti par ses liqueurs. Les bals et la musique lui ordonnent de devenir fou. Les jeux et les spectacles lui ordonnent de ne pas rester chez lui. Les maisons, les meubles, les tableaux, les montres, les chaînes, les chapeaux, les bonnets, les bagues, les bracelets, les chaussures, bref, tout a un mot pour le commander. Comment une telle personne peut-elle être le maître des choses ?

To Ju (Na-kae) dit : « Il existe une grande prison, pas une prison pour criminels, qui contient le monde entier. La gloire, le gain, l'orgueil et la bigoterie forment ses quatre murs. Ceux qui y sont enfermés sont en proie au chagrin et soupirent pour toujours. »

Pour être le maître des choses, nous devons d'abord fermer tous nos sens, et tourner les courants de pensée vers l'intérieur, et nous considérer comme le centre du monde, et méditer que nous sommes les êtres de la plus haute intelligence ; que Bouddha ne nous met jamais à la merci des forces naturelles ; que la terre est en notre possession ; que tout ce qui est sur la terre doit être utilisé à nos nobles fins ; que le feu, l'eau, l'air, l'herbe, les arbres, les rivières, les collines, le tonnerre, les nuages, les étoiles, la lune, le soleil sont à nos ordres ; que nous sommes les législateurs des phénomènes naturels ; que nous sommes les créateurs du monde phénoménal ; que c'est nous qui désignons une mission à travers la vie et déterminons le destin de l'homme.

3. L'étape suivante de l'entraînement mental

Ensuite, nous devons nous efforcer d'être le maître de notre corps. Chez la plupart des non éclairés, le corps exerce un contrôle absolu sur le Soi. Chaque ordre du premier doit être fidèlement obéi par le second. Même si le Soi se révolte contre la tyrannie du corps, il est facilement piétiné par les sabots brutaux de la passion corporelle. Par exemple, le Moi veut être tempéré pour le bien de la santé, et il aimerait bien ne pas avoir recours à la boisson, mais le corps l'y oblige. Il lui arrive de se fixer des règles diététiques strictes, mais le corps le menace d'agir contre la lettre et l'esprit de ces règles. Il aspire à se hisser à une place plus élevée parmi les sages, mais le corps le tire vers le bas, sur le trottoir des masses. Il se propose de donner de l'argent aux pauvres, mais le corps ferme hermétiquement la bourse. Maintenant, Soi admire la beauté divine, mais le corps le contraint à préférer la sensualité. Encore une fois, Soi aime la liberté spirituelle, mais le corps l'enferme dans ses donjons.

Par conséquent, pour obtenir l'illumination, nous devons établir l'autorité du Soi sur l'ensemble du corps. Nous devons utiliser notre corps comme nous utilisons nos vêtements afin d'accomplir nos nobles objectifs. Ordonnons au corps de ne pas trembler sous une douche froide par mauvais temps, de ne pas être nerveux à cause de nuits blanches, de ne pas être malade avec n'importe quelle nourriture, de ne pas gémir sous le couteau d'un chirurgien, de ne pas succomber même si nous restons une journée entière sous le soleil d'été, de ne pas s'effondrer sous n'importe quelle forme de maladie, de ne pas être excité dans l'épaisseur du champ de bataille – en bref, nous devons contrôler notre corps comme nous le voulons.

Asseyez-vous dans un endroit tranquille et méditez en imaginant que le corps ne vous est plus asservi, qu'il est votre machine pour votre travail de vie, que vous n'êtes pas la chair, que vous en êtes le gouverneur, que vous pouvez l'utiliser à votre guise et qu'il obéit toujours fidèlement à votre ordre.

Imaginez le corps comme séparé de vous. Quand il crie, arrêtez-le instantanément, comme une mère le fait pour son bébé. Lorsqu'il vous désobéit, corrigez-le par la discipline, comme un maître le fait avec son élève. Lorsqu'il est dévergondé, domptez-le, comme un écuyer le fait avec son cheval sauvage. Lorsqu'il est malade, prescrivez-lui un traitement, comme un médecin le fait pour son patient. Imaginez que vous n'êtes pas du tout blessé, même s'il fait couler du sang ; que vous êtes entièrement en sécurité, même s'il est noyé dans l'eau ou brûlé par le feu.

E-Shun, élève et sœur de Ryo-an, célèbre maître japonais, se brûla calmement, assise les jambes croisées sur un tas de bois qui la consuma. Elle parvint à la maîtrise complète de son corps. Le Moi de Socrate ne fut jamais empoisonné, même si sa personne fut détruite par le venin qu'il prit. Abraham Lincoln lui-même resta indemne, même si son corps fut mis à terre par l'assassin. Masashige était en sécurité, même si son corps était taillé par les épées des traîtres. Les martyrs qui chantaient sur le bûcher à la louange de Dieu ne purent jamais être brûlés, même si leurs corps étaient réduits en cendres ni les chercheurs de vérité qui furent tués par l'ignorance et la superstition. N'est-ce pas une grande pitié de voir un homme doué d'un esprit et d'une puissance divins facilement troublé par un petit mal de tête, ou pleurant comme un enfant sous le scalpel d'un chirurgien, ou susceptible de rendre l'âme à l'approche d'un petit danger, ou tremblant par un petit rhume, ou facilement abattu par un petit malaise, ou cédant à une tentation insignifiante ?

Il n'est pas facile d'être le dictateur du corps. Ce n'est pas une question de théorie, mais de pratique. Vous devez entraîner votre corps afin de lui permettre de supporter toute sorte de souffrance et de rester inébranlable face à l'adversité. C'est pour cela que So-rai (Ogiu) s'allongeait sur une natte de paille étalée sur le sol pendant les nuits les plus froides de l'hiver, ou qu'il avait l'habitude de monter et de descendre du toit de sa maison, vêtu d'une lourde armure. C'est pour cela que les anciens soldats japonais menaient une vie extrêmement simple, et qu'ils tenaient souvent des réunions de persévérance, au cours desquelles ils s'exposaient aux plus grands froids de l'hiver ou aux plus grandes chaleurs de l'été. C'est pour cela que Katsu Awa pratiquait l'escrime en pleine nuit dans une forêt profonde.

Ki-saburo, bien qu'il ne soit qu'un simple hors-la-loi, ayant le bras gauche à moitié coupé au niveau du coude lors d'une querelle, ordonna à son serviteur de le couper à l'aide d'une scie, et pendant l'opération, il pouvait tranquillement s'asseoir pour parler et rire avec ses amis. Hiko-kuro (Takayama), un loyaliste japonais de renom, arriva un soir à un pont où deux voleurs l'attendaient. Ils étaient étendus, chacun la tête au milieu du pont, pour qu'il ne puisse pas le traverser sans les toucher.

Hiko-kuro ne fut ni excité ni découragé, mais s'approcha calmement des vagabonds et passa le pont en marchant sur leurs têtes, ce qui les effraya tellement qu'ils prirent leurs jambes à leur cou sans lui faire le moindre mal.

L'histoire du zen regorge d'anecdotes qui montrent que les prêtres zen étaient les seigneurs de leur corps. Nous en citons ici un seul exemple à titre d'illustration : Ta Hwui (Dai-ye), ayant eu un jour un furoncle à la hanche, envoya chercher un médecin, qui lui dit que c'était fatal, qu'il ne devait pas s'asseoir en Méditation comme d'habitude. Ta Hwui dit alors au médecin : « Je dois m'asseoir en Méditation de toutes mes forces pendant les jours qui me restent, car si votre diagnostic n'est pas erroné, je vais mourir d'ici peu. » Il s'assit jour et nuit en méditation constante, oubliant complètement son furoncle, qui s'était brisé et était parti de lui-même.

4. La troisième étape de l'entraînement mental

Être le seigneur de l'esprit est plus essentiel à l'Illumination, qui, en un sens, est le nettoyage des illusions, la suppression des désirs et des passions mesquins, et l'éveil de la sagesse la plus profonde. Seul celui qui maîtrise parfaitement les passions qui tendent à perturber l'équilibre de son esprit peut atteindre le vrai bonheur. Les passions telles que la colère, la haine, la jalousie, le chagrin, l'inquiétude, la rancune et la peur perturbent toujours l'humeur et brisent l'harmonie de l'esprit. Elles empoisonnent le corps, non pas au sens figuré, mais au sens propre du terme. Les passions odieuses, une fois éveillées, ne manquent jamais de provoquer des changements physiologiques dans les nerfs, dans les organes, et finalement dans toute la constitution, et de laisser des impressions nuisibles qui rendent l'individu plus vulnérable aux passions de même nature. Nous ne voulons pas dire, cependant, que nous devrions être froids et sans passion, comme les plus anciens hinayanistes avaient l'habitude de l'être. Une telle attitude fut blâmée par les maîtres zen. « Quelle est la meilleure façon de vivre pour nous, moines ? » Demanda un moine à Yun Ku (Un-go), qui répondit : « Vous feriez mieux de vivre parmi les montagnes. » Puis le moine s'inclina poliment devant le maître, qui lui demanda : « Comment m'avez-vous compris ? » « Les moines, d'après ce que j'ai compris, répondit l'homme, doivent garder leur cœur aussi inébranlable que les montagnes, sans être déplacés ni par le bien ni par le mal, ni par la naissance ni par la mort, ni par la prospérité ni par l'adversité. » Sur ce, Yun Ku frappa le moine avec son bâton et dit : « Tu abandonnes la Voie des vieux sages, et tu conduiras mes disciples à la perdition ! ». Puis, se tournant vers un autre moine, il demanda : « Comment m'as-tu compris ? » « Les moines, d'après ce que j'ai compris, répondit l'homme, doivent fermer leurs yeux aux vues attrayantes et fermer leurs oreilles aux notes de musique. » « Toi aussi, s'exclama Yun Ka, tu abandonnes la Voie des vieux sages, et tu conduiras mes disciples à la perdition ! » Une vieille femme, pour citer un autre exemple maintes fois raconté par les maîtres zen, avait l'habitude de donner nourriture et vêtements à un moine pendant une vingtaine d'années. Un jour, elle chargea une jeune fille de l'embrasser et de lui demander : « Comment te sens-tu maintenant ? » « Un arbre sans vie, répondit froidement le moine, se tient sur une roche froide. Il n'y a pas de chaleur, comme à la saison la plus froide de l'année. » La matrone, informée de cela, observa : « Oh, que je n'ai pas fait d'offrandes à un homme aussi vulgaire pendant vingt ans ! » Elle obligea le moine à quitter le temple et le réduisit en cendres.

Si vous voulez obtenir Dhyana, laissez tomber vos angoisses et vos échecs du passé ; laissez le passé au passé ; rejetez l'inimitié, la honte et les ennuis, ne les admettez jamais dans votre cerveau ; laissez passer l'imagination et l'anticipation de difficultés et de souffrances futures ; laissez partir tous vos ennuis, vos vexations, vos doutes, vos mélancolies, qui entravent votre vitesse dans la course de la lutte pour l'existence. De même que l'avare jette son dévolu sur des scories sans valeur et les accumule, de même une personne non éclairée s'accroche à des scories mentales sans valeur et à des déchets spirituels, et fait de son esprit un tas de poussière. Certaines personnes s'attardent constamment sur les moindres détails de leurs circonstances malheureuses, pour se rendre plus malheureuses qu'elles le sont réellement ; d'autres reviennent sans cesse sur les symptômes de leur maladie pour se croire gravement malades ; et d'autres encore attirent les maux sur elles en les ayant constamment en vue et en les attendant. Un homme demanda à Poh Chang (Hyaku-jo) : « Comment vais-je apprendre la Loi ? » « Mange quand tu as faim, répondit le maître, et dors quand tu es fatigué. Les gens ne se contentent pas de manger à table, mais pensent à des centaines de choses ; ils ne se contentent pas de dormir dans leur lit, mais pensent à des milliers de choses. »

Il est ridicule, en effet, que l'homme ou la femme, doté de la même nature que celle du Bouddha, né seigneur de tous les objets matériels, soit toujours bouleversé par des soucis insignifiants, hanté par les fantômes effrayants de sa propre création, et brûle son énergie dans un accès de passion, gaspille sa vitalité pour des choses insignifiantes ou idiotes.

C'est l'homme qui peut garder l'équilibre de son esprit en toutes circonstances, qui peut être calme et serein dans les luttes les plus chaudes de la vie, qui est digne de succès, de récompenses, de respect et de réputation, car il est le maître des hommes. C'est à l'âge de quarante-sept ans que Wang Yang Ming (O-yo-mei) remporta une splendide victoire sur l'armée rebelle qui menaçait le trône de la dynastie Ming.

Pendant cette guerre, Wang donnait un cours à un certain nombre d'étudiants au quartier général de l'armée, dont il était le commandant en chef. Tout au début de la bataille, un messager lui apporta la nouvelle de la défaite des premiers rangs. Tous les élèves furent terrorisés et pâlirent à cette triste nouvelle, mais le professeur n'en fut pas troublé le moins du monde. Quelque temps après, un autre messager apporta la nouvelle de la déroute complète de l'ennemi. Tous les étudiants, enchantés, se levèrent et applaudirent, mais le professeur resta aussi calme qu'auparavant et n'interrompit pas son cours. Ainsi, le pratiquant du Zen a un contrôle si parfait de son cœur qu'il peut garder la présence d'esprit face à un danger imminent, même en présence de la mort elle-même.

C'est à l'âge de vingt-trois ans que Haku-in monta à bord d'un bateau à destination des provinces de l'est, qui rencontra une tempête et faillit faire naufrage. Tous les passagers étaient abattus par la peur et la fatigue, mais Haku-in bénéficia d'un sommeil tranquille pendant la tempête, comme s'il était couché sur un lit confortable. C'est au cinquième de l'ère Mei-ji que Doku-on vécut quelque temps dans la ville de Tokyo, que des zélotes chrétiens tentèrent d'assassiner. Un jour, il rencontra quelques jeunes hommes équipés d'épées à la porte de son temple. « Nous voulons voir Doku-on ; allez le lui dire », dirent-ils au prêtre. « Je suis Doku-on, répondit-il calmement, celui que vous voulez voir, messieurs. Que puis-je faire pour vous ? » « Nous sommes venus vous demander un service ; nous sommes chrétiens ; nous voulons votre tête chenue. » En disant cela, ils étaient prêts à l'attaquer. Souriant, il répondit : « Très bien, messieurs. Décapitez-moi sur-le-champ, s'il vous plaît. » Surpris par cette audace inattendue de la part du prêtre, ils rebroussèrent chemin sans blesser un seul cheveu du vieux bouddhiste.

Ces maîtres pouvaient, par une longue pratique, maintenir constamment leur esprit en éveil, rejetant les encombrements inutiles des pensées oiseuses ;

lumineux, chassant le sombre nuage de la mélancolie ; tranquille, calmant les vagues turbulentes de la passion ; pur, nettoyant la poussière et les cendres de l'illusion ; et serein, balayant les toiles d'araignée du doute et de la peur. Le seul moyen d'obtenir tout cela est de réaliser l'union consciente avec la vie universelle par le biais de la conscience éclairée, qui peut être éveillée à force de Dhyana.

5. Le zazen ou la méditation assise

L'habitude naît de la pratique, forme le caractère par degrés et finit par façonner le destin. C'est pourquoi nous devons pratiquement semer l'optimisme et le nourrir par habitude afin de récolter le fruit bienheureux de l'illumination. Le seul moyen d'obtenir le calme mental est la pratique de zazen, ou la méditation assise. Cette méthode était connue en Inde sous le nom de yoga dès la période des Upanisad, et développée par les adeptes du système du yoga. Mais les bouddhistes distinguèrent nettement zazen du yoga, et ont une méthode qui leur est propre. Kei-zan décrit la méthode de la manière suivante : « Trouvez une pièce tranquille, ni extrêmement claire ni extrêmement sombre, ni très chaude ni très froide, une pièce, si vous le pouvez, dans un temple bouddhiste situé dans un beau quartier montagneux. Vous ne devez pas pratiquer zazen dans un endroit où une conflagration ou une inondation ou des voleurs peuvent être susceptibles de vous déranger, ni vous asseoir dans un endroit proche de la mer ou des débits de boissons ou des maisons closes, ou des maisons de veuves et de jeunes filles ou des bâtiments pour la musique, ni vivre à proximité d'un lieu fréquenté par des rois, des ministres, des hommes d'État puissants, des personnes ambitieuses ou peu sincères. Vous ne devez pas vous asseoir en méditation dans un endroit venteux ou très élevé de peur de tomber malade. Veillez à ne pas laisser le vent ou la fumée pénétrer dans votre chambre, à ne pas l'exposer à la pluie et à l'orage. Gardez votre chambre propre. Ne la laissez pas trop claire le jour ni trop sombre la nuit. Gardez-la chaude en hiver et fraîche en été. Ne vous asseyez pas en vous appuyant contre un mur, une chaise ou un écran. Ne portez pas de vêtements souillés ou de beaux vêtements, car les premiers sont la cause de la maladie, tandis que les seconds sont la cause de l'attachement. Évitez les trois insuffisances, c'est-à-dire les vêtements insuffisants, la nourriture insuffisante et le sommeil insuffisant.

« Abstenez-vous de toute sorte d'aliments crus, durs, gâtés ou impurs, ainsi que des plats très délicieux, car les premiers provoquent des troubles dans votre tube digestif, tandis que les seconds vous font convoiter un régime. Mangez et buvez uniquement pour apaiser votre faim et votre soif, peu importe que la nourriture soit savoureuse ou non. Prenez vos repas régulièrement et ponctuellement, et ne vous asseyez jamais en méditation immédiatement après un repas. Ne pratiquez pas Dhyana juste après avoir pris un repas copieux, de peur de tomber malade.

« Le sésame, l'orge, le maïs, les pommes de terre, le lait, etc. sont les meilleures matières pour votre nourriture. Lavez fréquemment vos yeux, votre visage, vos mains et vos pieds, et gardez-les frais et propres.

« Il y a deux postures en zazen, à savoir l'assise jambes croisées et l'assise jambes demi-croisées. Asseyez-vous sur un coussin épais, en le plaçant juste sous vos hanches. Gardez votre corps si droit que le bout du nez et le nombril sont sur une ligne perpendiculaire, et que les oreilles et les épaules sont dans le même plan. Placez ensuite le pied droit sur la cuisse gauche, le pied gauche sur la cuisse droite, de sorte que les jambes se croisent. Ensuite, posez votre main droite, paume vers le haut, sur le pied gauche, et votre main gauche sur la paume droite, le dessus des deux pouces se touchant. C'est la posture appelée "assise jambes croisées". Vous pouvez simplement placer le pied gauche sur la cuisse droite, la position des mains étant la même que dans l'assise jambes croisées. Cette posture s'appelle l'assise à demi croisée.

« Ne fermez pas les yeux, gardez-les toujours ouverts pendant toute la méditation. Ne respirez pas par la bouche ; appuyez votre langue contre le palais, en rapprochant les lèvres supérieures et les dents des inférieures. Gonflez votre abdomen de façon à retenir le souffle dans le ventre ; respirez rythmiquement par le nez, en gardant un temps mesuré pour l'inspiration et l'expiration. Comptez pendant un certain temps les respirations inspirantes ou expirantes de un à dix, puis recommencez à un. Concentrez votre attention sur l'inspiration et l'expiration de vos respirations comme si vous étiez la sentinelle qui se tient à la porte des narines. Si vous faites une erreur en comptant, ou si vous oubliez le souffle, il est évident que votre esprit est distrait. »

Chwang Tsz semble avoir remarqué que l'harmonie de la respiration est typique de l'harmonie de l'esprit, puisqu'il dit : « Les vrais hommes d'autrefois ne rêvaient pas quand ils dormaient. Leur respiration était profonde et silencieuse. La respiration de l'homme véritable vient (même) de ses talons, alors que les hommes respirent généralement (seulement) de leur gorge. » Quoi qu'il en soit, le comptage des respirations est un expédient pour calmer l'esprit, et des règles élaborées sont données dans le *zen sutra*, mais les maîtres zen chinois et japonais n'insistent pas autant sur ce point que les maîtres indiens.

6. L'exercice de respiration du yogi

L'exercice de la respiration est l'une des pratiques du yoga, et ressemble quelque peu dans sa méthode et sa fin à celles du zen. Nous citons ici Yogi Ramacharaka pour montrer comment les yogis modernes le pratiquent : « (1) Se tenir debout ou s'asseoir droit. Respirer par les narines, inspirer régulièrement, en remplissant d'abord la partie inférieure des poumons, ce qui est accompli en mettant en jeu le diaphragme qui, en descendant, exerce une légère pression sur les organes abdominaux, poussant vers l'avant les parois frontales de l'abdomen. Remplissez ensuite la partie médiane des poumons, en repoussant les côtes inférieures, le sternum et la poitrine. Remplissez ensuite la partie supérieure des poumons, faisant ressortir la partie supérieure de la poitrine, soulevant ainsi la poitrine, y compris les six ou sept paires de côtes supérieures. Dans le dernier mouvement, la partie inférieure de l'abdomen sera légèrement tirée vers l'intérieur, ce qui donne un support aux poumons et aide également à remplir la partie supérieure des poumons. À la première lecture, il peut sembler que cette respiration consiste en trois mouvements distincts. Ce n'est cependant pas l'idée correcte. L'inspiration est continue, toute la cavité thoracique, depuis le diaphragme inférieur jusqu'au point le plus haut de la poitrine, dans la région de la clavicule, étant dilatée d'un mouvement uniforme. Évitez les séries d'inhalations saccadées et efforcez-vous d'obtenir une action régulière et continue. La pratique permet de surmonter rapidement la tendance à diviser l'inhalation en trois mouvements et d'obtenir une respiration uniforme et continue. Après un peu de pratique, vous serez capable de terminer l'inhalation en quelques secondes. (2) Retenez la respiration pendant quelques secondes. (3) Expirez très lentement, en maintenant la poitrine dans une position ferme, en rentrant un peu l'abdomen et en le soulevant lentement vers le haut à mesure que l'air quitte les poumons. Lorsque l'air est entièrement expiré, relâchez la poitrine et l'abdomen. Un peu de pratique rendra cette partie de l'exercice facile, et le mouvement une fois acquis sera ensuite exécuté presque automatiquement. »

7. Le calme de l'esprit

La respiration yogi mentionnée ci-dessus est plus adaptée à l'exercice physique qu'à l'équilibre mental, et il sera bénéfique de faire cet exercice avant ou après la méditation. La plupart des maîtres japonais considèrent qu'il est très important de pousser vers l'avant la partie la plus basse de l'abdomen pendant Zazen, et ils ont raison en ce qui concerne les expériences personnelles de l'auteur actuel.

Si vous sentez votre esprit distrait, regardez le bout du nez ; ne le perdez jamais de vue pendant un certain temps, ou regardez votre propre paume, et ne laissez pas votre esprit en sortir, ou fixer un point devant vous. Cela vous aidera grandement à rétablir l'équilibre de votre esprit.

Chwang Tsz pensait que le calme de l'esprit est essentiel aux sages, et a dit : « Le calme des sages ne leur appartient pas en tant que conséquence de leur habileté ; toutes les choses ne sont pas capables de perturber leur esprit ; c'est pour cette raison qu'ils sont calmes. Lorsque l'eau est calme, sa clarté laisse apparaître la barbe et les sourcils (de celui qui la regarde). C'est un niveau parfait, et le plus grand artificier y puise sa règle. Telle est la clarté de l'eau calme, et combien plus grande est celle de l'esprit humain ? L'esprit tranquille du sage est le miroir du ciel et de la terre, le verre de toutes choses. »

Oubliez toutes les préoccupations mondaines, chassez tous les soucis et les anxiétés, laissez aller les passions et les désirs, abandonnez les idées et les pensées, donnez à votre esprit une liberté absolue et rendez-le aussi clair qu'un miroir bruni. Laissez ainsi couler votre source inépuisable de pureté, ouvrez votre trésor inestimable de vertu, faites ressortir votre nature intérieure cachée de bonté, révélez votre sagesse divine la plus intime, et éveillez votre conscience éclairée pour qu'elle voie la Vie universelle en vous. « Zazen permet au pratiquant, dit Kei-zan, d'ouvrir son esprit, de voir sa propre nature, de prendre conscience de l'esprit mystérieusement pur et lumineux, ou de la lumière éternelle qui est en lui. »

Une fois que vous avez pris conscience de la vie divine en vous, vous pouvez la voir dans vos frères, quelles que soient leurs différences de circonstances, de capacités, de caractères, de nationalités, de langues, de religions et de races. Vous pouvez le voir dans les animaux, les végétaux et les minéraux, quelle que soit la diversité de leurs formes, quelle que soit la nature sauvage et féroce de certains d'entre eux, quelle que soit l'insensibilité de leur cœur, quelle que soit l'absence d'intelligence de certains, quelle que soit l'insignifiance de certains, quelle que soit la simplicité de leur construction, quelle que soit l'absence de vie de certains. Vous pouvez voir que l'univers entier est éclairé et pénétré par la Vie divine.

8. Le zazen et l'oubli de soi

Le zazen est un moyen très efficace de détruire l'égoïsme, racine de tout péché, de toute folie, de tout vice et de tout mal, car il nous permet de voir que chaque être est doté d'une spiritualité divine en commun avec les hommes. C'est l'égoïsme qui jette des ombres sur la vie, tout comme ce n'est pas le soleil, mais le corps qui jette de l'ombre devant lui. C'est ce même égoïsme qui a donné naissance à la croyance en l'immortalité de l'âme, en dépit de son irrationalité, de sa bêtise et de sa superstition. Le moi individuel devrait être une pauvre chose misérable s'il n'était pas essentiellement relié à la Vie universelle. Nous pouvons toujours jouir d'un pur bonheur lorsque nous sommes unis à la nature, en oubliant complètement notre pauvre moi. Lorsque vous regardez, par exemple, le visage souriant d'un joli bébé et que vous souriez avec lui, ou que vous écoutez la douce mélodie d'un chanteur et que vous chantez avec lui, vous oubliez complètement votre pauvre moi à ce moment de ravissement. Mais vos sentiments de beauté et de bonheur disparaissent à jamais lorsque vous reprenez votre moi et commencez à les considérer selon vos propres idées égoïstes. Oublier le moi et l'identifier à la nature, c'est briser ses limites et le rendre libre. Briser l'égoïsme mesquin et l'étendre au Soi universel, c'est le libérer et l'affranchir de la servitude. Il s'ensuit que le salut peut être assuré non pas par la continuation de l'individualité dans une autre vie, mais par la réalisation de son union avec la Vie universelle, qui est immortelle, libre, sans limites, éternelle et la félicité elle-même. Ceci est facilement réalisable par zazen.

9. Le zen et les pouvoirs surnaturels

Le yoga prétend que divers pouvoirs surnaturels peuvent être acquis par la méditation, mais le zen ne fait aucune affirmation aussi absurde. Il dédaigne plutôt ceux qui sont censés avoir acquis des pouvoirs surnaturels par la pratique d'austérités. Les traditions suivantes montrent clairement cet esprit: «Lorsque Fah Yung (Ho-yu) vivait au mont Niu Teu (Go-zu-san), il avait l'habitude de recevoir chaque matin les offrandes de fleurs de centaines d'oiseaux, et on lui prêtait des pouvoirs surnaturels. Mais après son illumination par l'instruction du Quatrième Patriarche, les oiseaux cessèrent de faire des offrandes, car il devint un être trop divin pour être vu par des animaux inférieurs.» «Hwang Pah (O-baku), montant un jour le mont Tien Tai (Ten-dai-san), que l'on croyait habité par des Arhats aux pouvoirs surnaturels, rencontra un moine dont les yeux émettaient une lumière étrange. Ils longèrent le col en discutant entre eux pendant un court moment jusqu'à ce qu'ils arrivent à une rivière grondant en torrent. Comme il n'y avait pas de pont, le maître voulut s'arrêter sur la rive, mais son compagnon traversa la rivière en marchant sur l'eau et fit signe à Hwang Pah de le suivre. Hwang Pah dit alors: "Si j'avais su que tu étais un Arhat, je t'aurais doublé avant que tu n'arrives là-bas!". Le moine comprit alors l'accomplissement spirituel de Hwang Pah, et le loua comme un véritable mahayaniste. En une occasion, Yang Shan (Kyo-zan) vit un moine étranger voler dans les airs. Lorsque ce moine descendit et s'approcha de lui en le saluant respectueusement, il demanda: "D'où viens-tu?" "Tôt ce matin, répondit l'autre, je suis parti de l'Inde." "Pourquoi, dit le maître, arrives-tu si tard?" "Je me suis arrêté, répondit l'homme, plusieurs fois pour regarder de beaux paysages." "Tu as peut-être des pouvoirs surnaturels, s'exclama Yang Shan, mais tu dois me rendre l'esprit de Bouddha." Alors le moine loua Yang Shan en disant: "Je suis venu en Chine pour vénérer Manyjucri, et j'ai rencontré inopinément Minor Shakya", et, après avoir donné au maître quelques feuilles de palmier qu'il avait apportées d'Inde, il est reparti par les airs. »

Il est tout à fait raisonnable que les pratiquants du zen distinguent les pouvoirs surnaturels de l'élévation spirituelle, les premiers étant une acquisition des Dévas, ou des Asuras, ou des Arhats, ou même des animaux, et la seconde un accomplissement plus noble atteint seulement par les pratiquants du Mahayanisme. De plus, ils utilisent le terme de pouvoir surnaturel dans un sens entièrement différent de celui d'origine. Lin Tsi (Rin-zai) dit, par exemple: « Il y a six pouvoirs surnaturels du Bouddha: Il est libre de la tentation de la forme, vivant dans le monde de la forme; Il est libre de la tentation du son, vivant dans le monde du son; Il est libre de la tentation de l'odeur, vivant dans le monde de l'odeur; Il est libre de la tentation du goût, vivant dans le monde du goût; Il est libre de la tentation du Dharma, vivant dans le monde du Dharma. Ce sont là six pouvoirs surnaturels. »

Parfois, les pratiquants du zen utilisent ce terme comme s'il signifiait ce que nous appelons l'activité zen, ou la libre démonstration du zen en action, comme vous le voyez dans les exemples suivants. Tung Shan (To-Zan) s'occupait en une occasion de son maître Yun Yen (Un-gan), qui lui demanda: « Quels sont vos pouvoirs surnaturels? » Tung Shan, ne disant rien, joignit ses mains sur sa poitrine, et se leva devant Yun Yen. « Comment déploies-tu tes pouvoirs surnaturels? » questionna à nouveau le professeur. Puis Tung Shan fit ses adieux et sortit. Wei Shan (E-san) faisait un jour la sieste, et voyant son disciple Yang Shan (Kyo-zan) entrer dans la pièce, il tourna son visage vers le mur. « Vous n'avez pas besoin, Monsieur, dit Yang Shan, de vous lever en cérémonie, puisque je suis votre disciple. » Wei Shan sembla essayer de se lever, alors Yang Shan sortit; mais Wei Shan le rappela et dit: « Je vais te raconter un rêve que j'ai fait. » L'autre inclina la tête comme pour écouter. « Maintenant dit Wei Shan, devine ma fortune par le rêve. » Sur ce, Yang Shan alla chercher une bassine d'eau et une serviette et les donna au maître, qui s'en lava le visage. Peu après, Hiang Yen (Kyo-gen) entra, à qui Wei Shan dit: « Nous avons fait preuve de pouvoirs surnaturels il y a un instant. Ce n'étaient pas des pouvoirs surnaturels comme ceux dont font preuve les hinayanistes. » « Je le sais, Monsieur, répondit l'autre, bien que j'étais en bas. » « Dites donc ce que c'était », demanda le maître. Hiang Yen prépara alors du thé et en donna une tasse à Wei Shan, qui fit l'éloge des deux disciples en disant: « Vous surpassez

Çariputra et Maudgalyayana par votre sagesse et vos pouvoirs surnaturels. »

Là encore, les anciens pratiquants du zen ne prétendaient pas qu'il y avait un quelconque élément mystérieux dans leur réalisation spirituelle, comme le dit sans équivoque Do-gen à propos de son illumination : « J'ai seulement reconnu que mes yeux sont placés en croix au-dessus du nez qui est dans le sens de la longueur, et que je n'étais pas trompé par les autres. Je suis rentré de Chine avec rien dans la main. Il n'y a rien de mystérieux dans le bouddhisme. Le temps passe comme il est naturel, le soleil se lève à l'est et la lune se couche à l'ouest. »

10. Le vrai Dhyana

S'asseoir en méditation n'est pas la seule méthode pour pratiquer zazen. « Nous pratiquons Dhyana assis, debout et en marchant », dit un pratiquant du zen japonais. Lin Tsi (Rin-Zaï) dit aussi : « Concentrer son esprit, ou ne pas aimer les endroits bruyants, et ne rechercher que le calme est la caractéristique du Dhyana hétérodoxe. » Il est facile de garder son sang-froid dans un lieu de tranquillité, mais il n'est nullement facile de garder l'esprit imperturbable au milieu du bivouac de la vie actuelle. C'est le véritable Dhyana qui rend notre esprit ensoleillé alors que les tempêtes de conflits font rage autour de nous. C'est le vrai Dhyana qui assure l'harmonie du cœur, alors que les élans de la lutte nous ballottent violemment. C'est le vrai Dhyana qui nous fait fleurir et sourire, alors que l'hiver de la vie nous convoite avec le gel et la neige.

« Les pensées oisives vont et viennent dans les esprits non éclairés six cent cinquante fois en un claquement de doigts », écrit un professeur indien, « et treize cents millions de fois toutes les vingt-quatre heures ». C'est peut-être exagéré, mais force est de constater qu'une pensée oiseuse après l'autre bouillonne sans cesse dans le courant de la conscience. « Dhyana est le lâcher-prise, poursuit l'auteur, c'est-à-dire le lâcher-prise des treize cents millions de pensées oiseuses. » La racine même de ces treize cents millions de pensées oiseuses est une illusion sur son propre moi. C'est en effet la plus pauvre créature, même si elle est au ciel, qui se croit pauvre. Au contraire, c'est un ange qui se croit plein d'espoir et heureux, même s'il est en enfer. « Priez pour me délivrer », dit un pécheur à Sang Tsung (So-san). « Qui t'attache ? » fut la réponse. Tu t'attaches jour et nuit avec le fil ténu de tes pensées oisives, et tu te construis un cocon d'environnement dont tu n'as aucun moyen de t'échapper. Il n'y a pas de corde, et pourtant tu te crois attaché. Qui pourrait mettre des chaînes à votre esprit, sinon votre esprit lui-même ? Qui pourrait enchaîner votre volonté, sinon votre propre volonté ? Qui pourrait aveugler vos yeux spirituels, à moins que vous ne les fermiez vous-même ? Qui pourrait vous empêcher de profiter de la nourriture morale, à moins que vous ne refusiez vous-même de manger ? « Il y en a beaucoup, disait un jour Sueh Fung (Sep-po), qui meurent de faim bien qu'ils soient assis dans un grand panier rempli de victuailles. Il y en a beaucoup qui ont soif bien qu'ils soient assis sur le rivage d'une mer. » « Oui, Monsieur, répondit Huen Sha (Gen-sha), il y en a beaucoup qui meurent de faim bien qu'ils aient mis leur tête dans le panier rempli de victuailles. Il y en a beaucoup qui ont soif bien qu'ils aient mis leur tête dans les eaux de la mer. » Qui pourrait remonter le moral de celui qui s'abandonne à une misère qu'il s'est lui-même créée ? Qui pourrait sauver celui qui nie son propre salut ?

11. Laisse tomber tes pensées oiseuses

Un brahmane, après s'être longuement préoccupé du problème de la vie et du monde, sortit pour rendre visite à Shakya Muni afin d'être instruit par le maître. Il se procura de belles fleurs pour les offrir au Muni, et se dirigea vers l'endroit où Celui-ci s'adressait à ses disciples et à ses croyants. À peine fut-il en vue du maître qu'il lutta en son for intérieur. « Lâchez cela », dit le Muni au brahmane, qui allait offrir les fleurs dans ses deux mains. Il laissa tomber sur le sol les fleurs de sa main droite, mais tenait toujours celles de sa main gauche. Le brahmane laissa tomber les fleurs de sa main gauche, plutôt à contrecœur. « Lâchez cela, je vous dis », ordonna encore le Muni, mais le brahmane, n'ayant rien à lâcher, demanda : « De quoi dois-je me débarrasser, Révérend Monsieur ? Je n'ai rien dans les mains, vous savez. » « Lâchez cela, vous n'avez ni dans votre main droite ni dans votre main gauche, mais au milieu ». Sur ces paroles du Muni, une lumière se fit dans l'esprit de celui qui souffrait, et il rentra chez lui satisfait et dans la joie. « Ne pas s'attacher à toutes choses est Dhyana », écrit un ancien zen, « et si vous comprenez cela, sortir, rester, s'asseoir et se coucher sont dans Dhyana ». Ne permettez donc pas à votre esprit d'être un réceptacle pour la poussière de la société, ou les cendres de la vie, ou les chiffons et les vieux papiers du monde. Vous portez sur vos épaules un trop lourd fardeau avec lequel vous n'avez rien à faire.

Apprenez la leçon de l'oubli, et oubliez tout ce qui vous trouble, vous prive d'un sommeil réparateur, et écrit des rides sur votre front. Wang Yang Ming, à l'âge de dix-sept ans environ, aurait oublié le jour où il devait se marier avec une belle jeune femme, fille d'un homme de haute position. C'est l'après-midi du jour même où devaient avoir lieu les noces qu'il sortit se promener. Sans but précis, il se rendit dans un temple du voisinage et y trouva un reclus apparemment très âgé, aux cheveux blancs, mais au visage jeune comme un enfant. L'homme était assis, absorbé par la méditation. Il y avait quelque chose d'extrêmement calme et serein dans le regard et le comportement de ce vieil homme qui attira l'attention du jeune érudit. L'interrogeant sur son nom, son âge et son lieu de naissance, Wang découvrit que l'homme vénérable avait joui d'une vie si extraordinairement longue qu'il avait oublié son nom et son âge, mais qu'il avait une énergie juvénile si abondante qu'il pouvait parler avec une voix sonnant comme une grosse cloche. Wang lui ayant demandé le secret de sa longévité, l'homme répondit : « Il n'y a pas de secret là-dedans ; j'ai simplement gardé mon esprit calme et paisible. » De plus, il expliqua la méthode de méditation selon le taoïsme et le bouddhisme. Wang s'assit alors face au vieil homme et commença à pratiquer la méditation, oubliant complètement sa fiancée et la cérémonie nuptiale. Le soleil commença à jeter ses rayons obliques sur le mur du temple, et ils restèrent assis sans bouger ; le crépuscule vint sur eux, et la nuit les enveloppa de son linceul de zibeline, et ils restèrent assis aussi immobiles que deux statues de marbre ; minuit, l'aube, enfin le soleil du matin se leva pour les trouver encore dans leur rêverie. Le père de la mariée, qui avait entrepris des recherches pendant la nuit, trouva à sa grande surprise, le lendemain, l'époux absorbé dans la Méditation.

C'est à l'âge de quarante-sept ans que Wang remporta une grande victoire sur l'armée rebelle et qu'il écrivit à un ami en disant : « Il est si facile de remporter une victoire sur les rebelles qui se fortifient parmi les montagnes, mais il n'en est pas de même avec ces rebelles qui vivent dans notre esprit. » On raconte que Tsai Kiun Mu (Sai-kun-bo) avait une barbe extrêmement longue et belle, et lorsque l'empereur, qui le recevait en audience, lui demanda s'il devait dormir avec sa barbe sur les couettes ou en dessous, il ne put répondre, car il n'avait jamais su comment faire. Étant distrait par cette question, il rentra chez lui et chercha à savoir comment il avait l'habitude de gérer sa barbe au lit. D'abord, il posa sa barbe sur les couettes et essaya vainement de dormir ; ensuite, il la mit sous les couettes et pensa que tout allait bien. Néanmoins, il en était d'autant plus troublé. C'est ainsi qu'en mettant la barbe sur les couettes, puis sous les couettes, il essaya de dormir toute la nuit, mais en vain. Vous devez donc oublier votre barbe mentale qui vous ennuie en permanence. Les hommes de longévité n'apportent jamais de problèmes dans leur lit. C'est un fait bien connu que Zui-o (Shi-ga) jouissait d'une santé robuste à l'âge de plus de cent ans. Un jour, alors qu'on lui demandait s'il existait un secret de longévité, il répondit par l'affirmative et dit à son interlocuteur « Garde ton esprit et ton corps purs pendant deux semaines, en t'abstenant de toute sorte d'impureté, puis je te dirai le secret. » L'homme fit ce qui lui fut prescrit, et revint pour être instruit du secret. Zui-o dit : « Maintenant, je pourrais te le dire, mais prends garde de te garder pur une semaine de plus, afin de te qualifier pour apprendre le secret. » Quand cette semaine fut terminée, le vieil homme dit : « Maintenant, je pourrais te le dire, mais seras-tu assez prudent pour te garder pur trois jours de plus afin de te qualifier pour recevoir le secret ? ». L'homme fit ce qui lui était ordonné, et demanda l'instruction. Sur ce, Zui-o emmena l'homme dans sa chambre privée et murmura doucement, avec sa bouche près de l'oreille de l'homme : « Garde le secret que je te dis maintenant, même au prix de ta vie. C'est ceci : ne sois pas passionné. C'est tout. »

12. Les cinq grades de mérite

Jusqu'à présent, nous avons indiqué comment former notre corps et notre esprit selon les règles et coutumes générales établies par les pratiquants du zen. Nous allons maintenant décrire les différentes étapes de l'élévation mentale par lesquelles l'étudiant du zen doit passer. Ils sont techniquement appelés « les cinq rangs de mérite ». La première étape s'appelle le rang du retournement, au cours duquel l'étudiant « détourne » son esprit des objets extérieurs des sens vers la conscience intérieure éclairée. Il abandonne tous les désirs mesquins et aspire à l'élévation spirituelle. Il prend conscience qu'il n'est pas condamné à être l'esclave des choses matérielles et s'efforce de les vaincre.

La conscience éclairée est assimilée au Roi, et elle est appelée le Roi-Esprit, tandis que l'étudiant qui se tourne maintenant vers le Roi est assimilé aux gens ordinaires. Par conséquent, dans cette première étape, l'étudiant se trouve au rang des gens ordinaires.

La deuxième étape est appelée le rang de service, dans lequel l'étudiant se distingue par sa loyauté envers le Roi de l'esprit, et devient un courtisan pour le « servir ». Il est constamment au « service » du roi, lui vouant obéissance et amour, et craignant toujours de l'offenser. Ainsi, l'étudiant de cette étape veille toujours à ne pas négliger les règles et les préceptes établis par les sages, et s'efforce de s'élever dans la spiritualité par sa fidélité. La troisième étape est appelée le rang du mérite, dans lequel l'étudiant se distingue par ses actes « méritoires » de conquête sur l'armée rebelle de la passion qui se dresse contre le Roi du mental. Or, son rang n'est pas celui d'un courtisan, mais celui d'un général. En d'autres termes, son devoir n'est pas seulement de respecter les règles et les instructions des sages, mais de subjuguer sa propre passion et d'établir un ordre moral dans le royaume mental.

La quatrième étape est appelée le rang du mérite coopératif, dans lequel l'étudiant « coopère » avec d'autres personnes afin de compléter son mérite. Maintenant, il n'est pas comparé à un général qui conquiert son ennemi, mais au Premier ministre qui coopère avec d'autres fonctionnaires au profit du peuple. Ainsi, l'étudiant de cette étape ne se satisfait pas de sa propre conquête des passions, mais cherche à s'élever spirituellement en étendant sa bonté et sa sympathie à ses semblables.

Le cinquième stade est appelé le rang du mérite sur le mérite, ce qui signifie le rang du mérite sans mérite. C'est le rang du roi lui-même. Le roi ne fait rien de méritoire, car toutes les tâches gouvernementales sont effectuées par ses ministres et ses sujets. Tout ce qu'il a à faire est de conserver sa dignité innée et de s'asseoir haut sur son trône. Sa conduite est donc sans mérite, mais tous les actes méritoires de ses sujets sont accomplis par son autorité. Sans rien faire, il fait tout. Sans aucun mérite, il obtient tous les mérites. Ainsi, l'étudiant de ce stade ne s'efforce plus de respecter les préceptes, mais ses actes sont naturellement en accord avec eux. Il n'aspire plus à l'élévation spirituelle, mais son cœur est naturellement pur de tout désir matériel. Il ne fait plus d'efforts pour vaincre ses passions, mais aucune passion ne le perturbe. Il ne ressent plus le devoir de faire du bien aux autres, mais il est naturellement bon et miséricordieux. Il ne s'assied plus dans Dhyana, mais il vit naturellement dans Dhyana à tout moment. C'est au cours de cette cinquième étape que l'étudiant est capable d'identifier son Soi avec le Roi Mental ou la Conscience illuminée, et de demeurer dans la parfaite félicité.

13. Les dix images du bouvier

En plus de ces cinq grades de mérite, les pratiquants du zen utilisent les dix images du bouvier, afin de montrer les différentes étapes de l'entraînement mental par lesquelles l'étudiant du zen doit passer. Des poèmes ont été écrits par des enseignants chinois et japonais sur chacune de ces images en guise d'explication, mais ils sont trop ambigus pour être traduits en anglais, et nous nous contentons de la traduction d'un seul poème japonais sur chacune des dix images, qui sont les suivantes :

Le premier tableau, intitulé « La recherche de la vache », représente le vacher errant dans le désert avec un vague espoir de retrouver sa vache perdue qui se sauve hors de sa vue. Le lecteur remarquera que la vache est assimilée à l'esprit de l'étudiant et le vacher à l'étudiant lui-même.

« Je ne vois pas ma vache,
Mais les arbres et l'herbe,
Et j'entends les cris vides
Des cigales. »

Le deuxième tableau, intitulé « la découverte des traces de la vache », représente le vacher qui suit la trace de la vache avec l'espoir certain de la retrouver, après avoir trouvé ses traces sur le sol.

« Le bosquet est profond, et ainsi
Mon désir l'est aussi.

Comme je suis heureux, oh !

Je vois ses traces. »

Le troisième tableau, intitulé « la découverte de la vache », représente le vacher s'approchant lentement de la vache à distance.

« Son meuglement fort et sauvage

M'a conduit ici ;

Je vois sa forme au loin,

Comme une ombre noire. »

Le quatrième tableau, intitulé « La capture de la vache », représente le vacher attrapant la vache, qui se débat pour se libérer de lui.

« Hélas ! C'est dur de garder

La vache que j'ai attrapée.

Elle essaie de courir et de bondir

Et de rompre la corde. »

Le cinquième tableau, appelé « le domptage de la vache », représente le vacher en train d'apaiser la vache, en lui donnant de l'herbe et de l'eau.

« Je suis heureux que la vache si sauvage

Est apprivoisée et douce.

Elle me suit, comme si

Elle était mon ombre. »

Le sixième tableau, intitulé « le retour à la maison en chevauchant la vache », représente le vacher jouant de la flûte, chevauchant la vache.

« Lentement, les nuages retournent

Vers leur propre colline,

Flottant le long des cieux

Si calme et si tranquille. »

Le septième tableau, intitulé « L'oubli de la vache et le souvenir de l'homme », représente le vacher regardant le magnifique paysage qui entoure sa maison.

« La vache sort le jour

Et rentre la nuit.

Je ne m'occupe d'elle en aucune façon,

Mais tout va bien. »

Le huitième tableau, appelé « l'oubli de la vache et de l'homme », représente un grand cercle vide.

« Il n'y a ni vacher ni vache

Dans l'enclos ;

Pas de lune de vérité ni de nuages

De doute chez les hommes. »

Le neuvième tableau, appelé « le retour à la racine et à la source », représente un beau paysage rempli de beaux arbres en pleine floraison.

« Il n'y a pas de teinturier des collines,

Pourtant elles sont vertes ;

Alors les fleurs sourient, et les ruisseaux titubent

À leur propre volonté. »

Le dixième tableau, appelé « l'Aller dans la ville les mains ouvertes », représente un moine souriant, gourde à la main, discutant avec un homme qui ressemble à un colporteur.

« Les soins du corps font

Que le corps dépérit ;

Laisse tomber les soucis et les pensées,

Ô enfant de moi ! »

Ces dix images du bouvier correspondent dans leur signification aux cinq rangs de mérite énoncés ci-dessus, même s'il existe une légère différence, comme le montre le tableau suivant :

Les cinq grades	Les dix images
1. Le rang de la transformation.	1. La recherche de la vache.
2. Le rang de service.	2. La recherche des traces de la vache.
3. Le Rang du Mérite.	3. La découverte de la vache.
4. Le rang du mérite coopératif.	4. La capture de la vache.
5. Le rang du mérite sur le mérite.	5. L'apprivoisement de la vache.
	6. Le retour à la maison, à dos de vache.
	9. Le retour à la racine et à la source.
	10. Aller dans la ville les mains ouvertes.
	7. L'oubli de la vache et le souvenir de l'homme.
	8. L'oubli de la vache et de l'homme.

14. Le zen et le nirvana

La béatitude du zen est le nirvana, non pas dans le sens hinayaniste du terme, mais dans le sens propre à la foi. Nirvana signifie littéralement extinction ou annihilation, d'où l'extinction de la vie ou l'annihilation de l'individualité.

Pour le zen, cependant, il signifie l'état d'extinction de la douleur et l'anni-hilation du péché. Le zen ne cherche jamais à réaliser sa béatitude dans un endroit comme le ciel, ni ne croit au royaume de la réalité transcendant l'uni-vers phénoménal, ni n'admet la superstition de l'immortalité, ni ne soutient que le monde est le meilleur de tous les mondes possibles, ni ne conçoit la vie simplement comme une bénédiction. C'est dans cette vie, pleine d'imperfec-tions, de misères et de souffrances, que le zen espère réaliser sa béatitude. C'est dans ce monde, imparfait, changeant et mouvant, que le zen trouve la lumière divine qu'il vénère. C'est dans cet univers phénoménal de limitation et de re-lativité que le zen vise à atteindre le plus haut Nirvana. « Nous parlons, dit l'auteur du *Vimalakirtti-nirdeca-sutra*, du caractère transitoire du corps, mais pas du désir du nirvana ou de sa destruction. » « Paranirvana, selon l'auteur du *Lankavatarasutra*, n'est ni la mort ni la destruction, mais la félicité, la liberté et la pureté. » « Nirvana, dit Kiai Hwan, signifie l'extinction de la douleur ou la traversée de la mer de la vie et de la mort. Il dénote le véritable état permanent de l'accomplissement spirituel. Il ne signifie pas la destruction ou l'annihila-tion. Il dénote la croyance en la grande racine de la vie et de l'esprit. » C'est le nirvana du zen que de jouir de la félicité pour toutes les souffrances de la vie. C'est le nirvana du zen que d'avoir l'esprit serein pour toutes les perturbations de l'existence actuelle. C'est le nirvana du zen d'être dans l'union consciente avec la Vie universelle ou Bouddha par l'illumination.

15. La nature et ses leçons

La nature nous offre chaque jour du nectar et de l'ambroisie, et partout où nous allons, la rose et le lys nous attendent. « Le printemps nous visite, nous les hommes, dit Gu-do, sa miséricorde est grande. Chaque fleur présente l'image du Tathagata. » « Quel est le corps spirituel du Bouddha qui est immortel et divin ? » Demanda un homme à Ta Lun (Dai-ryu), qui répondit instantané-ment : « Les fleurs couvrent la montagne d'un brocart d'or. Les eaux teintent les ruisseaux d'un bleu céleste. » « L'univers est le corps entier du Tathagata » ; observa Do-gen. « Les mondes dans les dix directions, la terre, l'herbe, les arbres, les murs, les clôtures, les tuiles, les cailloux – en un mot, tous les objets animés et inanimés participent à la nature de Bouddha. Ainsi, ceux qui profitent des bienfaits du vent et de l'eau qui s'élèvent d'eux sont tous aidés par l'influence mystérieuse du Bouddha et manifestent l'illumination. »

Ainsi, vous pouvez atteindre la plus haute félicité grâce à votre union consciente avec le Bouddha. Rien ne peut troubler votre paix, lorsque vous pouvez jouir de la paix au milieu des perturbations ; rien ne peut vous faire souffrir, lorsque vous accueillez les malheurs et les épreuves afin de former et de renforcer votre caractère ; rien ne peut vous tenter de commettre un péché, lorsque vous êtes constamment prêt à écouter le sermon donné par tout ce qui vous entoure ; rien ne peut vous angoisser, lorsque vous faites du monde le temple saint de Bouddha. Tel est l'état de nirvana que peut atteindre toute personne croyant en Bouddha.

16. La béatitude du zen

Nous sommes loin de nier, comme l'ont déjà montré les chapitres précédents, l'existence des troubles, des douleurs, des maladies, des chagrins, des morts dans la vie. Notre béatitude consiste à voir la rose parfumée de la miséricorde divine parmi les épines des ennuis du monde, à trouver la belle oasis de la sagesse de Bouddha dans le désert des malheurs, à recevoir le baume salutaire de son amour dans le poison apparent de la douleur, à recueillir le doux miel de son esprit même dans l'aiguillon de la mort horrible.

L'histoire atteste que c'est la misère qui enseigne aux hommes plus que le bonheur, que c'est la pauvreté qui les fortifie plus que la richesse, que c'est l'adversité qui forme le caractère plus que la prospérité, que c'est la maladie et la mort qui appellent la vie intérieure plus que la santé et la longue vie. Du moins, personne ne peut ignorer que le bien et le mal ont une part égale dans la formation du caractère et dans l'élaboration du destin de l'homme. Même un grand pessimiste comme Schopenhauer dit : « De même que notre structure corporelle éclaterait si la pression de l'atmosphère était supprimée, de même si la vie des hommes était libérée de tout besoin, de toute difficulté et de toute adversité, si tout ce qu'ils prenaient en main était couronné de succès, ils seraient tellement gonflés d'arrogance... qu'ils présenteraient le spectacle d'une folie débridée. Un navire sans lest est instable, et ne va pas droit. » Par conséquent, faisons en sorte que notre bateau de la vie aille droit avec son lest de misères et d'épreuves, sur lequel nous avons le contrôle.

Le croyant en Bouddha lui est reconnaissant, non seulement pour le soleil de la vie, mais aussi pour son vent, sa pluie, sa neige, son tonnerre et ses éclairs, car il ne nous donne rien en vain. Hisa-nobu (Ko-yama) était peut-être l'une des personnes les plus heureuses que le Japon ait jamais produites, simplement parce qu'il était toujours reconnaissant envers le miséricordieux. Un jour, il sortit sans parapluie et rencontra une averse. Se dépêchant de rentrer chez lui, il trébuche et tombe, se blessant aux deux jambes. Quand il se releva, on l'entendit dire : « Merci mon Dieu. » Et quand on lui a demandé pourquoi il était si reconnaissant, il a répondu : « J'ai été blessé aux deux jambes, mais, grâce au ciel, elles n'ont pas été cassées. » Une autre fois, il perdit connaissance, après avoir été violemment botté par un cheval sauvage. Quand il revint à lui, il s'exclama : « Merci le ciel », dans une joie sincère. Lorsqu'on lui demanda la raison de cette joie, il répondit : « J'ai vraiment abandonné mon fantôme, mais, grâce au ciel, j'ai échappé à la mort après tout ». Une personne dans un tel état d'esprit peut tout faire avec le cœur et la force. Tout ce qu'il fait est un acte de remerciement pour la grâce du Bouddha, et il le fait, non pas comme un devoir, mais comme le débordement de sa gratitude que le mensonge lui-même ne peut contrôler. Ici existe la formation du caractère. Ici existent le bonheur et la joie véritables. Ici existe la réalisation du nirvana.

La plupart des gens considèrent la mort comme le plus grand des maux, uniquement parce qu'ils la craignent. Ils ne la craignent que parce qu'ils ont l'instinct de conservation. C'est pourquoi la philosophie et la religion pessimistes proposent d'atteindre le nirvana par l'extinction de la volonté de vivre, ou par l'annihilation totale de la vie. Mais cela revient à proposer la mort comme remède final à un malade. Elie Metchnikoff propose, dans sa « Nature de l'homme », un autre remède, en disant : « Si l'homme pouvait seulement s'arranger pour vivre assez longtemps, disons, pendant cent quarante ans, un désir naturel d'extinction prendrait la place de l'instinct de conservation, et l'appel de la mort satisferait alors harmonieusement son désir légitime d'une vieillesse mûre ». Pourquoi, nous devons le demander, vous préoccupez-vous tant de la mort ? Y a-t-il, dans toute l'histoire de l'humanité, un individu qui y ait échappé ? S'il n'y a aucun moyen d'y échapper, pourquoi s'en préoccuper ? Pouvez-vous faire tomber des objets de la terre contre la loi de la gravitation ? Y a-t-il un exemple d'objet individuel qui ait échappé au gouvernement de cette loi dans toute l'histoire du monde ? Pourquoi, dans ce cas, vous préoccupez-vous de cette question ? Il n'est pas moins stupide de se préoccuper de la mort que de la gravitation. Pouvez-vous vous rendre compte que la mort, dont vous n'avez pas encore fait l'expérience immédiate, est le plus grand des maux ? Nous osons déclarer que la mort est l'un des bienfaits dont nous devons être reconnaissants. La mort est le charognard du monde ; elle balaie toute l'inutilité, la fadeur et la corruption du monde, et garde la vie propre et toujours actuelle. Lorsque vous n'êtes plus d'aucune utilité pour le monde, elle s'abat sur vous et vous fait sombrer dans l'oubli afin de libérer la vie de tout encombrement inutile. Le courant de l'existence doit être maintenu en marche, sinon il deviendrait putride. Si les vieilles vies arrêtaient le courant, il s'arrêterait, et par conséquent deviendrait sale, empoisonné et sans valeur. Supposons qu'il n'y ait que des naissances et pas de décès. La terre devrait être remplie d'hommes et de femmes, qui sont condamnés à vivre pour l'éternité, se bousculant, se heurtant, se heurtant, se piétinant les uns les autres, et luttant vainement pour sortir du trou noir de la terre. Grâce à la mort, nous ne sommes pas dans le trou noir !

Une seule naissance et pas de mort est bien pire qu'une seule mort et pas de naissance. «Les morts, dit Chwang Tsz, n'ont pas de roi tyrannique dans les parages, pas de sujet servile à rencontrer; aucun changement de saison ne les surprend. Le ciel et la terre prennent la place du printemps et de l'automne. Le roi ou l'empereur d'une grande nation ne peut être plus heureux qu'eux.» Comment seriez-vous si la mort ne vous rattrapait jamais, lorsque la vilaine décrépitude vous rend aveugle et sourd, physiquement et mentalement, et vous prive de tous les plaisirs possibles? Comment seriez-vous si vous ne deviez pas mourir lorsque votre corps est brisé en morceaux ou terriblement brûlé par un accident – par exemple, par un violent tremblement de terre suivi d'une grande conflagration? Imaginez Satan, Satan immortel, précipité par la colère de Dieu dans le gouffre ardent de l'enfer, se roulant dans d'effroyables tortures jusqu'à la fin des temps. Vous ne pouvez que conclure que seule la mort vous soulage de souffrances extrêmes, de maladies incurables, et qu'elle est l'un des bienfaits dont vous devriez être reconnaissant.

Le croyant du Bouddha est reconnaissant même pour la mort elle-même, qui est le seul moyen de vaincre la mort. S'il est reconnaissant même pour la mort, combien plus pour le reste des choses! Il peut trouver un sens à chaque forme de vie. Il peut percevoir une bénédiction dans chaque changement de fortune. Il peut reconnaître une mission à chaque individu. Il peut vivre dans le contentement et la joie dans n'importe quelles conditions. C'est pourquoi Lin Tsi (Rin-zai) dit: «Tous les Bouddhas pourraient apparaître devant moi et je ne serais pas heureux. Les trois régions et les enfers pourraient soudainement se présenter devant moi, et je n'aurais pas peur. Il (une personne éclairée) pourrait entrer dans le feu, et celui-ci ne le brûlerait pas. Il pourrait entrer dans l'eau, et celle-ci ne le noierait pas. Il pourrait naître en enfer, et il serait heureux comme s'il était dans un beau jardin. Il pourrait naître parmi les pretas et les bêtes, et il ne souffrirait pas de la douleur. Comment peut-il en être ainsi? Parce qu'il peut jouir de tout.»

ANNEXE

L'ORIGINE DE L'HOMME
(GEN-NIN-RON)

DE
KWEI FUNG TSUNG MIH
LE SEPTIÈME PATRIARCHE DE LA SECTE KEGON

TRADUIT PAR
KAITEN NUKARIYA

PRÉFACE

Tsung Mih (Shu-Mitsu, 774-841), l'auteur de *Yuen Jan Lun* (*L'origine de l'homme*), l'un des plus grands savants que la Chine ait jamais produit, naquit dans une famille confucianiste de l'état de Kwo Cheu. Après avoir été converti par Tao Yuen (Do-yen), un prêtre réputé de la secte zen, il fut connu à l'âge de vingt-neuf ans comme un membre éminent de cette secte, et devint le onzième patriarche après Bodhidharma, le premier patriarche de la secte, qui était venu de l'Inde, en Chine vers 520. Quelques années plus tard, il étudia sous la direction de Chino Kwan (Cho-kwan) la doctrine philosophique de l'école Avatamsaka, connue aujourd'hui au Japon sous le nom de secte Kegon, et se distingua comme le septième patriarche de cette école. En 835, il fut reçu en audience par l'empereur Wan Tsung, qui l'interrogea de manière générale sur les doctrines bouddhistes, et lui octroya le titre honorable de grand maître vertueux, ainsi que d'abondants cadeaux. L'auteur produisit plus de quatre-vingt-dix volumes de livres, dont un commentaire sur l'*Avatamsaka-sutra*, un sur le *Purnabuddha-sutra*, le *Prasannartha-sutra*, et bien d'autres. *Yuen Jan Lun* est l'un de ses essais les plus courts, mais il contient toutes les doctrines essentielles, concernant l'origine de la vie et de l'univers, que l'on trouve dans le taoïsme, le confucianisme, le hinayanisme et le mahayanisme. La place importante qu'il occupe parmi les livres bouddhistes est bien illustrée par le fait que plus de vingt commentaires ont été écrits à son sujet par des érudits bouddhistes chinois et japonais. On dit qu'un court essai portant le même titre, rédigé par un érudit confucianiste contemporain de renom, Han Tui Chi (Kan-tai-shi, qui fleurit en 803-823), lui suggéra d'écrire un livre afin de faire connaître au public le point de vue bouddhiste sur le même sujet. C'est ainsi qu'il intitula son livre « L'origine de l'homme », bien qu'il ait traité de l'origine de la vie et de l'univers. Tout au long du livre, on trouve des phrases couplées, composées pour la plupart du même nombre de caractères chinois, et par conséquent, si une phrase est trop laconique, l'autre est surchargée de mots superflus, mis pour faire le bon nombre dans le groupe équilibré de caractères. En outre, le texte est plein de phrases trop concises, et souvent ambiguës, car il est destiné à énoncer aussi brièvement que possible toutes les doctrines importantes des écoles bouddhistes et extérieures. C'est pourquoi l'auteur lui-même a écrit quelques notes sur les passages qu'il a jugé nécessaire d'expliquer. Le lecteur trouvera ces notes commençant par un « A » mis par le traducteur pour les distinguer des siennes.

K. N.

L'ORIGINE DE L'HOMME[1]

INTRODUCTION

Tous les êtres animés qui vivent sous le soleil ont une origine, tandis que chacune des choses inanimées, innombrables, doit son existence à quelque source[2]. Il ne peut jamais y avoir aucun être ni aucune chose qui n'ait aucune origine, comme il ne peut y avoir de branche qui n'ait pas de racine. Comment l'homme, la plus spirituelle des trois puissances[3], pourrait-il exister sans une origine?

Il est dit[4], en outre, que celui qui connaît les autres est l'intellect, et que celui qui se connaît lui-même est la sagesse. Or, si, né parmi les hommes, je ne sais pas d'où je suis venu dans cette vie, comment pourrais-je savoir où je vais dans l'au-delà? Comment pourrais-je comprendre toutes les affaires humaines, anciennes et modernes, dans le monde? Ainsi, pendant plusieurs dizaines d'années, j'ai appris sous la direction de nombreux tuteurs différents et j'ai lu abondamment non seulement les livres bouddhistes, mais aussi les livres extérieurs. C'est ainsi que j'ai essayé de retrouver la trace de mon Moi, et je n'ai jamais cessé mes recherches jusqu'à ce que je parvienne, comme je l'avais prévu, à son origine.

Les confucianistes et les taoïstes de notre époque, néanmoins, savent simplement que notre origine la plus proche est le père ou le grand-père, puisque nous descendons d'eux, et eux de leurs pères en succession. Ils disent que l'origine la plus lointaine est le gaz indéfinissable primordial[5] à l'état de chaos; qu'il s'est divisé en deux principes différents, le positif et le négatif; que les deux ont donné naissance aux trois pouvoirs du ciel, de la Terre et de l'homme, qui, à leur tour, ont produit toutes les autres choses; que l'homme ainsi que les autres choses ont pris naissance dans le gaz.

---

1. L'auteur traite de l'origine de la vie et de l'univers, mais le livre était intitulé comme nous l'avons vu dans la préface.
2. On retrouve la même idée et la même expression dans le *Tao Teh King* (Do-toku-kyo), de Lao Tsz (Ro-shi, 604-522 av. J.-C.).
3. Les trois puissances sont: (1) le ciel, qui a le pouvoir de la révolution; (2) la Terre, qui a le pouvoir de la production; et (3) l'homme, qui a le pouvoir de la pensée.
4. Cette phrase est une citation directe du *Tao Teh King*.
5. Une déclaration concernant la création de l'univers telle que celle donnée ici se trouve dans *I King* (Eeki-kyo). La substance primordiale n'est pas exactement un « gaz », mais nous pouvons la concevoir comme une sorte de nébuleuse.

Certains[1] bouddhistes, cependant, soutiennent simplement que l'origine la plus proche est le karma[2], car nous sommes nés parmi les hommes comme les résultats du karma que nous avions produit dans les existences passées, et que l'origine la plus éloignée est l'Alaya-vijnyana[3], parce que notre karma est engendré par l'illusion, et l'illusion par l'attachement, et ainsi de suite, en un mot, l'Alaya est l'origine de la vie. Bien que tous ces savants prétendent avoir déjà saisi la vérité ultime, ce n'est pas le cas en réalité.

Confucius, Lao Tsz, et Shakya, cependant, étaient tous les plus sages des sages. Chacun d'eux a donné ses enseignements d'une manière différente des deux autres, afin qu'ils puissent répondre aux besoins spirituels de leur époque et s'adapter aux capacités des hommes. De sorte que les doctrines bouddhistes et extérieures, chacune complétant l'autre, ont fait du bien à la multitude. Elles étaient toutes destinées à encourager des milliers d'actes vertueux, en expliquant toute la chaîne de causalité. Elles étaient aussi destinées à étudier des milliers de choses, et à éclairer le début et la fin de leur évolution. Bien que toutes ces doctrines puissent répondre au but des sages, il doit cependant y avoir certains enseignements qui seraient temporaires[4], tandis que d'autres seraient éternels. Les deux premières croyances sont simplement temporaires, tandis que le bouddhisme comprend à la fois le temporaire et l'éternel. Nous pouvons agir selon les préceptes de ces trois religions, qui visent à la paix et au bien-être de l'homme, dans la mesure où elles encouragent des milliers d'actes vertueux en mettant en garde contre le mal et en recommandant le bien. Mais le bouddhisme seul est tout à fait parfait et le meilleur de tous, car il étudie des milliers de choses et les fait remonter à leur cause première, afin d'acquérir une compréhension approfondie de la nature des choses et d'atteindre la vérité ultime.

Chacun de nos savants contemporains adhère néanmoins à une école des enseignements mentionnés ci-dessus. Et il y en a même parmi les bouddhistes qui confondent la doctrine temporaire avec la doctrine éternelle. Par conséquent, ils ne parviennent jamais à faire remonter le ciel, la Terre, l'homme et les autres choses à leur cause première. Mais je vais maintenant montrer comment déduire une cause ultime pour des milliers de choses, non seulement

1. Il ne s'agit pas de tous les bouddhistes, mais de certains d'entre eux, c'est-à-dire les hinayanistes et les dharma-laksanistes.
2. Selon les hinayanistes, le karma (action) est ce germe moral qui survit à la mort et se poursuit dans la transmigration. Il peut être conçu comme une sorte d'énergie, sous l'influence de laquelle les êtres subissent la métempsycose.
3. Selon la secte Dharma-laksana, Alaya-vijnyana (réceptacle-connaissance) est la substance spirituelle qui contient les « graines » ou les potentialités de toutes choses.
4. La doctrine temporaire désigne l'enseignement prêché par Shakya Muni pour répondre aux besoins temporaires des auditeurs. Ce terme est toujours utilisé en contraste avec la doctrine réelle ou éternelle.

à partir des enseignements bouddhistes, mais aussi à partir d'enseignements extérieurs. Je traiterai d'abord des doctrines superficielles, puis des doctrines profondes, afin de libérer les adeptes des croyances temporaires de ces préjugés qui s'avèrent être des obstacles sur leur chemin vers la vérité, et de leur permettre d'atteindre la réalité ultime. Ensuite, j'indiquerai, selon la doctrine parfaite, comment les choses ont évolué d'elles-mêmes, par étapes successives, à partir de la cause première, afin de faire fusionner les doctrines incomplètes dans la doctrine complète, et de permettre aux adeptes d'expliquer l'univers phénoménal[1].

Cet essai s'intitule *L'origine de l'homme* et se compose des quatre chapitres suivants: (1) Réfutation de la doctrine illusoire et préconçue; (2) Réfutation de la doctrine incomplète et superficielle; (3) Explication directe de l'origine réelle; (4) Réconciliation de la doctrine temporaire avec la doctrine éternelle.

---

1. A. « C'est-à-dire le ciel, la Terre, l'homme, et d'autres choses. »

CHAPITRE I

RÉFUTATION DE LA DOCTRINE
ILLUSOIRE ET PRÉCONÇUE[1]

Selon le confucianisme[2] et le taoïsme, toutes sortes d'êtres, comme les hommes et les bêtes, sont nés et ont été élevés par la soi-disant grande voie du vide[3], c'est-à-dire que la voie, par l'opération de sa propre loi, a donné naissance naturellement au gaz primordial, et ce gaz a produit le ciel et la Terre, qui à leur tour ont donné naissance à des milliers de choses. En conséquence, les sages et les imprudents, les hauts et les bas, les riches et les pauvres, les heureux et les misérables, sont prédestinés à l'être par le plat céleste, et sont à la merci du temps et de la Providence. C'est pourquoi ils doivent revenir après la mort au ciel et à la Terre, d'où à leur tour ils retournent à la voie de la vacuité. Le but principal de ces[4] deux enseignements extérieurs est simplement d'établir une morale en ce qui concerne les actions corporelles, mais non de remonter à la cause première de la vie. Ils ne parlent de rien au-delà de l'univers phénoménal dans leur explication de milliers de choses. Bien qu'ils désignent le Grand Sentier comme l'origine, ils n'expliquent jamais en détail ce qui est la cause directe et ce qui est la cause indirecte de l'univers phénoménal, ni comment il a été créé, ni comment il sera détruit, ni comment la vie est née, ni où elle ira, ni ce qui est bon, ni ce qui est mauvais. Par conséquent, les adeptes de ces doctrines y adhèrent comme à des enseignements parfaits sans savoir qu'ils ne sont que temporaires.

Je vais maintenant soulever, en bref, quelques questions pour mettre en évidence leurs faiblesses. Si tout dans l'univers, comme on le dit, est issu de la grande voie du vide, cette grande voie elle-même devrait être la cause non seulement de la sagesse, mais de la folie, non seulement de la vie, mais de la

---

1. A. « Celles des confucianistes et des taoïstes. »

2. Les confucianistes ne sont pas exactement du même avis que les taoïstes en ce qui concerne la création. La grande voie mentionnée ici se réfère exclusivement au taoïsme.

3. La grande voie de la vacuité, Hu Wu Ta Tao, est le nom technique de la conception taoïste de l'absolu. Il s'agit d'une chose existant à l'état non développé avant la création de l'univers phénoménal. Selon le *Tao Teh King*, il s'agit d'une chose qui existe par elle-même, immuable, omniprésente, et qui est la mère de toutes choses. Il est innommable, mais on l'appelle parfois le chemin ou le grand. Il est également appelé le vide, car il est entièrement dépourvu d'activités relatives.

4. Le confucianisme traite principalement de problèmes éthiques, mais le taoïsme est réputé pour ses spéculations métaphysiques.

mort. Elle devrait être la source de la prospérité ainsi que de l'adversité, de la fortune ainsi que du malheur. Si cette origine existe, comme on le suppose, pour l'éternité, il ne doit être possible ni de supprimer les folies, les vilenies, les calamités et les guerres ni de promouvoir la sagesse, le bien, le bonheur et le bien-être. À quoi servent donc les enseignements de Lao Tsz et de Chwang Tsz[1]? La voie, en outre, aurait dû élever le tigre et le loup, donner naissance à Kieh[2] et à Cheu[3], causer la mort prématurée de Yen[4] et de Jan[5], et placer I[6] et Tsi[7] dans leur condition la plus lamentable. Comment pourrait-on appeler cela une voie noble?

Encore une fois, si, comme on le dit, des milliers de choses pouvaient naître naturellement sans cause directe ou indirecte, elles devraient naître dans tous les endroits où il n'y a ni causes directes ni causes indirectes. Par exemple, une pierre donnerait naissance à l'herbe, tandis que l'herbe donnerait naissance à l'homme, et l'homme aux bêtes, etc. En plus de cela, ils sortiraient tous en même temps, rien n'étant produit avant ou après les autres. Ils viendraient tous à l'existence au même moment, aucun n'étant produit plus tôt ou plus tard que les autres. La paix et le bien-être pourraient être assurés sans l'aide des sages et des bons. L'humanité et la droiture pourraient être acquises sans instruction ni étude. On peut même devenir un génie immortel[8] sans prendre le médicament miraculeux. Pourquoi Lao Tsz, Chwang Tsz, Cheu Kung[9] et Confucius ont-ils accompli une tâche aussi inutile que de fonder leurs doctrines et d'établir les préceptes pour les hommes?

Encore une fois, si toutes les choses, comme ils le disent, étaient faites du gaz primordial qui n'a ni sentiment ni volonté, comment un enfant, qui vient de naître du gaz et qui n'a jamais appris à penser, à aimer, à haïr, à être méchant ou volontaire, pourrait-il même commencer à penser ou à sentir? Si, comme ils peuvent répondre, le nourrisson, dès sa naissance, pouvait tout naturelle-

---

1. L'un des plus grands philosophes taoïstes, et l'auteur du livre qui porte son nom. Il a prospéré de 339 à 327 av. J.-C.

2. Le dernier empereur de la dynastie Hia, notoirement connu pour ses vices. Son règne s'étend de 1818 à 1767 av. J.-C.

3. Le dernier empereur de la dynastie Yin, l'un des pires despotes. Son règne s'est déroulé de 1154 à 1122 av. J.-C.

4. Yen Hwui (Gan-kai, 541-483 av. J.-C.), un disciple très aimé de Confucius, connu comme un érudit sage et vertueux.

5. Jan Poh Niu (Zen-pak-giu, 521-? av. J.-C.), un disciple éminent de Confucius, distingué pour ses vertus.

6. Poh I (Haku-i), frère aîné de Tsi, qui se distingua par sa foi et sa sagesse lors de la chute de la dynastie Yin.

7. Shuh Tsi (Shiku Sei), le frère de I, avec qui il a partagé le même sort.

8. Les taoïstes dégénérés affirmaient qu'ils pouvaient préparer un certain breuvage miraculeux, par lequel on pouvait devenir immortel.

9. Cheu Kung (Shu-ko), homme d'état et érudit de renom, frère cadet de l'empereur Wu (1122-1116 avant J.-C.), fondateur de la dynastie Chen.

ment aimer ou haïr, etc., comme il le souhaitait, il pouvait aussi acquérir les cinq vertus[1] et les six acquisitions[2] comme il le souhaitait. Pourquoi attend-il certaines causes directes ou indirectes pour acquérir ses connaissances, et les acquérir par l'étude et l'instruction?

Ils pourraient encore dire que la vie est apparue soudainement, étant formée du gaz, et qu'elle disparaît soudainement à la mort, le gaz étant dispersé. Que sont donc les esprits des morts auxquels ils croient? D'ailleurs, il existe dans l'histoire des cas de personnes[3] qui pouvaient voir à travers des existences antérieures, ou de personnes[4] qui se souvenaient des événements de leurs vies passées. Nous savons donc que le présent est la continuation de la vie passée, et qu'il n'est pas venu à l'existence tout à coup par la formation d'un gaz. De plus, certains faits historiques[5] prouvent que les pouvoirs surnaturels des esprits ne seront pas perdus. Ainsi, nous savons que la vie ne sera pas soudainement réduite à néant après la mort par la dispersion du gaz. C'est pourquoi les questions concernant les sacrifices, les services et les supplications aux esprits sont mentionnées dans les livres sacrés[6]. Et même plus que cela! N'y a-t-il pas d'exemples, anciens et modernes, de personnes qui reviennent à la vie après la mort pour raconter les choses du monde invisible, ou qui[7] semblent émouvoir le cœur de leurs femmes et de leurs enfants un moment après leur mort, ou qui[8] se sont vengées de l'ennemi, ou qui[9] ont rendu des faveurs à leurs amis?

Les savants extérieurs pourraient demander, en guise d'objection, si l'on vit comme un esprit après la mort, les esprits du passé rempliraient les rues et les routes, et seraient vus par les hommes, et pourquoi il n'y a pas de témoins oculaires. Je réponds que, comme il y a les six mondes[10] pour les morts, ils ne vivent pas nécessairement dans le monde des esprits. Même en tant qu'esprits, ils doivent mourir et renaître parmi les hommes ou les autres êtres.

1. (1) Humanité, (2) Droiture, (3) Propriété, (4) Sagesse, (5) Sincérité.
2. (1) Lecture, (2) Arithmétique, (3) Étiquette, (4) Tir à l'arc, (5) Équitation, (6) Musique.
3. D'après le Tsin Shu, un homme, du nom de Pao Tsing, raconta à ses parents, alors qu'il avait cinq ans, qu'il avait été dans une vie antérieure, vu le fils de Li, un habitant de Kuh Yang, et a dit qu'il était tombé dans le puits et était mort. Les parents firent alors appel à Li, et découvrirent, à leur grand étonnement, que la déclaration du garçon coïncidait en fait avec la réalité.
4. Yan Hu, originaire de Tsin Chen, se souvint, à l'âge de cinq ans, qu'il avait été le fils d'un voisin et qu'il avait laissé sa bague sous un mûrier près de la clôture de la maison. Il se rendit alors chez sa nourrice et réussit à la retrouver, au grand étonnement de toute la famille.
5. Tous les anciens sages de Chine croyaient aux esprits, et les apaisaient par des sacrifices.
6. Les livres sacrés du confucianisme, *Shu King* et *Li Ki*.
7. Pang Shang, le prince de Tsi, serait apparu après sa mort.
8. On dit que Poh Yiu, de Ching, est devenu un esprit épidémique pour se venger de ses ennemis.
9. Selon Tso Chwen (Sa-den), lorsque Wei Wu, un général de Tsin, combattit avec Tu Hwui, le père mort de sa concubine apparut et empêcha la marche de l'ennemi afin de lui rendre les faveurs qui lui avaient été faites.
10. (1) Le ciel, ou le monde des Dévas; (2) la Terre, ou le monde des Hommes; (3) le monde des Asuras; (4) le monde des Pétras; (5) le monde des bêtes; (6) l'enfer.

Comment les esprits du passé peuvent-ils toujours vivre dans une foule ? De plus, si comme vous le dites l'homme est né du gaz primordial qui a donné naissance au ciel et à la Terre, et qui était inconscient dès le début, comment pourrait-il être conscient tout d'un coup après sa naissance ? Pourquoi les arbres et l'herbe, qui ont également été formés à partir du même gaz, sont-ils inconscients ? Si, comme vous le dites, le riche et le pauvre, le haut et le bas, le sage et l'imprudent, le bon et le mauvais, l'heureux et le malheureux, le chanceux et le malchanceux, sont prédestinés de la même manière par décret céleste, pourquoi le ciel en destine-t-il tant à la pauvreté et si peu à la richesse ? Pourquoi tant de personnes sont-elles destinées à être basses et si peu à être hautes ? En bref, pourquoi tant de personnes sont-elles vouées à la malchance et si peu à la chance ?

Si c'est la volonté du ciel de bénir un nombre si limité de personnes et d'en maudire un si grand nombre, pourquoi le ciel est-il si partial ? Et même plus que cela ! N'y a-t-il pas beaucoup de personnes qui occupent une position élevée sans avoir une conduite méritoire, alors que d'autres sont placées dans une position inférieure malgré leur respect des règles de conduite ? N'y en a-t-il pas beaucoup qui sont riches sans aucune vertu, tandis que d'autres sont pauvres malgré leurs vertus ? N'y a-t-il pas des injustes qui ont de la chance, alors que les justes sont malheureux ? N'y a-t-il pas des humains qui meurent jeunes, tandis que les inhumains jouissent d'une longue vie ? En bref, les justes sont condamnés à périr, tandis que les injustes prospèrent ! Il faut donc en déduire que tout cela dépend de la volonté céleste, qui fait prospérer les injustes et périr les justes. Comment peut-il y avoir une récompense pour les bons, comme il est enseigné dans vos livres sacrés,[1] comment le ciel peut-il bénir les bons et faire grâce aux humbles ? Comment peut-il y avoir une punition pour les mauvais, comme il est enseigné dans vos livres sacrés,[2] comment le ciel peut-il maudire les mauvais et infliger une punition aux orgueilleux ?

De plus, même si tous les maux tels que les guerres, les trahisons et les rébellions dépendent de la volonté céleste, les sages seraient dans l'erreur si, dans l'énoncé de leur enseignement, ils censuraient ou châtiaient les hommes, mais non le ciel ou la volonté céleste. Par conséquent, même si le Shi[3] est rempli de reproches contre la mauvaise administration, tandis que le Shu[4] est rempli d'éloges pour les règnes des monarques les plus sages – même si la propriété[5] est recommandée comme un moyen très efficace de créer la paix entre les

---

1. *Shu King* et *I King*.
2. *Ibid.*
3. *Shu King*, un célèbre livre d'odes.
4. *Shu King*, les archives des administrations des plus sages monarques d'autrefois.
5. *Li Ki*, le livre des convenances et de l'étiquette.

gouverneurs et les gouvernés, même si la musique[1] est recommandée comme moyen d'améliorer les coutumes et les manières du peuple, on ne peut pas dire qu'ils réalisent la volonté d'en haut ou qu'ils se conforment aux souhaits du créateur. Vous devez donc reconnaître que ceux qui se consacrent à l'étude de ces doctrines ne sont pas capables de remonter à l'origine de l'homme.

---

1. On dit chez Hiao King que la musique est le meilleur moyen d'améliorer les coutumes et les manières.

CHAPITRE II

RÉFUTATION DE LA DOCTRINE INCOMPLÈTE ET SUPERFICIELLE[1]

Il y a dans les doctrines bouddhistes, pour les énoncer brièvement, cinq grades de développement, en commençant par les enseignements les plus superficiels et en terminant par les plus profonds. Ils sont les suivants : (1) La doctrine des hommes et des Dévas ; (2) la doctrine des hinayanistes ; (3) la doctrine mahayana du Dharma-laksana ; (4) la doctrine mahayana des nihilistes[2] ; (5) la doctrine Ekaydna qui enseigne la réalité ultime[3].

1. La doctrine pour les hommes et les Dévas

Le Bouddha, pour répondre temporairement aux besoins spirituels des non-initiés, a prêché une doctrine concernant le bon ou le mauvais karma comme cause, et sa rétribution comme effet, dans les trois existences du passé, du présent et du futur. C'est-à-dire que celui qui commet le dixième péché[4] doit renaître après la mort en enfer, lorsque ces péchés sont du plus haut degré[5], parmi les pretas[6], lorsqu'ils sont du degré moyen, et parmi les animaux, lorsqu'ils sont du degré le plus bas. C'est pourquoi le Bouddha, dans un but temporaire, a fait observer à ces non-initiés les cinq préceptes semblables aux cinq vertus[7] de la doctrine extérieure, afin de leur permettre d'échapper aux

---

1. A. « Les doctrines imparfaites enseignées par le Bouddha. »
2. A. « Ces quatre premières doctrines sont traitées dans ce chapitre. »
3. A. « Ceci est mentionné dans le troisième chapitre. »
4. (1) L'atteinte à la vie, (2) le vol, (3) l'adultère, (4) le mensonge, (5) l'exagération, (6) l'abus, (7) les propos ambigus, (8) la convoitise, (9) la malice, (10) l'incrédulité.
5. Il y a trois degrés dans chacun des dix péchés. Par exemple, le fait de prendre la vie d'un Bouddha, d'un sage, d'un parent, etc. est du plus haut niveau, tandis que tuer ses semblables est du niveau moyen et tuer des bêtes et des oiseaux, etc. est du plus bas niveau.
De même, tuer tout être avec plaisir est du plus haut niveau, se repentir après avoir tué est du niveau moyen, et tuer par erreur est du plus bas niveau.
6. Des esprits affamés.
7. Les cinq vertus cardinales du confucianisme sont assez proches des cinq préceptes du bouddhisme, comme nous le voyons par ce tableau :

VERTUS	PRÉCEPTES
L'humanité	Ne pas prendre la vie
La droiture	Ne pas voler

trois pires états[1] d'existence, et de renaître parmi les hommes. Il a également enseigné que ceux qui cultivent[2] la vertu décuplée[3] du plus haut degré, et qui font l'aumône, et gardent les préceptes, et ainsi de suite, doivent naître dans les six royaumes célestes de Kama[4], tandis que ceux qui pratiquent les quatre[5] Dhyanas, les huit Samadhis[6], doivent renaître dans les mondes célestes de Rupa[7] et Arupa. Pour cette raison, cette doctrine est appelée la doctrine pour les hommes et les Dévas. Selon cette doctrine, le karma est l'origine de la vie[8].

Permettez-moi maintenant de soulever quelques questions en guise d'objec-

La bienséance	Ne pas être adultère
La sagesse	Ne pas s'enivrer
La sincérité	Ne pas mentir

1. (1) Enfer, (2) pretas, (3) bêtes.

2. A. « Les préceptes bouddhistes diffèrent des enseignements confucéens dans la forme de l'expression, mais ils se rejoignent dans leur mise en garde contre le mal et dans l'encouragement du bien. La conduite morale du bouddhiste peut être assurée par la culture des cinq vertus d'humanité, de droiture, etc., comme si les gens de ce pays tenaient leurs mains jointes dans la salutation respectable, alors que le même objectif est atteint par ceux de l'éventail, qui se tiennent debout avec leurs bandes pendantes. Ne pas tuer, c'est de l'humanité. Ne pas voler, c'est la droiture. Ne pas commettre d'adultère, c'est la bienséance. Ne pas mentir, c'est la sincérité. Ne pas boire d'alcool ni manger de viande, c'est accroître la sagesse, c'est garder l'esprit pur. »

3. (1) Ne pas prendre la vie, (2) ne pas voler, (3) ne pas commettre d'adultère, (4) ne pas mentir, (5) ne pas exagérer, (6) ne pas abuser, (7) ne pas parler de manière ambiguë, (8) ne pas convoiter, (9) ne pas être malveillant, (10) ne pas être non-croyant.

4. Kama-loka, le monde du désir, est le premier des trois mondes. Il se compose de la Terre et des six mondes célestes, dont tous les habitants sont soumis aux désirs sensuels.

5. Les bouddhistes enseignaient les quatre Dhyanas, ou les quatre différents degrés de contemplation abstraite, par lesquels l'esprit pouvait se libérer de tous les pièges subjectifs et objectifs, jusqu'à atteindre un état d'absence absolue de pensée non concentrée.

Le pratiquant des quatre Dhyanas naîtrait dans les quatre régions du Rupa-lokas en fonction de son état spirituel.

6. À savoir, les quatre degrés de contemplation susmentionnés, et quatre autres méditations extatiques plus profondes. Le pratiquant de ces dernières naîtrait dans les quatre régions spirituelles d'Arupa-loka en fonction de son état d'abstraction.

7. Rupa-loka, le monde de la forme, est le deuxième des trois mondes. Il se compose de dix-huit cieux, qui sont divisés en quatre régions. La première région de Dhyana comprend les trois premiers des dix-huit cieux, la deuxième région de Dhyana les trois suivants, la troisième région de Dhyana les trois suivants et la quatrième région de Dhyana les neuf restants.

Arupa-loka, le monde de l'informe, est le troisième des trois mondes. Il se compose de quatre cieux. Le premier est appelé « le ciel de l'espace illimité », le deuxième « le ciel de la connaissance illimitée », le troisième « le ciel de la non-existence absolue », le quatrième « le ciel de ni conscience ni inconscience. »

A. « Aucun des cieux, ni des enfers, ni des mondes des esprits, n'est mentionné dans le titre de ce livre, parce que ces mondes sont entièrement différents du nôtre, et absolument hors de la vue et de l'ouïe. Les gens ordinaires ne connaissent même pas les phénomènes qui se produisent réellement devant eux ; comment pourraient-ils comprendre l'invisible ? Je l'ai donc intitulé simplement *L'origine de l'homme*, en accord avec les enseignements du monde. Maintenant que je traite, cependant, de la doctrine bouddhique, il est raisonnable d'énumérer ces mondes en entier. »

8. A. « Mais il y a trois sortes de karmas : (1) le mauvais, (2) le bon, (3) l'immuable. Il y a trois périodes pour la rétribution : (1) dans cette vie, (2) dans la prochaine vie, (3) dans une vie future lointaine. »

tion. Si l'on admet que l'on doit naître dans les cinq états d'existence[1] en vertu du karma produit dans les vies antérieures, n'est-il pas douteux de savoir qui est l'auteur du karma et qui est le bénéficiaire de ses conséquences? Si l'on peut dire que les yeux, les oreilles, les mains et les pieds produisent du karma, alors les yeux, les oreilles, les mains et les pieds d'une personne nouvellement décédée sont encore tels qu'ils étaient. Alors pourquoi ne voient-ils pas et n'entendent-ils pas et ne produisent-ils donc pas de karma?

Si l'on dit que c'est l'esprit qui produit le karma, je le demande, qu'est-ce que l'esprit? Si vous voulez dire le cœur, le cœur est une chose matérielle, et il est situé dans le corps. Comment peut-il, en venant rapidement dans les yeux et les oreilles, distinguer ce qui est agréable de ce qui est répugnant dans les objets extérieurs? S'il n'y a pas de distinction entre ce qui est agréable et ce qui est dégoûtant, pourquoi accepte-t-il l'un ou rejette-t-il l'autre?

En outre, le cœur est aussi matériel et impénétrable que les yeux, les oreilles, les mains et les pieds. Comment, alors, le cœur intérieur peut-il librement passer aux organes des sens extérieurs? Comment celui-ci peut-il mettre les autres en mouvement, ou communiquer avec eux, afin d'opérer conjointement dans la production du karma? Si l'on dit que seules les passions telles que la joie, la colère, l'amour et la haine agissent à travers le corps et la bouche, et leur permettent de produire le karma, je devrais dire que ces passions – la joie, la colère et le reste – sont trop transitoires, et vont et viennent en un instant. Ils n'ont aucune substance derrière leurs apparences. Quel est donc l'agent principal qui produit le karma? On pourrait dire que nous ne devrions pas chercher l'auteur du karma en prenant l'esprit et le corps séparément comme nous venons de le faire, car le corps et l'esprit, dans leur ensemble, produisent conjointement le karma. Qui donc, après la destruction du corps par la mort, recevrait la rétribution sous forme de douleur ou du plaisir?

Si l'on suppose qu'un autre corps doit exister après la mort, alors le corps et l'esprit de la vie présente, en commettant des péchés ou en cultivant des vertus, provoqueront un autre corps et un autre esprit dans le futur, qui souffrira des douleurs ou jouira des plaisirs. En conséquence, ceux qui cultivent les vertus seraient extrêmement malchanceux, tandis que ceux qui commettent des péchés seraient très chanceux. Comment la loi divine de causalité peut-elle être aussi déraisonnable? Nous devons donc reconnaître que ceux qui se contentent de suivre cette doctrine sont loin d'avoir une compréhension approfondie de l'origine de la vie, même s'ils croient en la théorie du karma.

---

1. Les états des – (1) êtres célestes, (2) Hommes, (3) êtres en enfer, (4) esprits affamés, (5) bêtes.

2. La doctrine des hinayanistes

Cette doctrine nous dit que le corps, qui est formé de matière, et l'esprit, qui pense et réfléchit, existent continuellement d'éternité en éternité, étant détruits et recréés au moyen de causes directes ou indirectes, tout comme l'eau d'une rivière glisse continuellement, ou la flamme d'une lampe brûle constamment. L'esprit et le corps s'unissent temporairement, et semblent être un et immuables. Les gens du commun, ignorant tout cela, s'attachent aux deux combinés comme étant Atman[1]. Pour l'amour de cet Atman, qu'ils considèrent comme la chose la plus précieuse au monde, ils sont soumis aux trois poisons de la luxure[2], de la colère[3], et de la folie[4], qui à leur tour donnent une impulsion à la volonté et engendrent le karma de toutes sortes, par la parole et l'action. Le karma étant ainsi produit, personne ne peut échapper à ses effets. Par conséquent, tous doivent naître[5] dans les cinq états d'existence, soit pour souffrir de la douleur, soit pour jouir du plaisir ; certains naissent dans les endroits les plus élevés, tandis que d'autres dans les plus bas des trois mondes[6].

Lorsqu'ils naissent dans les vies futures, ils sont à nouveau attachés au corps et au mental en tant qu'Atman, et deviennent sujets à la luxure et aux deux autres passions. Le karma est à nouveau produit par eux, et ils doivent en recevoir les résultats inévitables. Ainsi, le corps subit la naissance, la vieillesse, la maladie, la mort, et renaît après la mort, tandis que le monde passe par les étapes de la formation, de l'existence, de la destruction et du vide, et se reforme à nouveau après le vide. Kalpa après kalpa[7] passe, vie après vie arrive, et

1. Atman signifie l'ego, ou le Moi, sur lequel se fonde l'individualité.
2. A. « La passion qui convoite la gloire et le gain pour se maintenir dans la prospérité. »
3. A. « La passion contre les choses désagréables, par crainte qu'elles ne s'infligent des blessures à soi-même. »
4. A. « Pensées et déductions erronées. »
5. A. « Différentes sortes d'êtres naissent en vertu du karma individualisant. »
6. A. « Les mondes sont produits en vertu du karma commun à tous les êtres qui y vivent. »
7. Le kalpa, un cycle terrestre, ne se compte pas en mois et en années. Il s'agit d'une période pendant laquelle un univers physique se forme jusqu'au moment où un autre est mis à sa place. A. « Les versets suivants décrivent comment le monde fut pour la première fois dans la période du vide : un vent puissant se mit à souffler dans l'espace vide. Sa longueur et sa largeur étaient infinies. Il avait une épaisseur de 16 lakhs, et était si fort qu'il ne pouvait être coupé même avec un diamant. Son nom était le vent qui soutient le monde. Les nuages dorés du ciel d'Abhasvara (le sixième des dix-huit cieux du Rupa-loka) couvraient tous les cieux des trois mille mondes. Une pluie abondante tomba, chaque goutte étant aussi grosse que l'essieu d'un wagon. L'eau se tenait debout sur le vent qui l'empêchait de couler. Elle avait une profondeur de 11 lakhs. La première couche était faite d'adamant (par la congélation de l'eau). Petit à petit, le nuage déversa la pluie et l'a remplie. D'abord les mondes de Brahma-raja, puis le ciel de Yama (le troisième des six cieux du Kama-loka), furent créés. L'eau pure s'éleva, poussée par le vent, et Sumeru (la montagne centrale ou l'axe de l'univers), et les sept cercles concentriques de montagnes, et ainsi de suite, furent formés. À partir de sédiments sales, les montagnes, les quatre continents, les enfers, les océans et l'anneau extérieur des montagnes furent créés. C'est ce que l'on appelle la formation de l'univers. Le temps d'une augmentation et d'une diminution (la vie humaine est augmentée de 10 à 84 000 ans, augmentant d'un an tous les cent ans ; puis elle

le cercle des renaissances continuelles ne connaît ni début ni fin, et ressemble à la poulie pour tirer l'eau du puits[1].

Tout cela est dû à l'ignorance qui ne comprend pas qu'aucune existence corporelle, par sa nature même, ne peut être Atman. La raison pour laquelle elle n'est pas Atman est la suivante: sa formation est, après tout, due à l'union de la matière et de l'esprit. Maintenant, examinons et analysons l'esprit et le corps. La matière est constituée des quatre éléments que sont la terre, l'eau, le feu et le vent, tandis que le mental est constitué des quatre agrégats que sont

diminua de 84 000 à 10 ans, diminuant d'un an tous les cent ans) s'écoula. En bref, les êtres de la deuxième région du Rupa-loka, dont le bon karma avait dépensé sa force, descendirent sur la terre. Au début, il y avait le "pain de terre" et la vigne sauvage pour eux. Ensuite, ils ne pouvaient plus digérer complètement le riz et commençaient à excréter et à uriner. Ainsi, les hommes étaient différenciés des femmes. Ils se partageaient les terres cultivées. Des chefs étaient élus; des assistants et des sujets étaient recherchés; d'où différentes classes de personnes. Une période de dix-neuf augmentations et diminutions s'écoula. Ajoutée à la période mentionnée ci-dessus, elle s'élevait à vingt augmentations et diminutions. C'est ce qu'on appelle le kalpa de la formation de l'univers.

« Discutons maintenant de ce point. Le kalpa de la vacuité est ce que le taoïste appelle la voie de la vacuité. La voie ou la réalité, cependant, n'est pas vide, mais lumineuse, transcendantale, spirituelle et omniprésente. Lao Tsz, guidé par son idée erronée, appela le kalpa de la vacuité la voie; autrement, il le fit dans le but temporaire de dénoncer les désirs du monde. Le vent dans l'espace vide est ce que le taoïste appelle le gaz indéfinissable dans l'état de chaos. C'est pourquoi Lao Tsz dit: "Le chemin engendre l'un". Les nuages dorés, le premier de tous les objets physiques, est (ce que le confucianiste appelle) le premier principe. L'eau de pluie qui stagne (sur le vent) est la production du principe négatif. Le positif, uni au négatif, donna naissance à l'univers phénoménal. Le Brahma-raja-loka, le Sumeru, et autres, sont ce qu'ils appellent le ciel. Les eaux sales et les sédiments sont la Terre. Lao Tsz dit donc: "L'un produit deux". Ceux de la deuxième région du Rupra-Loka, dont le bon karma avait dépensé sa force, descendirent sur la terre et devinrent des êtres humains. C'est pourquoi Lao Tsz dit: "Le deux produit le trois". Ainsi, les trois pouvoirs furent complétés. Le pain de terre et les différentes classes de personnes, etc., sont ce qu'on appelle la "production de milliers de choses par les trois". C'était l'époque où les gens vivaient dans des greniers ou erraient dans le désert, et ne connaissaient pas l'usage du feu. Comme elle appartient au passé lointain de l'âge préhistorique, antérieur aux règnes des trois premiers empereurs, les traditions qui nous furent transmises ne sont ni claires ni certaines. De nombreuses erreurs s'y glissèrent de génération en génération, et par conséquent aucune des affirmations données dans les divers ouvrages des savants ne concorde avec une autre. En outre, lorsque les livres bouddhistes expliquent la formation des trois mille mondes, ils ne se limitent pas seulement aux limites de ce pays. C'est pourquoi leurs récits sont entièrement différents de ceux des étrangers (qui sont limités à la Chine).

« "Existence" signifie le kalpa de l'existence qui dure vingt augmentations et diminutions. "Destruction" signifie le kalpa de la destruction qui dure également vingt augmentations et diminutions. Au cours des dix-neuf premiers accroissements et diminutions, les êtres vivants sont détruits, tandis qu'au cours du dernier, les mondes sont démolis par les trois périodes de détresse (1) la période de l'eau, (2) la période du feu, (3) la période du vent. La "vacuité" désigne le kalpa de la vacuité, pendant lequel il n'existe ni êtres ni mondes. Ce kalpa dure également vingt augmentations et diminutions. »

1. A. « Les taoïstes savent simplement qu'il y avait un kalpa de vide avant la formation de l'univers actuel, et ils désignent le vide, le chaos, le gaz primordial et le reste, en les nommant les premiers ou ceux qui n'ont pas de commencement. Mais ils ne savent pas que l'univers avait déjà traversé des myriades de cycles de kalpas de formation, d'existence, de destruction et de vide. Ainsi, même la plus superficielle des doctrines de l'hinayana dépasse de loin la plus profonde des doctrines extérieures. »

la perception[1], la conscience[2], la conception[3], et la connaissance[4].

Si tous ces éléments sont pris comme Atman, il doit y avoir huit Atman pour chaque personne. Plus que cela! Il y a beaucoup de choses différentes, même dans l'élément de la terre. Il y a trois cent soixante os, tous différents les uns des autres. Aucun n'est identique à un autre, que ce soit la peau, les cheveux, les muscles, le foie, le cœur, la rate et les reins. En outre, il existe un grand nombre de qualités mentales, toutes différentes les unes des autres. La vue est différente de l'ouïe. La joie n'est pas la même que la colère. Si nous les énumérons, en somme, les unes après les autres, il y a quatre-vingt mille passions[5].

Les choses étant ainsi innombrables, personne ne peut dire sans se tromper laquelle de ces choses doit être prise pour l'Atman. Si on les prend toutes pour l'Atman, il doit y avoir des centaines et des milliers d'Atman, parmi lesquels il y aurait autant de conflits et de perturbations qu'il y a de maîtres vivant dans la seule maison du corps. Comme il n'existe ni corps ni esprit séparés de ces choses, on ne peut jamais trouver l'Atman, même si on le cherche encore et encore.

Dès lors, chacun comprend que cette vie qui est la nôtre n'est rien d'autre que l'union temporaire de nombreux éléments mentaux et physiques. À l'origine, il n'y a pas d'Atman pour distinguer un être d'un autre. Dans l'intérêt de qui, alors, devrait-il être luxurieux ou en colère? Pour qui devrait-il prendre la vie[6], ou commettre un vol, ou faire l'aumône, ou respecter les préceptes? En pensant ainsi, il libère finalement son esprit des vertus et des vices soumis aux passions[7] des trois mondes, et demeure dans l'intuition discriminante de la nature de l'Anatman[8] uniquement.

Grâce à cette vision discriminante, il se purifie de la luxure et des autres deux

---

1. A. « Il reçoit de l'extérieur les impressions agréables et désagréables. » Il s'agit de Yedana, le deuxième des cinq Skandhas, ou agrégats.
2. A. « Il perçoit les formes des objets extérieurs ». C'est Samjnya, le nom, le troisième des cinq agrégats.
3. A. « Il agit, une idée changeante après l'autre ». C'est Samskara, le quatrième des cinq agrégats.
4. A. « Il reconnaît ». C'est Vijnyana, le dernier des cinq agrégats.
5. Quatre-vingt mille signifie simplement un grand nombre.
6. A. « Il comprend la vérité de la misère ». La vérité de la Duhkha, ou misère, est la première des quatre nobles Satyas, ou vérités, qui doivent être réalisées par les hinayanistes. Selon la doctrine de l'hinayana, la misère est un élément nécessaire de la vie sensible.
7. A. « Il détruit Samudaya ». La vérité de Samudaya, ou accumulation, la deuxième des quatre Satyas, signifie que la misère est accumulée ou produite par les passions. Cette vérité doit être réalisée par la suppression des passions.
8. A. « C'est la vérité de Marga ». La vérité de Marga, ou la voie, est la quatrième des quatre Satyas. Il existe huit voies justes qui mènent à l'extinction des passions : (1) la vue juste (pour discerner la vérité), (2) la pensée juste (ou pureté de la volonté et de la pensée), (3) la parole juste (exempte de non-sens et d'erreurs), (4) l'action juste, (5) la diligence juste, (6) la méditation juste, (7) la mémoire juste, (8) les moyens d'existence justes.

passions, met fin à diverses sortes de karma et réalise le Bhutatathata[1] de l'Anatman. En bref, il atteint l'état d'Arhat[2], voit son corps réduit en cendres, son intelligence annihilée, et se débarrasse entièrement des souffrances.

Selon la doctrine de cette école, les deux agrégats, matériel et spirituel, ainsi que la luxure, la colère et la folie, sont à l'origine de nous-mêmes et du monde dans lequel nous vivons. Il n'existe rien d'autre, ni dans le passé ni dans le futur, qui puisse être considéré comme l'origine.

Disons maintenant quelques mots en guise de réfutation. Ce qui est toujours à l'origine de la vie, naissance après naissance, génération après génération, devrait exister par lui-même sans cessation. Pourtant, les cinq Vijnyana[3] cessent de remplir leurs fonctions lorsqu'ils ne disposent pas des conditions appropriées, tandis que le Mano-vijnyana[4] est parfois perdu dans l'inconscience. Il n'y a aucun de ces quatre éléments matériels dans les mondes célestes d'Arupa. Comment, alors, la vie y est-elle soutenue et maintenue en permanence, naissance après naissance? Nous savons donc que ceux qui se consacrent à l'étude de cette doctrine ne peuvent pas non plus remonter à l'origine de la vie.

3. La doctrine mahayana de Dharmalaksana[5]

Cette doctrine nous dit que, depuis des temps immémoriaux, tous les êtres sensibles ont naturellement huit Vijnyanas différents[6], et que le huitième, Alaya-vijnyana[7], en est l'origine. C'est-à-dire que l'Alaya fait soudain naître les

---

1. A. «C'est la vérité de Nirodha.» Nirodha, ou destruction, le troisième des quatre Satyas, signifie l'extinction des passions. Bhutatathati d'Anatman signifie la vérité de la non-existence de l'Atma ou de l'âme, et constitue le but et la fin de la philosophie hinayaniste.
2. Arhat, le tueur de voleurs (c'est-à-dire de passions), signifie celui qui a conquis ses passions. Il signifie, deuxièmement, celui qui est exempté de la naissance, ou celui qui est libre de la transmigration. Troisièmement, cela signifie quelqu'un qui mérite d'être vénéré. L'Arhat est donc le plus haut sage qui atteignit le nirvana par la destruction de toutes les passions.
3. A. «Les conditions sont les Indriyas et les Visayas, etc.» Les Indriyas sont les organes du sens, et les Visayas sont les objets sur lesquels le sens agit. Les cinq Vijnyanas sont: (1) le sens de la vue, (2) le sens de l'ouïe, (3) le sens de l'odorat, (4) le sens du goût, (5) le sens du toucher.
4. Mano-vijnyana est l'esprit lui-même, et le dernier des six Vijnyanas de la doctrine de l'hinayana. A. «(Par exemple), dans un état de transe, dans un profond sommeil, dans Nirodha-samapatti (où aucune pensée n'existe), dans Asamjnyi-samapatti (où aucune conscience n'existe), et dans Avrhaloka (le treizième des Brahmalokas)».
5. Cette école étudie principalement la nature des choses (Dharma), et a été nommée ainsi. La doctrine est basée sur l'Avatamsaka-sutra et le Samdhi-nirmocana-sutra, et a été systématisée par Asamga et Vasu-bandhu. Le livre de ce dernier, Vidyamatra-siddhi-castra-karika, est considéré comme le meilleur ouvrage faisant autorité de cette école.
6. (1) Le sens de la vue; (2) le sens de l'ouïe; (3) le sens de l'odorat; (4) le sens du goût; (5) le sens du toucher; (6) Mano-vijnyana (lit, (6) Mano-vijnyana (littéralement, connaissance de l'esprit), ou la faculté perceptive; (7) Klista-mano-vijnyana (littéralement, connaissance de l'esprit souillé), ou une faculté introspective; (8) Alaya-vijnyana (littéralement, connaissance du réceptacle), ou substance ultime de l'esprit.
7. Les sept premiers Vijnyanas dépendent de l'Alaya, dont on dit qu'il contient toutes les

« graines »[1] des êtres vivants et du monde dans lequel ils vivent, et par transformation donne naissance aux sept Vijnyanas. Chacun d'eux fait prendre forme aux objets extérieurs sur lesquels il agit et les fait apparaître. En réalité, il n'y a rien d'existant à l'extérieur. Comment, alors, Alaya leur donne-t-il naissance par transformation ? Parce que, comme nous le dit cette doctrine, nous formons habituellement l'idée erronée que l'Atman et les objets extérieurs existent dans la réalité, et qu'il agit sur Alaya et y laisse ses impressions[2]. Par conséquent, lorsque les Vijnyanas sont éveillés, ces impressions, ou les idées-semences se transforment et se présentent devant l'œil du mental comme l'Atman et les objets externes.

Puis les sixième et septième[3] Vijnyana voilés d'Avidya, s'attardant sur eux, les confondent avec l'Atman réel et les objets extérieurs réels. On peut comparer cette erreur à celle d'un malade[4] de l'œil qui s'imagine qu'il voit diverses choses flottant dans l'air à cause de sa maladie, ou à celle d'un rêveur[5] dont les pensées fantaisistes prennent diverses formes d'objets extérieurs et se présentent à lui. Pendant qu'il rêve, il s'imagine qu'il existe des objets extérieurs dans la réalité, mais au réveil, il constate qu'ils ne sont rien d'autre que la transformation de ses pensées oniriques.

Il en va de même pour nos vies. Elles ne sont pas autre chose que la transformation des Vijnyanas ; mais en conséquence de l'illusion, nous les prenons pour l'Atman et les objets extérieurs existant dans la réalité. De ces idées erronées naissent des pensées illusoires qui conduisent à la production de karma ; d'où le cycle des renaissances à un temps sans fin[6]. Lorsque nous comprenons ces raisons, nous pouvons réaliser le fait que nos vies ne sont rien d'autre que des transformations des Vijnyanas, et que le huitième Vijnyana est l'origine[7].

« graines » des objets physiques et mentaux.

1. Cette école est une forme extrême d'idéalisme, et soutient que rien, séparé de l'Alaya, ne peut exister extérieurement. L'esprit-substance, dès le début, détient les idées semences de tout, et elles semblent à l'esprit non éclairé être l'univers extérieur, mais ne sont pas autre chose que la transformation des idées semences. Les cinq sens, et le Mano-vijnyana qui agit sur eux, les prennent pour des objets externes réellement existants, tandis que le septième Vijnyana confond le huitième avec l'Atman.

2. L'esprit non éclairé, qui pense habituellement que l'Atman et les objets externes existent, laisse l'impression des idées-semences sur son propre Alaya.

3. Avidya, ou ignorance, qui prend les phénomènes illusoires pour des réalités.

4. A. « Une personne atteinte d'une maladie grave a la vision de couleurs, d'hommes et de choses étranges dans sa transe. »

5. A. « Que le rêveur s'imagine qu'il voit des choses est bien connu de tous. »

6. A. « Comme il a été détaillé ci-dessus. »

7. A. « Une doctrine imparfaite, qui est réfutée plus tard ».

4. La doctrine mahayana des nihilistes

Cette doctrine réfute à la fois les doctrines du mahayana et de l'hinayana mentionnées ci-dessus, qui adhèrent au Dharma-laksana, et révèle de façon suggestive la vérité de la réalité transcendante qui sera traitée plus tard[1]. Permettez-moi d'énoncer, tout d'abord, ce qu'elle dirait dans la réfutation du Dharma-laksana.

Si les objets externes qui sont transformés sont irréels, comment le Vijnyana, le transformateur, peut-il être réel ? Si vous dites que ce dernier est réellement existant, mais pas le premier[2], alors vous supposez que l'esprit rêveur qui est comparé à Alaya-vijnyana est entièrement différent des objets vus dans le rêve, qui sont comparés aux objets externes. S'ils sont entièrement différents, vous ne devriez pas identifier le rêve avec les choses rêvées ni identifier les choses rêvées avec le rêve lui-même. En d'autres termes, ils doivent avoir des existences séparées. Et quand vous vous réveillez, votre rêve peut disparaître, mais les choses rêvées resteront.

Encore une fois, si vous dites que les choses rêvées ne sont pas identiques au rêve, alors elles seraient des choses réellement existantes. Si le rêve n'est pas identique aux choses rêvées, sous quelle autre forme vous apparaît-il ? Par conséquent, vous devez reconnaître qu'il y a toutes les raisons de croire que l'esprit rêveur et les choses rêvées sont également irréels, et que rien n'existe en réalité, même s'il vous semble qu'il y a un voyant et un vu dans un rêve. Ainsi, ces Vijnyanas seraient également irréels, parce que tous ne sont pas des réalités auto-existantes, leur existence étant temporaire et dépendante de diverses conditions.

1. A. « La doctrine nihiliste est énoncée non seulement dans les différents *Prajnya-sutras* (les livres ayant Prajnya-paramita dans leur titre), mais aussi dans presque tous les sutras du mahayana. Les trois doctrines susmentionnées ont été prêchées par le Bouddha au cours des trois périodes successives. Mais cette doctrine n'a pas été prêchée à une période particulière ; elle était destinée à détruire à tout moment l'attachement aux objets phénoménaux. C'est pourquoi Nagarjuna nous dit qu'il existe deux sortes de Prajnyas, les communs et les spéciaux. Les çravakas (littéralement, les auditeurs) et les pratyekabuddhas (littéralement, les illuminés individuels), ou les hinayanistes, pouvaient entendre et croire, avec les bodhisattvas ou les mahayanistes, la Prajnya commune, car elle était destinée à détruire leur attachement aux objets extérieurs. Seuls les bodhisattvas pouvaient comprendre la Prajnya spéciale, car elle révélait secrètement la nature de Bouddha, ou l'absolu. Chacun des deux grands maîtres indiens, Çilabhadra et Jnyanaprabha, a divisé l'ensemble des enseignements du Bouddha en trois périodes. (Selon Çilabhadra, en 625, maître de Hiuen Tsang, le Bouddha a d'abord prêché la doctrine de l'"existence", selon laquelle tout être vivant est irréel, mais les choses sont réelles. Tous les sutras de l'hinayana appartiennent à cette période. Ensuite, le Bouddha a prêché la doctrine de la voie du milieu, dans le *Samdhi-nirmocana-sutra* et d'autres, selon laquelle tout l'univers phénoménal est irréel, mais que la substance mentale est réelle. Selon Jnyanaprabha, le Bouddha a d'abord prêché la doctrine de l'existence, puis celle de l'existence de la substance mentale, et enfin celle de l'irréalité). L'un dit que la doctrine de l'irréalité a été prêchée avant celle du Dharma-laksana, tandis que les autres disent qu'elle a été prêchée après. J'adopte ici l'opinion de ces derniers. »
2. A. « Dans les phrases suivantes, je le réfute, en me servant du simulacre du rêve. »

« Il n'y a rien », dit l'auteur du *Madhyamika-castra*[1], « qui ne soit jamais venu à l'existence sans cause directe et indirecte. Il n'y a donc rien qui ne soit pas irréel dans le monde. » Il dit encore : « Les choses produites par des causes directes et indirectes, je les déclare être les choses mêmes qui sont irréelles. » L'auteur du *Craddhotdada-castra*[2] dit : « Toutes les choses dans l'univers se présentent sous des formes différentes uniquement à cause des idées fausses. Si on les sépare des idées fausses et des pensées, aucune forme de ces objets extérieurs n'existe. » « Toutes les formes physiques attribuées au Bouddha, dit l'auteur d'un sutra[3], sont fausses et irréelles. Les êtres qui transcendent toutes les formes sont appelés Bouddhas. »[4] Par conséquent, vous devez reconnaître que l'esprit aussi bien que les objets extérieurs sont irréels. C'est la vérité éternelle de la doctrine du mahayana. Nous sommes amenés à la conclusion que l'irréalité est à l'origine de la vie, si nous la retraçons selon cette doctrine.

Disons maintenant quelques mots pour réfuter aussi cette doctrine. Si l'esprit et les objets extérieurs sont irréels, qui sait qu'ils le sont ? De même, s'il n'y a rien de réel dans l'univers, qu'est-ce qui provoque l'apparition d'objets irréels ? Nous sommes témoins du fait qu'il n'y a pas une seule des choses irréelles sur terre qui ne soit pas amenée à apparaître par quelque chose de réel. S'il n'y a pas d'eau d'une fluidité immuable[5], comment peut-il y avoir les formes irréelles et temporaires des vagues ? S'il n'y a pas de miroir immuable, brillant et propre, comment peut-il y avoir diverses images, irréelles et temporaires, qui s'y reflètent ? Il est vrai, en outre, que l'esprit qui rêve, ainsi que les choses rêvées, comme nous l'avons dit plus haut, sont également irréels, mais ce rêve irréel ne présuppose-t-il pas nécessairement l'existence de certains dormeurs réels ?

Or, si l'esprit et les objets extérieurs, tels que déclarés ci-dessus, ne sont rien du tout, nul ne peut dire ce qui cause ces apparences irréelles. Cette doctrine, nous le savons, sert donc simplement à réfuter la théorie erronée de ceux qui sont passionnément attachés au Dharma-laksana, mais ne révèle jamais clairement la réalité spirituelle. Ainsi, le *Mahabheri-harakaparivarta-sutra*[6] dit ce qui suit : « Tous les sutras qui enseignent l'irréalité des choses appartiennent à une doctrine imparfaite (du Bouddha) ». Le *Mahaprajnya-paramita-sutra*[7] dit : « La doctrine de l'irréalité est la première porte d'entrée du mahayanisme. »

---

1. Le principal manuel de l'école Madhyamika, par Nagarjuna et Nilanetra, traduit en chinois (en l'an 409) par Kumarajiva.

2. Un livre mahayana bien connu attribué à Acvaghosa, traduit en chinois par Paramartha. Il existe une traduction anglaise par D. Suzuki.

3. *Vajracchedha-prajnya-paramita-sutra*, dont il existe trois traductions chinoises.

4. A. « On trouve des passages similaires dans tous les livres du mahayana Tripitaka. »

5. L'absolu est comparé à l'océan, et l'univers phénoménal aux vagues.

6. Le livre a été traduit en chinois par Gunabhadra, en l'an 420-479.

7. Il ne s'agit pas de la citation directe du sutra traduit par Hiuen Tsang. Les mots se trouvent dans le *Mahaprajnya-paramita-sutra*, le commentaire du sutra par Nagarjuna.

CHAPITRE III

L'EXPLICATION DIRECTE
DE L'ORIGINE RÉELLE[1]

5. La Doctrine Ekayana qui enseigne la réalité ultime

Cette doctrine nous enseigne que tous les êtres sensibles possèdent l'esprit réel[2] de l'illumination originelle en eux. Depuis des temps immémoriaux, il est immuable et pur. Il est éternellement brillant, clair et conscient. On l'appelle aussi la nature de Bouddha, ou Tathagata-garbha[3]. Cependant, comme elle est voilée par l'illusion depuis des temps immémoriaux, les êtres sensibles ne sont pas conscients de son existence, et pensent que la nature en eux est dégénérée. Par conséquent, ils s'adonnent aux plaisirs du corps et, en produisant du karma, ils souffrent de la naissance et de la mort. Le grand illuminé, ayant de la compassion pour eux, a enseigné que tout dans l'univers est irréel. Il a souligné que l'esprit réel de l'illumination mystérieuse en eux est pur et exactement le même que celui du Bouddha. C'est pourquoi il dit dans l'*Avatamsaka-sutra*[4] : « Il n'y a pas d'êtres sensibles, les enfants du Bouddha, qui ne soient pas dotés de la sagesse du Tathagata[5] ; mais ils ne peuvent pas atteindre l'illumination simplement à cause de l'illusion et de l'attachement. Lorsqu'ils seront libérés de l'illusion, l'intelligence universelle[6], l'intelligence naturelle[7], l'intelligence sans entrave[8], se révélera dans leur esprit. »

Puis il raconte une parabole d'un seul grain de poussière minuscule[9] contenant de grands volumes de sutra, égaux en dimension au grand Chiliocosmos[10].

1. A. « La doctrine parfaite, dans laquelle la vérité éternelle est enseignée par le Bouddha. »
2. La réalité ultime est conçue par le mahayaniste comme une entité auto-existante, omniprésente, spirituelle, impersonnelle, libre de toute illusion. Elle peut être considérée comme quelque chose comme l'âme universelle et éclairée.
3. L'utérus de Tathagata, Tathagata étant un autre nom pour Bouddha.
4. Le livre a été traduit en chinois par Buddhabhadra, en l'an 418-420.
5. La plus haute épithète du Bouddha, signifiant celui qui vient au monde comme la venue de ses prédécesseurs.
6. La sagesse omnisciente qui est acquise par l'illumination.
7. La sagesse innée de l'illumination originelle.
8. La sagesse qui est acquise par l'union de l'illumination avec l'illumination originelle.
9. Une des célèbres paraboles du sutra.
10. Selon la littérature bouddhiste, un univers comprend un soleil, une lune, une montagne centrale ou Sumeru, quatre continents, etc. Mille de ces univers forment les mille petits mondes ;

Le grain est comparé à un être sensible, et le sutra à la sagesse du Bouddha. Il dit encore plus tard[1] : « Une fois, Tathagata, ayant observé toutes sortes d'êtres sensibles dans tout l'univers, dit ce qui suit : "Merveilleux, comme c'est merveilleux ! Que ces divers êtres sensibles, dotés de la sagesse de Tathagata, n'en soient pas conscients à cause de leurs erreurs et illusions ! Je vais leur enseigner la vérité sacrée et les libérer à jamais de l'illusion. Je vais leur permettre de trouver par eux-mêmes la grande sagesse de Tathagatha en eux et les rendre égaux au Bouddha." »

Permettez-moi de dire quelques mots sur cette doctrine en guise de critique. Nous avons passé beaucoup de kalpas sans jamais rencontrer cette véritable doctrine, et nous ne savions pas comment remonter à l'origine de notre vie. N'étant attachés à rien d'autre qu'à des formes extérieures irréelles, nous nous sommes volontairement reconnus comme un vulgaire troupeau d'êtres inférieurs. Certains se considéraient comme des bêtes, tandis que d'autres, comme des hommes. Mais maintenant, en remontant à l'origine de la vie selon la plus haute doctrine, nous avons pleinement compris que nous étions nous-mêmes des bouddhas à l'origine. Par conséquent, nous devons agir conformément à l'action du Bouddha et garder notre esprit en harmonie avec le sien. Revenons une fois de plus à la source de l'esprit éclairé, pour retrouver la bouddhéité originelle. Coupons le lien de l'attachement et supprimons l'illusion à laquelle les gens ordinaires sont habitués.

L'illusion étant détruite[2], la volonté de la détruire est également supprimée, et il ne reste finalement rien à faire si ce n'est une paix et une joie complètes. Il en résulte naturellement l'illumination, dont les utilisations pratiques sont aussi innombrables que les grains de sable dans le Gange. Cet état est appelé bouddhéité. Il faut savoir que l'illusoire comme l'illuminé sont originaires d'un seul et même esprit réel. Qu'elle est grande et excellente la doctrine qui fait remonter l'homme à une telle origine[3] !

mille des mille petits mondes forment les mille moyens mondes ; et les mille grands mondes, ou grand Chiliocosmos, comprennent mille des mille moyens mondes.

1. Il ne s'agit pas d'une citation exacte du sutra.

2. Ce passage se trouve dans le *Tao Teh King*.

3. A. « Bien que les cinq doctrines mentionnées ci-dessus aient toutes été prêchées par le Bouddha lui-même, il y en a cependant qui appartiennent aux enseignements soudains, tandis que d'autres appartiennent aux enseignements graduels. S'il y avait des personnes d'un niveau de compréhension moyen ou inférieur, il enseignait d'abord la doctrine la plus superficielle, puis la moins superficielle, et "graduellement" les amenait à la profondeur. Au début de sa carrière d'enseignant, Il prêchait la première doctrine pour leur permettre de renoncer au mal et de s'en tenir au bien ; ensuite, il prêchait la deuxième et la troisième doctrine pour qu'ils puissent éliminer la pollution et atteindre la pureté ; et enfin, il prêchait la quatrième et la cinquième doctrine pour détruire leur attachement aux formes irréelles, et montrer la réalité ultime. Ainsi il réduisit toutes les doctrines temporaires en une doctrine éternelle, et leur enseigna comment pratiquer la loi selon l'éternel et atteindre la bouddhéité.

« Si une personne possède le plus haut degré de compréhension, elle peut d'abord apprendre

CHAPITRE IV

RÉCONCILIATION DE LA DOCTRINE TEMPORAIRE AVEC LA DOCTRINE RÉELLE[1]

Même si la réalité est à l'origine de la vie, il doit y avoir, selon toute probabilité, des causes à son apparition, car elle ne peut pas prendre soudain la forme d'un corps par accident. Dans les chapitres précédents, j'ai réfuté les quatre premières doctrines, simplement parce qu'elles sont imparfaites, et dans ce chapitre, je vais réconcilier la doctrine temporaire avec la doctrine éternelle. En somme, je montrerai que même le confucianisme est dans le vrai[2]. C'est-à-dire que, dès le début, il existe une réalité au sein de tous les êtres, qui est une et spirituelle. Elle ne peut jamais être créée ni détruite. Elle ne s'accroît ni ne diminue. Elle n'est sujette ni au changement ni à la décadence. Les êtres sensibles, qui sommeillent dans la nuit de l'illusion depuis des temps immémoriaux, ne sont pas conscients de son existence. Comme il est caché et voilé, on le nomme Tathagata-garbha[3]. De ce Tathagata-garbha dépendent les phénomènes mentaux qui sont sujets à la croissance et à la décroissance.

L'esprit réel, comme il est dit dans le *Çastra d'Acvaghosa*, qui transcende la création et la destruction, est uni à l'illusion, qui est sujette à la création et à la destruction ; et l'un n'est pas absolument identique à l'autre ni différent de lui. Cette union avec l'illusion a les deux côtés de l'illumination et de la non-illumination, et est appelée Alaya-vijnyana. En raison de la non-éclair-

---

la doctrine la plus profonde, puis la moins profonde et enfin la plus superficielle, c'est-à-dire qu'elle peut, dès le départ, parvenir "soudainement" à la compréhension de la réalité unique du vrai esprit, comme cela est enseigné dans la cinquième doctrine. Lorsque la réalité spirituelle est révélée à l'œil de son esprit, il peut naturellement voir qu'elle transcende originellement toutes les apparences qui sont irréelles, et que les irréalités apparaissent à cause de l'illusion, leur existence dépendant de la réalité. Il doit alors renoncer au mal, pratiquer le bien, écarter les irréalités par la sagesse de l'illumination, et les réduire à la réalité. Lorsque les irréalités ont disparu, et que la réalité seule reste complète, il est appelé le Dharma-kaya-Buddha. »

1. A. « Les doctrines réfutées ci-dessus sont réconciliées avec la vraie doctrine dans ce chapitre. Elles sont toutes dans le vrai en indiquant la véritable origine. »

2. A. « La première section énonce la cinquième doctrine qui révèle la réalité, et les déclarations des sections suivantes sont les mêmes que les autres doctrines, comme le montrent les notes. »

3. A. « L'énoncé suivant est semblable à la quatrième doctrine expliquée ci-dessus dans la réfutation de l'existence phénoménale soumise à la croissance et à la décadence. » Comparez-le avec le *Çraddhotpada-castra*.

cie[1], elle s'éveille d'abord elle-même, et forme quelques idées. Cette activité du Vijnyana est appelée «l'état de karma»[2]. De plus, comme on ne comprend pas que ces idées sont irréelles dès le départ, elles se transforment en sujet intérieur et en objet extérieur, en voyant et en vu. On ne sait pas comment comprendre que ces objets extérieurs ne sont que la création de son propre esprit illusoire, et on les croit réellement existants. C'est ce qu'on appelle la croyance erronée en l'existence d'objets externes[3]. En conséquence de ces croyances erronées, il distingue le Soi et le Non-Soi, et forme finalement la croyance erronée de l'Atman. Comme il est attaché à la forme du Soi, il aspire à divers objets agréables aux sens pour le bien de son Soi. Il est offensé, cependant, par divers objets désagréables, et il a peur des blessures et des troubles qu'ils lui apportent. Ainsi, ses passions insensées[4] se renforcent peu à peu.

Ainsi, d'une part, les âmes de ceux qui ont commis les crimes de tuer, de voler, et ainsi de suite naissent, sous l'influence du mauvais karma, en enfer, ou parmi les pretas, ou parmi les bêtes, ou ailleurs. D'autre part, les âmes de ceux qui, craignant de telles souffrances, ou étant de bonne nature, ont fait l'aumône, gardé les préceptes, et ainsi de suite, subissent l'Antarabhava[5] par l'influence du bon karma, entrent dans le ventre de leur mère[6].

C'est là qu'ils sont dotés du prétendu gaz, ou matière pour le corps[7]. Le gaz se compose d'abord de quatre éléments[8] et il forme progressivement divers organes des sens. L'esprit se compose d'abord des quatre agrégats[9], et il forme progressivement divers Vijnyanas. Après un parcours de dix mois, ils naissent et sont appelés hommes. Ce sont nos corps et nos esprits actuels. Nous devons donc savoir que le corps et l'esprit ont chacun leur propre origine, et que les deux, étant réunis, forment un seul être humain. Ils naissent parmi les Dévas et les Asuras, et ainsi de suite, d'une manière presque similaire à celle-ci.

Bien que nous soyons nés parmi les hommes en vertu du «karma générali-sant»[10], cependant, par l'influence du «karma particularisant»[11], certains sont placés à un rang élevé, tandis que d'autres sont placés à un rang inférieur;

---

1. A. «La déclaration suivante est similaire à la doctrine de Dharma-laksana.»
2. Ici, le karma signifie simplement un état actif. Il doit être distingué du karma, et produit par des actions.
3. A. «La déclaration suivante est similaire à la deuxième doctrine, ou de l'hinayanisme.»
4. A. «La déclaration suivante est similaire à la première doctrine pour les hommes et les Dévas.»
5. L'existence spirituelle entre cette vie et une autre.
6. A. «L'affirmation suivante est similaire au confucianisme et au taoïsme.»
7. A. «Cela s'harmonise avec l'opinion extérieure selon laquelle le gaz est l'origine.»
8. (1) La terre, (2) l'eau, (3) le feu, (4) l'air.
9. (1) La perception, (2) la conscience, (3) la conception, (4) la connaissance.
10. Le karma qui détermine les différentes classes d'êtres, comme les hommes, les bêtes, les pretas, etc.
11. Le karma qui détermine l'état particulier d'un individu dans le monde.

certains sont pauvres, tandis que d'autres sont riches ; certains jouissent d'une longue vie, tandis que d'autres meurent dans leur jeunesse ; certains sont malades, tandis que d'autres sont en bonne santé ; certains s'élèvent, tandis que d'autres tombent ; certains souffrent de douleurs, tandis que d'autres jouissent de plaisirs. Par exemple, la révérence ou l'indolence dans l'existence précédente, agissant comme la cause, produit une haute naissance ou une basse dans le présent comme l'effet. De même, la bienveillance dans le passé entraîne une longue vie dans le présent ; le fait de prendre la vie, une vie courte ; le fait de donner l'aumône, la richesse, l'avarice, la pauvreté. Il y a tant de cas particuliers de rétribution qu'il est impossible de les mentionner en détail. Il y a donc des malheureux qui ne font pas de mal, et des chanceux qui ne font pas de bien, dans la vie présente. De même, certains jouissent d'une longue vie, malgré leur conduite inhumaine, tandis que d'autres meurent jeunes, bien qu'ils n'aient pas pris de vie, et ainsi de suite. Comme tout cela est prédestiné par « le karma particulier » produit dans le passé, il semblerait que cela se produise naturellement, indépendamment des actions de chacun dans la vie présente. Les érudits extérieurs ignorant les existences précédentes, se fiant simplement à leurs observations, croient que cela n'est rien de plus que naturel[1].

En outre, il y en a qui ont cultivé des vertus dans les premières étapes de leur existence passée, et qui ont commis des crimes dans les dernières ; tandis que d'autres étaient vicieux dans leur jeunesse et vertueux dans leur vieillesse. En conséquence, certains sont heureux dans leur jeunesse, étant riches et nobles, mais malheureux dans leur vieillesse, étant pauvres et bas dans la vie présente ; tandis que d'autres mènent une vie pauvre et misérable dans leur jeunesse, mais deviennent riches et nobles dans leur vieillesse, et ainsi de suite. C'est pourquoi les savants de l'extérieur en viennent à croire que la prospérité ou l'adversité d'une personne dépend simplement d'un décret céleste[2].

Le corps dont l'homme est doté, lorsqu'on remonte pas à pas jusqu'à son origine, s'avère n'être qu'un seul gaz primordial à l'état non développé. Et l'esprit avec lequel l'homme pense, lorsqu'on remonte pas à pas jusqu'à sa source, s'avère n'être rien d'autre que l'esprit réel unique. En vérité, il n'existe rien en dehors de l'esprit, et même le gaz primordial en est aussi une modalité, car il est l'un des objets extérieurs projetés par les Vijnyanas susmentionnés, et l'une des images mentales d'Alaya, dont l'idée, lorsqu'elle est en état de karma, est à la fois le sujet et l'objet. Au fur et à mesure que le sujet se développe, les idées les plus faibles se renforcent peu à peu, et forment des croyances erronées qui se terminent par la production du karma[3]. De même,

1. A. « Cela s'harmonise avec l'opinion extérieure selon laquelle tout se produit naturellement. »
2. A. « Cela s'harmonise avec l'opinion extérieure selon laquelle tout dépend de la Providence. »
3. A. « Comme indiqué ci-dessus. »

l'objet augmente en taille, les objets les plus fins deviennent progressivement plus grossiers, et donnent naissance à des choses irréelles qui se terminent par la formation[1] du ciel et de la Terre. Lorsque le karma est suffisamment mûr, on est doté par le père et la mère d'un sperme et d'un ovule qui, unis à sa conscience sous l'influence du karma, complètent une forme humaine.

FIN

---

1. A. « Au commencement, selon l'école extérieure, il y avait « le grand changement », qui subit cinq évolutions et donna naissance aux cinq principes. De ce principe, qu'ils appellent le grand sentier de la nature, sont nés les deux principes subordonnés du positif et du négatif. Ils semblent expliquer la réalité ultime, mais la voie, en fait, n'est rien de plus que la « division percevante » de l'Alaya. Le soi-disant gaz primordial semble être la première idée de l'Alaya qui s'éveille, mais c'est un simple objet extérieur. »

Selon le point de vue de Dharmalaksana, les choses engendrées par les transformations d'Alaya et des autres Vijnyanas sont divisées en deux parties ; une partie restante, unie à Alaya et aux autres Vijnyanas, devient l'homme, tandis que l'autre, se séparant d'eux, devient le ciel, la Terre, les montagnes, les rivières, les pays et les villes. Ainsi, l'homme est le résultat de l'union des deux ; c'est la raison pour laquelle lui seul des trois puissances est spirituel. C'est ce qu'a enseigné le Bouddha[1] lui-même, lorsqu'il a déclaré qu'il existait deux sortes différentes des quatre éléments – l'interne et l'externe.

Hélas ! Oh vous, érudits à moitié instruits, qui adhérez à des doctrines imparfaites, dont chacune est en conflit avec une autre ! Vous qui cherchez la vérité, si vous voulez atteindre la bouddhéité, comprenez clairement quelle forme d'idées illusoires est la plus subtile et laquelle est la plus grossière, laquelle est l'originateur et laquelle est l'origine. Puis abandonnez l'originaire et revenez à l'originateur, et réfléchissez à l'esprit, la source de tout. Lorsque le plus grossier est exterminé et le plus subtil éliminé, la merveilleuse sagesse de l'esprit est révélée, et rien n'échappe à sa compréhension. C'est ce qu'on appelle le Dharma-sambhoga-kaya. Il peut de lui-même se transformer et apparaître parmi les hommes sous d'innombrables formes. C'est ce qu'on appelle le Nirmana-kaya de Bouddha[2].

---

1. *Ratnakuta-sutra* (?), traduit en chinois par Jnyanagupta.
2. Chaque Bouddha possède trois corps : (1) le Dharma-kaya, ou corps spirituel ; (2) le Sambhoga-kaya, ou corps de compensation ; (3) le Nirmana-kaya, ou corps capable de transformation.

Discovery
Publisher

Les Éditions **Discovery** est un éditeur multimédia
dont la mission est d'inspirer et de soutenir la
transformation personnelle, la croissance spirituelle
et l'éveil. Avec chaque titre, nous nous efforçons
de préserver la sagesse essentielle de l'auteur, de
l'enseignant spirituel, du penseur, guérisseur et de
l'artiste visionnaire.

www.ingramcontent.com/pod-product-compliance
Lightning Source LLC
Chambersburg PA
CBHW010855090426
42737CB00019B/3379